校企合作经济管理类专业系列丛书

互联网+创新型“十四五”精品教材

市场营销实务

（微课版）

主　编　朱芳雨　王艺涵　李一杭

副主编　郑　昕　杜栋玲　杨　宪

雷雨田　姚刘红　许　展

哈尔滨工程大学出版社

Harbin Engineering University Press

内 容 简 介

本书分为八个项目，内容涵盖市场营销概述、企业战略与营销管理过程、市场营销环境分析、市场营销调查与预测、组织市场及其购买行为分析、制定市场营销战略、市场营销管理与控制、网络时代的数字营销。本书反映了市场营销的最新发展动态，并结合相关案例分析阐释理论的应用。

本书可作为职业院校市场营销课程的专业教材，也可作为关注市场营销问题的经理人、研究人员、咨询培训师的参考读物。

图书在版编目（CIP）数据

市场营销实务 : 微课版 / 朱芳雨，王艺涵，李一杭主编. -- 哈尔滨 : 哈尔滨工程大学出版社，2024. 7.

ISBN 978-7-5661-4469-0

Ⅰ. F713.50

中国国家版本馆 CIP 数据核字第 2024X6Y216 号

市场营销实务（微课版）

SHICHANG YINGXIAO SHIWU（WEIKE BAN）

策划编辑 张林峰

责任编辑 苏 莉

出版发行 哈尔滨工程大学出版社

社　　址 哈尔滨市南岗区南通大街 145 号

邮政编码 150001

发行电话 0451-82519328

传　　真 0451-82519699

经　　销 新华书店

印　　刷 唐山唐文印刷有限公司

开　　本 787 mm×1 092 mm　1/16

印　　张 14

字　　数 358 千字

版　　次 2024 年 7 月第 1 版

印　　次 2024 年 7 月第 1 次印刷

书　　号 ISBN 978-7-5661-4469-0

定　　价 49.80 元

http://www.hrbeupress.com

E-mail:heupress@hrbeu.edu.cn

前　言

党的二十大报告指出，构建全国统一大市场，深化要素市场化改革，建设高标准市场体系。在经济水平快速发展的当代社会，市场营销的作用日益突出，市场营销岗位要求也越来越高。市场营销专业人才的培养，需要将理论知识和实践技能有效结合，提升学生的专业实践能力，使其掌握市场营销新方法，这对市场营销类教材提出了新的要求。

本书共八个项目，内容涵盖市场营销概述、企业战略与营销管理过程、市场营销环境分析、市场营销调查与预测、组织市场及其购买行为分析、制定市场营销战略、市场营销管理与控制、网络时代的数字营销，对市场营销基本理论和方法进行了深入、全面的阐述，反映了市场营销的最新发展动态，并结合相关案例分析阐释理论的应用，同时吸取了国内外市场营销领域研究的新成果和新经验，对学科前沿问题进行了较为全面的介绍。本书具有以下特色。

（1）思政融合，理念创新。融入课程思政元素，注重政治立场、政治方向、政治标准，指引学生秉持正确的价值观，传递积极向上的信息和理念。

（2）体例新颖，实践性强。为了理清教学思路和帮助学者学习，本书设置了“知识拓展”“课堂讨论”“课后实训”等模块，坚持“实用为主、够用为度”的基本原则，体例丰富，注重实践。

（3）资源丰富，方便教学。为满足多媒体教学需要，本书配套开发了微课视频、教学 PPT、课后习题参考答案、教案等多项数字资源，以方便教学。

本书由朱芳雨（兰州资源环境职业技术大学）、王艺涵（重庆电讯职业学院）、李一杭（上海外国语大学）担任主编，由郑昕（广州华立学院）、杜栋玲（曹县技工学校）、杨宪（福建经济学校）、雷雨田（曲靖职业技术学院）、姚刘红（芜湖职业技术学院）、许展（兰考三农职业学院）担任副主编。本书的相关资料和售后服务可扫封底微信二维码或登录 www.bjzzwh.com 下载获得。

本书在编写过程中直接或间接参考了大量相关专著和研究成果，在书后列出了参考文献，向这些资料的作者深表感谢！

由于编者水平有限，书中难免存在疏漏和不妥之处，敬请同行、专家和广大读者不吝赐教。

编　者

目　录　CONTENTS

项目一

市场营销概述

项目导读

从事市场营销活动的人被称为市场营销者。市场营销者既可以是卖方，也可以是买方。作为买方，当其试图在市场上推销自己，以获取卖方的青睐时，就是在进行市场营销。当买卖双方都在积极寻求交换时，他们都可被称为市场营销者，这种营销为互惠的市场营销。市场营销旨在促进产品或服务的销售，通过市场研究、广告、促销等手段吸引和满足客户需求，以实现企业利润最大化的目标。

学习目标

知识目标

(1) 熟悉市场营销的基本知识。

(2) 了解市场营销理念的演变过程。

(3) 认识市场营销学的研究对象及方法。

技能目标

(1) 能够分析不同企业营销理念的优劣。

(2) 能够以现代市场营销理念为指导开展营销工作。

素质目标

培养大学生积极向上的阳光心态；提升终身学习的意识和自主学习的能力，做好专业课程的学习规划。

思政目标

引导学生理解市场营销的基本概念和社会作用，培养对市场经济体系的正确认识，增强对市场竞争的公平性和合理性的理解，树立诚信经营和社会责任感。

案例导入

中国制造走向大热国货之路——从藏在标签里到步入聚光灯下

国货，一个被人们广泛关注的领域，也是一个融合着消费者追捧、苛刻审视等多元评价的领域。从贴牌生产的中国制造，到推出自己的品牌，不少国货在近年来逐渐成长起来，一批优质品牌靠口碑和实力吸引消费者，走入人们生活的方方面面。

从贴牌代工到自立自强，从名不见经传到市场占有率逐年升高，国货的成长也是中国经济从高速增长向高质量发展转型的缩影。如何适应消费者不断升级的消费需求？国货如何实现高质量发展？未来，国货发展之路机遇和挑战并存。

在一家媒体工作的赵莉习惯于每天化妆上班，平时她会关注网友对美妆产品的推荐和讨论。她说："以前大家推荐好用的美妆产品，基本上都是国外品牌，现在很多人都在推荐国产品牌。"这几年，国货美妆逐渐打开市场，赵莉也意识到了这个新变化。"以前我主要买的也是外国品牌的产品，对国货美妆了解得不多。现在国货美妆产品做得越来越好了，慢慢地大家都逐渐认可并使用国货，推荐的人也多了起来。"赵莉说。

从购买国外品牌的产品，到愿意尝试国货，再到成为国货的忠实用户，主动推荐给更多朋友购买，成为近几年来在年轻人中流行的消费趋势。最近，看了网友推荐后，赵莉购买了几支国货品牌的口红，像她一样被国货吸引的消费者越来越多。在中国消费者的电商平台的购物车里，平均每10件商品中就有8件是国货。

近一段时间，随着一些国外品牌受到不少消费者质疑，国货开始更多地走上舞台中心，成为众多国内消费者关注的焦点。"这些国外品牌可被哪些国货品牌替代""国货有哪些好产品值得推荐"这些问题成为网络热议的话题。

刷脸支付系统、无人机等产品都展现出国货在科技创新方面的实力。得益于近年来在技术创新上的深耕细作。事实上，直到成为"风口浪尖"，国货的实力才被国内消费者注意到，而此前"默默努力"的国货在全球销售数据上已经拥有了亮眼的成绩单。近年来，一些国货品牌的知名度不断提升，销售数据也出现了显著增长。数据显示，2023—2024年上半年，波司登集团收入稳步提升20. 9%至约人民币74. 71亿元；集团净利润稳步提升25. 1%至约人民币9. 18亿元，集团营收和净利润连续6年创同期历史新高，经营溢利增速再次快于收入增速，经营溢利率提升至16. 5%。2023年天猫双11收官。用户规模和商家规模显著增长，规模优势进一步扩大，带动订单量和成交总额全面增长，品牌在天猫获得一年中最重要的一次生意爆发。截至2023年11月11日零点，共有402个品牌成交破亿，其中有243个是国货品牌，3. 8万个品牌成交同比增长超过100%。

任务一　市场营销的发展

一、市场营销的含义

（一）市场

在日常生活中，人们习惯将市场看作商品交易的场所，如集市、商场等。这是一个时空概念。我国古代有关“日中为市，致天下之民，聚天下之货，交易而退，各得其所”的记载，就是对这种在一定时间和地点进行商品交易的市场的描述。

从市场营销的角度来看，市场有狭义和广义之分。狭义的市场是指买卖双方进行商品交换的场所，如服装市场、小商品市场等。广义的市场是指有特定需求或欲望，并且愿意与可能通过交换使需求、欲望得到满足的全部现实顾客与潜在顾客的集合。

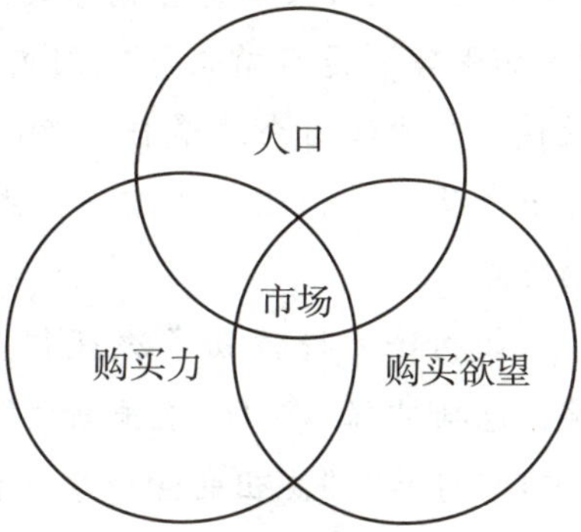

图 1-1　市场的构成要素

市场营销学中的“市场”研究的是如何采取有效措施来满足消费者的需求，包括现实的需求和潜在的需求。市场营销学中的“市场”由人口、购买力和购买欲望三个要素构成（图 1-1），缺一不可。

市场 = 人口 + 购买力 + 购买欲望

其中，人口是决定市场规模与容量大小最活跃的因素。一般来说，人口越多，市场的规模和容量就越大；反之则越小。如果仅有人口，但人们的购买力水平不高，也不能构成理想的市场。同样，虽然人口多，购买力也强，但消费者将货币储蓄起来，或者因商品不能满足消费者的需求，不能激发他们的购买欲望，对卖方来说，也不能形成理想的市场。

（二）市场营销

市场营销包含两层含义：第一层是指市场营销，是企业的具体营销活动或行为；第二层是指市场营销学，是研究企业的市场营销活动或行为的科学。

市场营销的定义有多种。菲利普·科特勒（Philip·Kotler）于 1984 年对市场营销进行了定义，即市场营销是指企业的这种职能：认识目前未满足的需要和欲望，估量和确定需求量大小，选择和决定企业能最好地为其服务的目标市场，并决定适当的产品、劳务和计划，以便为目标市场服务。1997 年，他重新对其进行了定义：市场营销是一种满足需要的过程，即个人和群体通过创造并同他人交换产品与价值，以满足需求和欲望的一种社会与管理过程。

2004 年，美国市场营销协会（American Marketing Association，AMA）公布了营销的定义：“营销是采用企业与利益相关者都可获利的方式，为顾客创造、沟通和传递价值，并管理顾客关系的组织功能和一系列过程。”2007 年，该协会又公布了新的营销定义：“营销是创造、沟通、传递、交换对顾客、客户、合作伙伴和整个社会具有价值的提供物的一系列活动、组织、制度和过程。”

知识拓展

菲利普·科特勒简介

菲利普·科特勒是现代营销的集大成者，被誉为“现代营销学之父”，是美国西北大学凯洛格商学院的终身教授，还担任美国管理科学联合市场营销学会主席、美国市场营销协会理事、营销科学学会托管人、管理分析中心主任、杨克罗维奇咨询委员会成员、哥白尼咨询委员会成员、中国 GMC 制造商联盟国际营销专家顾问。

菲利普·科特勒著作众多，其中，《营销管理》（图 1-2）一书被奉为营销学的经典之作、奠基之作。《营销管理》是目前世界范围内使用最广泛的营销学教科书，被选为全球最佳的 50 本商业书籍之一。他提出“优秀的企业满足需求，杰出的企业创造市场”的观点。

图 1-2　《营销管理》第 16 版封面

菲利普·科特勒多次获得美国国家级勋章和褒奖，包括“保尔·D. 康弗斯奖”“斯图尔特·亨特森·布赖特奖”“杰出的营销学教育工作者奖”“营销卓越贡献奖”“查尔斯·库利奇奖”，他还是 AMA 第一届“营销教育者奖”的获得者。1995 年，菲利普·科特勒获得国际销售和营销管理者组织颁发的“营销教育者奖”。

二、核心营销概念

为了更好地理解市场营销的含义，需要解释以下核心营销概念：需要、欲望、需求，营销供给（产品、服务和体验），顾客价值、顾客满意和顾客忠诚，交换、交易和关系，以及市场。只有准确把握这些核心营销概念及其相互之间的关系，才能深刻认识市场营销的本质。图 1-3 展示的是核心营销概念及其相互关系。现对部分概念进行详细介绍。

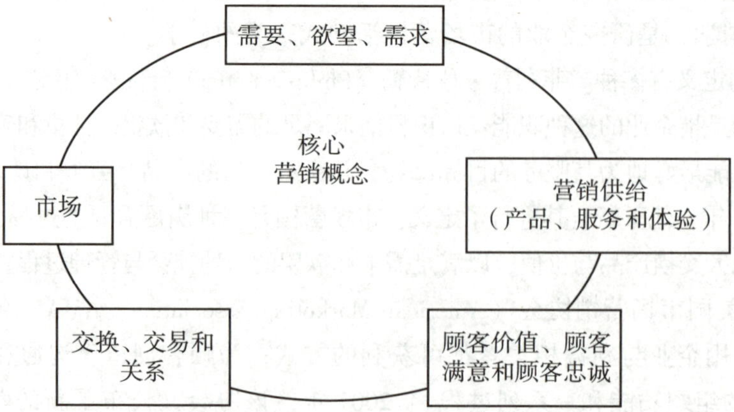

图 1-3　核心营销概念及其相互关系

(一) 需要、欲望、需求

需要(needs)和欲望(wants)是市场营销活动的起点。满足消费者的需要、欲望和需求(demands)是市场营销活动的目标。

1. 需要

营销的基石是人类所具有的需要。需要是指一种未得到某种满足的感受状态，是人们与生俱来的基本要求。它是促使人们产生购买行为的原始动机，既包括物质的、生理的需要，也包括精神的、心理的需要，具有多元化、层次化、个性化、发展化的特性。它存在于人类自身生理和社会之中，市场营销者可用不同的方式满足它，但不能凭空创造。

2. 欲望

欲望是指想要得到某种具体满足物的愿望。个人的需要因所处的社会经济文化环境和性格等不同而异，这种有差异的需要就是欲望。欲望和需要是有差别的。例如，天气冷了，出于保暖，人们需要购买羽绒服，但是购买哪个牌子的羽绒服，是由欲望决定的。欲望源于需要，欲望生成行为动机和行为过程。伴随着社会的进步，社会成员的欲望也在不断增加，生产者正努力提供更丰富的产品和服务来满足人们的欲望。因此，尽管市场营销者无法创造需求，但可以影响欲望，通过开发和销售特定的产品和服务来满足欲望。

3. 需求

需求是指人们有能力购买并愿意购买某个具体产品的欲望。许多人想要高档汽车，但只有少部分人具有购买能力。当人们具有购买能力时，欲望便转化为需求。市场营销者总是通过各种营销手段影响需求，并根据对需求的预测结果决定是否进入某一产品(服务)市场。

根据需求水平、时间和性质的不同，可归纳 8 种不同的市场需求类型，针对不同需求类型需要采用不同的营销策略。市场需求类型及营销策略见表 1-1。

表 1-1　市场需求类型及营销策略

市场需求类型	营销策略	应改变的类型
负需求	改变营销	正需求
无需求	刺激营销	有需求
潜在需求	开发营销	实际需求
下降需求	再营销	恢复需求
不规则需求	同步营销	适应需求
充分需求	保持营销	维持需求
过度需求	减少营销	降低需求
有害的需求	反营销	消灭需求

课堂讨论

分组讨论不同的需求类型及可采用的营销策略。

（二）营销供给（产品、服务和体验）

营销供给是指企业提供市场来满足人的需要和欲望的产品、服务和体验的结合体。营销供给可以是实体产品，也可以是服务、活动或者利益。例如：人们购买小汽车不是为了观赏，而是为了得到它所提供的交通服务。从广义来讲，营销供给可以延伸到人员、地点、活动、组织、观念等实体。

当消费者选择购买产品时，实际上在追求满足自己需求的愿望和获得利益。许多市场营销者过于关注产品本身，而忽视了产品所能提供的利益或体验，这种偏见往往导致错误的市场判断。如果只注重产品本身而忽视了消费者的需求和欲望，没有清楚地了解消费者真正的购买动机和利益所在，那么产品的生产和销售就失去了市场意义，从而可能陷入“营销近视症”的错误认知，导致失去市场竞争力。

（三）顾客价值、顾客满意和顾客忠诚

顾客通常面对众多可以满足某种特定欲望的产品和服务，他们如何在这些产品和服务中做出选择呢？一般来说，顾客是根据产品和服务对其提供的价值和满意的感知而做出购买选择的。

1. 顾客价值

顾客价值是指拥有或使用一个产品获得的价值与获取这一产品所付出的成本之差。消费者通常根据以往的购买经验、朋友的意见，以及营销者和竞争者的信息与承诺来建立对各种营销供给的期望。价值是市场营销中的一个核心概念。事实上，我们可以把市场营销看做是识别、创造、沟通、交付和监督顾客价值的一个过程。

2. 顾客满意

顾客满意是指对一次购买的满意程度，依赖于一个产品性能是否达到顾客期望。满意程度反映的是顾客对产品的实际表现与期望进行比较的结果。如果产品的实际表现低于期望，那么顾客就会不满意；如果实际表现与期望相等，顾客就会满意；如果超出了期望，顾客就会非常高兴。满意的顾客可能会再次购买，并将自己愉快的购买经历告诉他人；不满意的顾客会转向购买竞争者的产品，并可能将不愉快的购买经历告诉他人。

因此，营销者应认真设定顾客适当的期望水平。如果设定的期望水平过低，虽然可以令购买者满意，但无法吸引足够多的顾客；如果设定的期望水平过高，购买者有可能会失望。

3. 顾客忠诚

顾客忠诚是顾客对企业与品牌形成的信任、承诺、情感维系和情感依赖。顾客忠诚是在企业与顾客长期互惠的基础上，顾客长期、反复购买和使用企业的产品与服务形成的。企业可以根据忠诚度将顾客划分成不同等级，形成顾客忠诚金字塔。顾客忠诚金字塔如图

1-4 所示。

由图 1-4 可知，顾客满意并不会必然产生顾客忠诚，但顾客满意是顾客忠诚的前提。

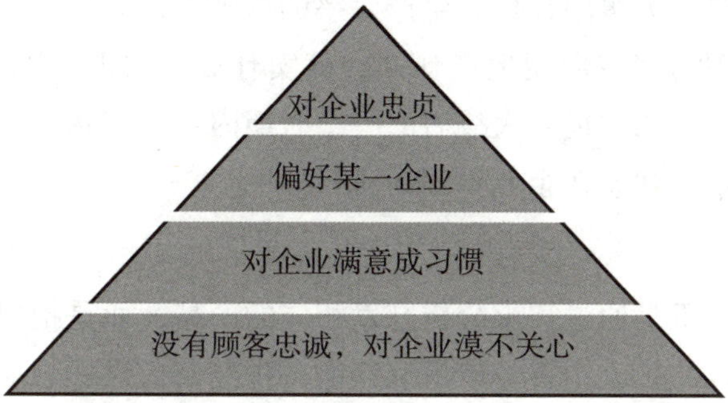

图 1-4　顾客忠诚金字塔

（四）交换、交易和关系

当人们开始通过交换来满足欲望和需求时就出现了营销。

1. 交换

顾客有了需求，企业也将产品生产出来，还不能成为市场营销。只有通过等价交换，买卖双方彼此满足各自需求，才会产生市场营销。可见，交换是市场营销的核心。

2. 交易

交易是指交换的基本组成单位，是交换双方之间的价值交换。在一项交易中，一方把 X 给予另一方，并从另一方得到 Y 作为回报。交易的方式有货币交易和非货币交易。交易发生的基本条件：交易双方、双方互为满意的有价值的物品及双方满意的交换条件（价格、地点、时间、运输和结算方式等）。

3. 关系

为使企业获得比短期交易所得到的更多，就需要采用关系营销，与顾客、分销商、零售商及供货商建立长期的交换关系。关系营销可以节约交易的时间和成本，使市场营销宗旨从追求每一笔交易利润的最大化转向追求各方利益关系的最大化。

三、企业经营理念

企业经营理念正确与否决定着营销的成败。企业在进行营销活动时可能采用的经营指导思想可以分为五种，即生产观念、产品观念、销售观念、营销观念和社会营销观念。

（一）生产观念

生产观念是企业将提高效率、增加产量、降低成本和价格作为核心活动的指导思想，旨在通过这些手段来扩大销售、获取利润。其核心理念在于认为顾客会购买并接受能购买得起的产品，因此，管理的关键任务是提高生产和分销的效率，从而提供更多、更便宜的商品。

生产观念的实践可以分为两种情况：一是在市场上产品供不应求，因为生产相对落后，企业可以通过提高产量获取可观的利润，不需要太过关注产品的其他方面；另一种情况是当生产成本过高时，提高生产效率可降低成本，进而降低价格以扩大销售市场。在这种情况下，企业将主要精力集中在提高生产效率的措施上。

生产观念具体表现为“我们能生产什么，就卖什么”，即“以产定销”。西方资本主义国家在工业化初期、第二次世界大战后的一个时期内，由于物资短缺、需求旺盛，许多产品供不应求，因而生产观念在企业界颇为流行。

（二）产品观念

产品观念是指企业不是通过需求分析开发相应的产品，而是把提高质量、降低成本作为一切活动的中心，以此扩大销售、取得利润的一种经营指导思想。其特点是以生产为中心，注重企业自身条件而不注重市场需求，认为企业的主要任务就是提高产品的质量，注重产品生产而不注重产品销售，认为消费者喜欢高质量、多功能和有特色的产品，只要产品好，不愁卖不了。

产品观念是生产观念的后期表现。不仅注重产品数量，还注重产品质量，但产品观念容易导致“营销近视症”。例如，铁路行业以为顾客需要火车而非运输，忽略了飞机、公共汽车、卡车等其他运输方式带来的日益激烈的竞争；高校管理部门曾认为高中毕业生需要的是通才教育，从而忽视了日益增加的职业教育的挑战。

（三）销售观念

销售观念又称推销观念，是指企业认为消费者通常不会主动购买足够量的商品，除非企业通过大规模的推销和促销活动来诱导顾客购买，将此视为企业所有活动的核心，以扩大销售规模、获取利润的经营指导思想。随着生产力水平的提高、科学技术和先进设备的广泛应用，以及有效供给量的增加，市场竞争日益激烈，销售压力十分巨大，企业的经营重点转移到如何将生产出的产品成功销售出去。因此，销售观念逐渐取代了生产观念。

销售观念是认为产品需要主动推销出去，而不是被消费者购买。企业若不积极组织大规模的促销和销售推广活动，顾客通常不会购买足够多的产品。企业需要通过各种形式的促销手段和销售策略来刺激消费者的购买欲望，促进销售量的增长。

（四）营销观念

营销观念是指企业以顾客需要为中心，把满足顾客需要作为一切活动的中心，通过顾客的广泛购买和重复购买来扩大销售、取得利润的一种经营指导思想。营销概念具体表现为“顾客需要什么，企业就生产什么”。这种观念首先分析顾客需要，确定目标市场，然后通过产品设计开发、生产过程、促销和售后服务等整体营销活动满足目标市场需要。营销观念是新旧市场观念的分水岭，它的出现在市场营销学研究中被视为企业经营思想的大变革，被称作“营销革命”。

（五）社会营销观念

社会营销观念是指企业以兼顾顾客眼前利益和长远利益、顾客个人利益和社会整体利益为中心而开展一切活动，在取得顾客信任和社会好评的基础上扩大销售、增加利润的一种经营指导思想，如图 1-5 所示。社会营销观念在营销观念的基础上增加了两个要素：一是不仅要考虑消费者已存在的欲望，同时要兼顾他们潜在的需要和利益；二是既要考虑消费者个人和社会的目前利益，也要考虑长远利益，即人类的福利。

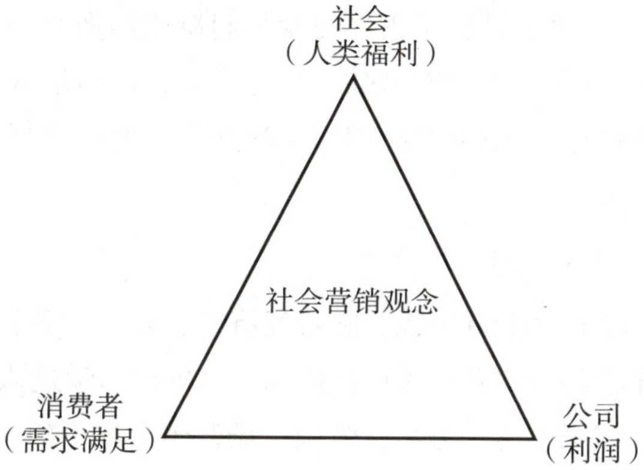

图 1-5　社会营销观念的构成要素

四、市场营销学的产生与发展

市场营销学于 20 世纪初期产生于美国。近几十年来，随着社会经济及市场经济的发展，市场营销学发生了根本性的变化，从传统市场营销学演变为现代市场营销学，其应用从营利组织扩展到非营利组织。当今，市场营销学已成为与企业管理、经济学、行为科学、人类学、数学等学科相结合的应用边缘管理学科。西方市场营销学的产生与发展同商品经济的发展、企业经营哲学的演变是密切相关的。市场营销学自 20 世纪初诞生以来，其发展经历了五个阶段。

（一）萌芽阶段（1900—1920 年）

“市场营销学”一词于 1902 年首次出现在美国密歇根大学的学报上。当时，美国密歇根大学开设了一门名为“美国的分配和管理行业”的课程；1905 年，W. E. 克罗西在宾夕法尼亚大学开设了“产品市场营销”课程；1906 年，俄亥俄州州立大学开设了“产品的分配”课程；1910 年，R. S. 巴特勒在威斯康星大学开设了“市场营销方法”课程。此后，一些大学也都相继开设了市场营销方面的课程，并发展了广告术和推销术。学术界开始从商品、机构、职能等不同的角度研究市场营销问题，出版相关教材和著作，而且陆续提出了一些有关本学科的新概念。1912 年，哈佛大学教授赫杰特齐出版了第一本以“marketing”（市场营销）命名的教科书，被视为市场营销学作为一门独立学科出现的里程碑。总体而言，这一时期的市场营销学侧重于对推销和销售方法的研究，还没有形成真正的理论体系。

（二）形成与应用阶段（1921—1940 年）

从 20 世纪 20 年代到第二次世界大战结束，市场营销学开始应用于流通领域。这一时期，资本主义国家遭遇经济危机，生产相对过剩，产品销售困难。20 世纪 30 年代开始，市场营销学从大学的讲坛走向了社会，并于 1931 年成立了美国市场营销协会。20 世纪 40

年代，费雷德·克拉克提出“推销是创造需求”的概念，这是营销思想的一次飞跃。市场营销学开始注重市场调查分析并预测消费者的需求，从而确立了市场营销学在实践中的地位。随着科技迅速发展，生产力大幅提升，产品种类急剧增多，供需矛盾日益显现。为了应对市场竞争与发展挑战，学术界和实务界的专家们持续加强对市场营销学的研究。在这一过程中，各学科和多种研究方法的成果被整合与提炼，逐渐形成了系统化的市场营销理论体系。已有的市场营销理论著作也在此期间不断修订，使得市场营销学的理论体系日臻完善与系统化。

（三）变革阶段（1941—1960 年）

第二次世界大战后到 20 世纪 60 年代，随着经济学、心理学和管理学的融入，市场营销学得到了长足发展，在企业经营实践中被广泛应用，市场营销学进入革命和创新阶段。一方面，重新评价原有的研究成果；另一方面，强调市场营销学理论的科学性。在此期间，学术界提出了不少新的概念，产生了许多新理论，尤其是市场细分理论、4Ps 理论产品（product）、价格（price）、渠道（place）、促销（promotion）和策略（strategy）。市场营销理论和市场营销观念的提出，使市场营销学发生了革命性的变化。1950 年，埃得蒙特·麦加利提出了市场营销学的六职能分类体系。20 世纪 50 年代中期温德尔·史密斯提出了市场细分的新概念，从而使市场营销进入一个新阶段，即目标市场营销阶段。1960 年，麦卡锡在早期职能学派的研究基础上，尤其是在麦加利的六职能分类体系的基础上提出了市场营销组合，即 4Ps 理论，从产品、价格、渠道和促销的角度研究，奠定了营销学的构架，从而使市场营销学有了根本性的发展。

（四）完善阶段（1961—1980 年）

20 世纪 60 年代以来，市场营销学从概念到内容都发生了深刻的变化，进入了完善和繁荣阶段。市场营销理论的优秀著作相继问世，特别是美国市场营销学家麦卡锡的《基础市场学》和菲利普·科特勒的《营销管理》，全面提出了现代市场营销理论，强调了市场营销的管理导向，把市场营销学发展为指导企业经营决策的学科，形成了现代市场营销学的概念、方法与理论体系。菲利普·科特勒的著作《营销管理》自 1967 年出版以后，被翻译成十余国文字，对我国市场营销学的发展也起到了深远的作用。20 世纪 70 年代，出现了社会市场营销观念，以此补充市场营销观念的不足，从而使市场营销学理论得到进一步完善。同时，更多的学科，如行为科学、经济学、社会学、心理学、公共关系学、预测学等密切结合到市场营销学当中，使市场营销学成为一门热门的、综合性的、应用性的经营管理科学。

（五）发展与创新阶段（1981 年至今）

经过上述四个阶段的发展，市场营销学已成为一门较成熟的学科，建立起了独立、系统、完整的理论体系。但作为一门科学的市场营销学并非是静止的，而是动态的。它随着科学技术的进步、社会的发展而不断发展和创新。

学术界为适应新的环境，创造了新理论，如 20 世纪 90 年代美国劳特明教授针对 4Ps

理论提出了4C理论即顾客（consumer）、成本（cost）、方便（convenience）、沟通（communication）。

在原来市场营销学总论的基础上分化出了市场营销的分论，即行业分类市场营销学，如服务市场营销学、房地产市场营销学、非营利组织市场营销学、国际市场营销学等。

为保护地球环境，防止其受到污染，进而提出了环境市场营销和绿色市场营销。

科学技术在市场营销领域的运用，促进了市场营销手段的革新，从而出现了网络营销。

此外，知识营销、关系营销等也应运而生。市场营销学在协同发展与分化扩展中不断完善与创新。

五、市场营销学的研究对象和内容

案例导入

“饿了么”改了一万个名字

2020年，饿了么进行了一次品牌战略升级，品牌定位从在线外卖平台转变为本地生活服务平台。为了打破消费者对饿了么只能送餐的固有印象，饿了么开始给自己改名。

在线上，饿了么发布了一支宣传片，演绎各种“×××了么”，进一步将改名与消费者需求场景深度联系起来。同时，饿了么在微博平台上发起话题“饿了么改了一万个名字”，并且与其他平台商家联合推出主题海报，撬动更大的传播力。

在线下，饿了么投放的海报画面非常简单，都是饿了么“改名”的Logo，像是“买菜了么”“喂猫了么”等，强势引发各大社交平台的裂变式传播。

同时，饿了么还为上海上万名“蓝骑士”定制了新装备，充分发挥“蓝骑士”的传播能力，让饿了么改名事件真实落地到消费者的生活中。

饿了么在这一系列更名营销里，紧扣“饿了么改了一万个名字”的传播概念，实现从线上到线下的全覆盖。从结果来看，饿了么不仅实现了对消费者心智的占领，同时也成功构建了消费者对品牌的全新认知。

（一）市场营销学的研究对象

市场营销学作为一门应用性经营管理学科，其构建是从微观开始的，后来逐步形成了微观与宏观两个分支。宏观市场营销学从社会总体交换层面研究营销问题，微观市场营销学则是从个体交换层面来研究营销问题。现代市场营销学更多的是从微观层面，研究企业经营方略和生财之道，是研究企业如何在激烈的市场竞争中求生存、求发展的学问，也是一门研究企业如何更好地满足消费者或用户的需要与欲望的学问。它着重研究买方市场条件下卖方的市场营销管理问题，即着重研究卖方在激烈竞争中和不断变化的市场营销环境中，如何识别、分析、评价、选择和利用市场机会，如何满足其目标顾客的需要，提高企业经营效益，求得长期生存和发展。

因此，现代市场营销学是一门企业市场营销管理学，是基于以满足消费者的需求为中心的研究，以及从企业的立场对消费者的研究。它把以创造和满足消费者需求为中心的企业市场营销活动及其规律性作为主要的研究对象，研究企业（卖方）在动态市场上如何有效地管理其交换过程、交换关系和市场营销活动过程，以提高企业经营效益，实现企业目标。简言之，市场营销学的研究是以消费者及其需要为中心，并围绕着这一中心而展开的对其他各项活动的研究。

（二）市场营销学的内容结构

一门学科的研究内容，是由该学科的研究对象所确定的。不同学者或不同学派对学科的理解及其著作的内容体系，自然会有较大的区别。但是，市场营销学的核心部分或主要内容仍然是比较稳定的。市场营销学的主要内容如图 1-6 所示。

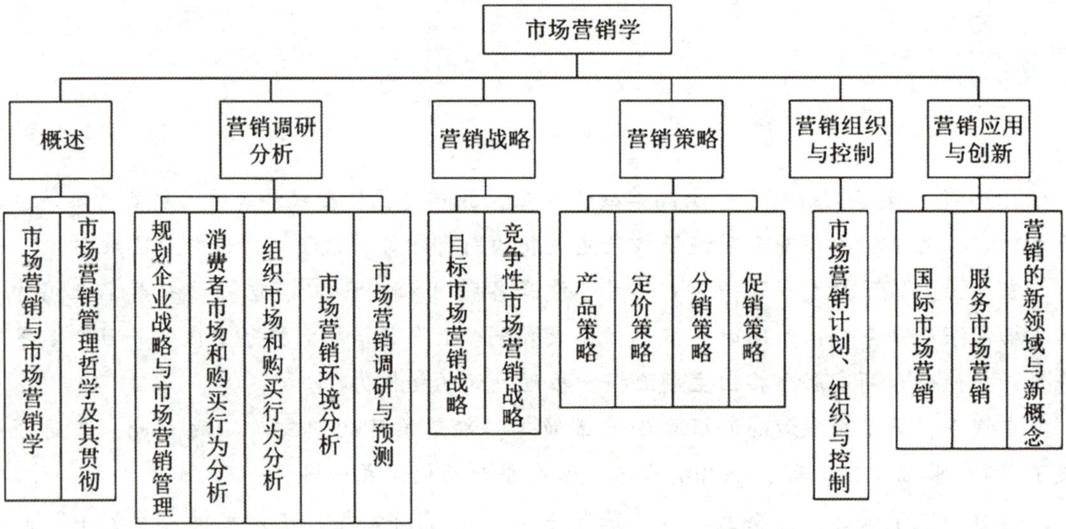

图 1-6　市场营销学的主要内容

1. 市场营销原理

市场营销原理主要指图 1-6 中的概述、营销调研分析和营销战略三部分，也是市场营销学的基础理论部分，侧重于市场营销若干基本原理和基本思路的阐述，具有基础性的意义。市场营销原理主要包括市场营销观念、市场营销环境与市场分析、市场细分、目标市场、消费者需求研究和购买行为等。这部分内容主要研究企业与市场的关系，分析影响企业营销活动的宏观环境和微观环境，分析各类市场需求和购买行为，进而研究企业如何面对环境变化所带来的机会与挑战，制定自己的发展战略和营销战略，并提出进行市场细分和选择目标市场的理论和方法。

2. 营销实务

营销实务主要指图 1-6 中的营销策略部分。营销实务是基于企业营销活动与营销决策的研究，是市场营销学的核心内容。其任务在于研究企业如何运用可以控制的各种市场营销手段与企业不可控制的外部环境相协调，以实现企业的预期目标。将企业可控制的各种营销手段归纳为四个方面，即 4Ps 策略，构成了营销活动研究的四个重要方面。营销实务的内容相当丰富，是市场营销学基本原理的具体应用。

3. 营销管理

营销管理主要指图 1-6 中的营销组织与控制部分。营销管理是基于营销组织与营销控制的研究，主要阐述企业为保证营销获得成功而应在计划、组织、调研、控制等方面所能采取的措施与方法。营销管理的全过程，如图 1-7 所示。

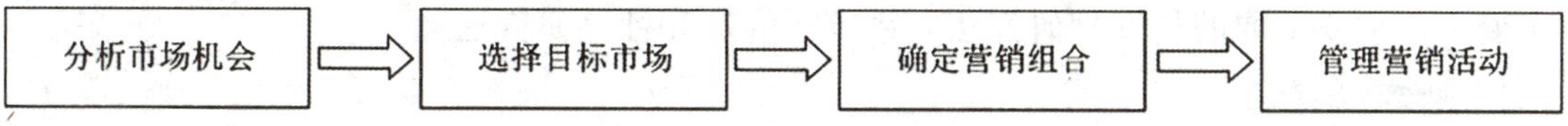

图 1-7　营销管理的全过程

4. 营销应用与创新

营销应用与创新主要指图 1-6 中的营销应用与创新部分。营销应用与创新是基于特殊领域市场营销的研究，由网络营销、服务市场营销和国际市场营销等组成，是 21 世纪对现代市场营销理论的进一步延伸、拓展与丰富。

六、市场营销学的研究方法

20 世纪以来，研究市场营销学的方法随着市场营销学的发展而发生变化。在 20 世纪 50 年代以前，对市场营销学的研究主要采用传统的研究方法，包括产品研究法、机构研究法、职能研究法、历史研究法等。20 世纪 50 年代以后，市场营销学从传统市场营销学演变为现代市场营销学，研究方法主要是现代科学法，包括管理研究法、系统研究法及社会研究法。市场营销学研究方法的不断创新和发展，也正是这门学科的生命力所在。

（一）传统市场营销学的研究方法

1. 产品研究法

产品研究法是以产品为中心的研究方法，即对各类产品或各种产品的市场营销分别进行分析研究，如针对农产品、工业品、矿产品、消费品及劳务等进行分别研究，由此产生了各种专业的市场营销学。产品研究法研究各类产品的设计、包装、厂牌、商标、定价、分销、广告及产品的市场开拓等方面。

2. 机构研究法

机构研究法是一种以研究市场营销制度为出发点的研究方法，即着重分析研究营销渠道制度中各个环节和各种类型的市场营销机构的问题，如研究百货商店的演变过程及发展前途等。这一研究方法的代表人物为韦尔德。

3. 职能研究法

职能研究法是从市场营销的各种职能来进行研究和分析的方法，即通过分析交换功能、供给功能、便利功能等各种市场营销职能，以及企业执行各种功能中必定或可能遇到的问题，来认识和研究市场营销问题。职能研究法的首倡者为阿奇·沙奥。

4. 历史研究法

历史研究法是指从事物的产生、成长、衰亡的发展或演变的角度来分析研究市场营销问题。例如，分析研究市场营销这一概念的含义的发展变化、近百年来工商企业的市场营销观念的演变、市场营销战略思想的发展变化等，找出其发展变化或演变的原因，掌握其发展变化或演变的规律性。

（二）现代市场营销学的研究方法

20 世纪 50 年代以后，市场营销学发生了“革命”，研究市场营销学的方法也随之发生了变化，主要采取的是管理研究法、系统研究法和社会研究法。

1. 管理研究法

管理研究法也叫决策研究法，这是一种从管理决策的角度来分析和研究市场营销问题的方法。它综合了产品研究法、机构研究法和职能研究法，特别重视市场营销分析、计划、组织、执行和控制。企业营销管理的任务在于全面分析外部不可控制因素的作用，针对目标市场需求特点，结合企业目标和资源，制定出最佳的营销组合策略，实现企业赢利目标。这正是基于从管理决策的角度来研究企业的市场营销观念。

2. 系统研究法

系统研究法是将系统理论具体应用的一种研究方法，即企业营销管理者做市场营销管理决策时，把企业的有关环境和市场营销活动过程看作一个系统，统筹兼顾其市场营销系统中的各个相互影响、相互作用的组成部分，使各个部分协同活动，从而产生增效作用，提高企业经营效益。系统研究法是从企业内部系统、外部系统，以及内部和外部系统如何协调来研究市场营销学的一种方法。

3. 社会研究法

社会研究法主要是指研究各种市场营销活动和市场营销机构对社会的贡献以及所付出的成本，即研究企业营销活动对社会利益的影响的一种方法。市场营销活动一方面带来了社会经济繁荣，提高了社会及广大居民的福利；另一方面也造成了某些负面效应，如污染社会及自然环境，破坏生态平衡。

七、研究市场营销学的意义

（一）学习和研究市场营销学是迎接 21 世纪挑战的必然选择

在现阶段，面对知识经济时代的来临及其带来的严峻挑战，加强对市场营销学的学习和研究已成为顺应知识经济时代、适应环境变化的迫切需要。经济全球化、高新技术（特别是信息科技产业）的崛起、金融市场的跌宕起伏和全球企业并购之风的兴起，带来了比以往更为复杂的社会经济环境与更为激烈的全球竞争，预示着未来的营销从观念、规划到方式都可能会发生深刻的变革。因此，善于学习、创新及运用新知识的组织将是最大的赢家。

（二）学习和研究市场营销学是大力发展市场经济、促进经济成长的必然要求

企业的效益和成长，是国民经济发展的基础。宏观经济的稳定、健康和持续发展，取决于多种因素，其中市场营销占据重要地位。市场经济必然存在着产品如何满足和适应整

个社会和人民群众的需要的问题；存在着如何取得市场信息，疏通流通渠道，用最少的费用和最快的速度把产品送到消费者手中的问题；存在着如何搞好市场调查、市场研究和市场预测的问题。市场营销的发展，在扩大内需、进军国际市场、吸引外资，以及解决经济成长中的供求矛盾、资金、技术等方面，开拓了更广阔的空间。在对外开放和经济全球化的进程中，要同国外的企业打交道，就必须学习市场营销学，掌握正确的经营思想、经营策略、经营方法和经营技巧，这样才能走出国门、进入国际市场，才能在世界市场上取得主动权和国际竞争优势。

（三）学习和研究市场营销学是促进企业成长的重要基石

世界著名管理学专家彼得·德鲁克指出：现代企业最主要的职能只有两个，一个是创新；另一个就是营销。实践证明，市场营销学对于经济成长的贡献，恰恰集中体现在解决企业成长与发展的基本问题上。市场营销学在总结了市场经营活动经验的基础上，以满足消费者需要为宗旨，引导企业树立正确的营销观念，面向市场组织生产过程和流通过程，不断从根本上解决企业成长中的关键问题，从而为企业经营活动及其发展提供一整套战略管理原则、竞争策略、组织管理、营销计划执行与控制的方法技巧，指引企业创造竞争优势。

任务二　市场营销的观念

一、市场营销观念的演变与发展

企业在市场营销活动中必须遵循一定的指导思想，以适应不同时期的市场环境。正确调整和发展市场营销观念至关重要。市场营销观念并非仅指市场行为或战略，也不是单一的技术手段。它是指在特定时期占主导地位的，贯穿整个市场营销活动过程的总体指导思想和行为准则，也被称为市场观念或营销哲学。实际上，市场营销观念是企业在开展经营活动时，对市场的根本看法和态度。它体现了一个企业的经营理念和思维方式，即企业在开展市场营销活动的过程中，在处理企业、顾客和社会三者利益方面所持的态度、思想和观念。现代市场营销观念在经历了生产观念、产品观念、推销观念、市场营销观念和社会市场营销观念之后，继续随着实践的发展而不断深化、丰富，产生了许多新的观念，这些新的观念相互交融，共同构成了市场营销观念的发展与演变。

（一）创造需求的营销观念

现代市场营销观念的核心是以消费者为中心，认为市场需求引起供给，每个企业必须依照消费者的需要与欲望组织商品的生产与销售。几十年来，这种观念已被公认，在实际的营销活动中也备受企业家的青睐。然而，随着消费需求的多元性、多变性和求异性特征的出现，需求表现出了模糊不定的“无主流化”趋势，许多企业对市场需求及走向常感到难以琢磨，适应需求难度加大。

（二）关系市场营销观念

关系市场营销观念是由交易市场营销观念发展而来的，是市场竞争激化的结果。从 20 世纪 80 年代起，各国开始重视关系市场营销，即为了建立、发展和保持长期的、成功的交易关系进行的所有市场营销活动。它的着眼点是与本企业有关的供货方、消费者、竞争者、分销商、政府机构和社会组织等建立良好稳定的关系，同所有利益相关者之间构成一个“市场营销网”，以追求各方面关系利益最大化。这种从追求每笔交易利润最大化转化为追求各方面关系利益最大化是关系市场营销的特征，也是当今市场营销发展的新趋势。

关系市场营销观念的基础和关键是“承诺”与“信任”。“承诺”是指交易一方认为与对方的相处关系非常重要而保证全力以赴去保持这种关系，它是保持某种有价值关系的一种愿望和保证。“信任”是当一方对其交易伙伴的可靠性和一致性有信心时产生的，它是一种依靠其交易伙伴的愿望。承诺和信任的存在可以鼓励营销企业与伙伴致力于关系投资，抵制一些短期利益的诱惑，而选择保持发展与伙伴的关系去获得预期的长远利益。因此，达成“承诺—信任条件”，着手发展双方关系是关系市场营销的核心。

（三）文化营销观念

在企业的整个营销活动过程中，文化营销观念不可或缺。文化营销观念是指企业成员共同默认某种观念并在行动上付诸实施，从而使企业营销活动形成文化氛围的一种营销观念。它反映的是现代企业营销活动中，经济与文化的不可分割性。企业的营销活动不可避免地包含着文化因素，企业应善于运用文化因素来实现市场制胜。商品中蕴含着文化，商品不仅仅是有使用价值的某种物品，同时，它还凝聚着审美价值、知识价值、社会价值等文化价值的内容。企业经营的成功得益于其企业内部全体职工共同信奉和遵从的价值观、思维方式和行为准则，即所谓的企业文化。营销活动中尊重人的价值、重视文化建设、重视管理哲学，以及求新、求变精神，已成为当今企业经营发展的观念趋势。

（四）整体营销观念

1992 年，美国市场营销学界的权威菲利普·科特勒提出了跨世纪的营销新观念——整体营销，其核心是从长远利益出发，公司的营销活动应囊括构内、外部环境的所有重要行为者，分别是供应商、分销商、最终顾客、职员、财务公司、政府、同盟者、竞争者、传媒和大众。前四者构成微观环境，后六者构成宏观环境。

（五）顾客让渡价值

菲利普·科特勒提出“顾客让渡价值”的观念，是近年来对市场营销理论的最新发展。顾客让渡价值的构成，如图 1-8 所示，其含义是指顾客总价值与顾客总成本之间的差额。

顾客总价值是指顾客购买某一产品或服务所期望获得的一组利益，包括产品价值、服务价值、人员价值和形象价值等。顾客总成本是指顾客为购买某一产品所耗费的时间、精神、体力及所支付的货币资金等，包括货币成本、时间成本、精神成本和体力成本等。顾客让渡价值的多少受顾客总价值与顾客总成本两方面因素的影响，不同的顾客群对产品价值的期望与对各项成本的重视程度是不同的。

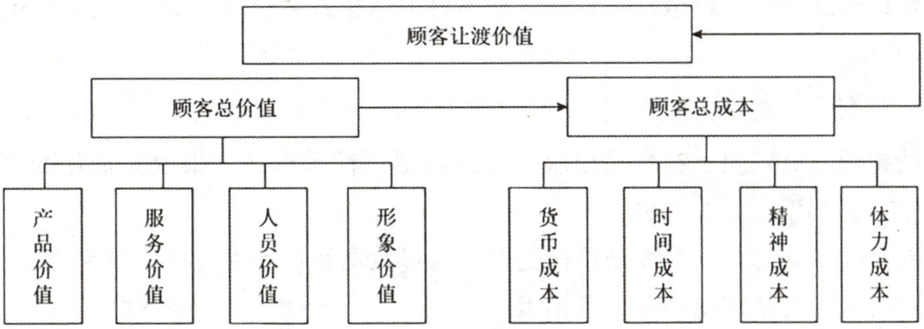

图 1-8　顾客让渡价值的构成

顾客在选购商品时，往往从价值和成本两个方面进行比较，优先选择顾客让渡价值最大的商品。而企业为了争取顾客，战胜竞争对手，巩固或提高企业产品的市场占有率，往往采取顾客让渡价值最大化策略：一方面增加顾客购买的总价值；另一方面降低顾客购买的总成本。“顾客让渡价值”概念的提出，为企业经营方向提供了一种全面的分析思路。顾客让渡价值理论认为，企业在生产经营中创造良好的整体顾客价值只是企业取得竞争优势、成功经营的前提，一个企业不仅要着力创造价值，还必须关注顾客在购买产品或服务中所倾注的全部成本。

（六）绿色营销观念

20 世纪 80 年代以来，伴随着各国消费者环保意识的日益增强，世界范围内掀起了一股绿色浪潮，绿色工程、绿色工厂、绿色商店、绿色商品、绿色消费等新概念应运而生。绿色营销观念是在当今社会环境被破坏、污染加剧、生态失衡、自然灾害威胁人类生存和发展的背景下提出来的新观念。在这股浪潮的冲击下，绿色营销观念自然而然地产生。绿色营销观念主要强调把消费者需求与企业利益、环保利益三者有机地统一起来。它最突出的特点就是充分顾及资源利用与环境保护问题，要求企业从产品设计、生产、销售到使用整个营销过程都要考虑到资源的节约利用和环保利益，做到安全、卫生、无公害等，其目标是实现人类的共同愿望和需要——资源的永续利用与保护和改善生态环境。

二、市场营销观念的比较与分析

按照以生产者或消费者为中心的标椎，可以把市场营销观念划分为传统营销观念和现代新型营销观念两大类，如图 1-9 所示。

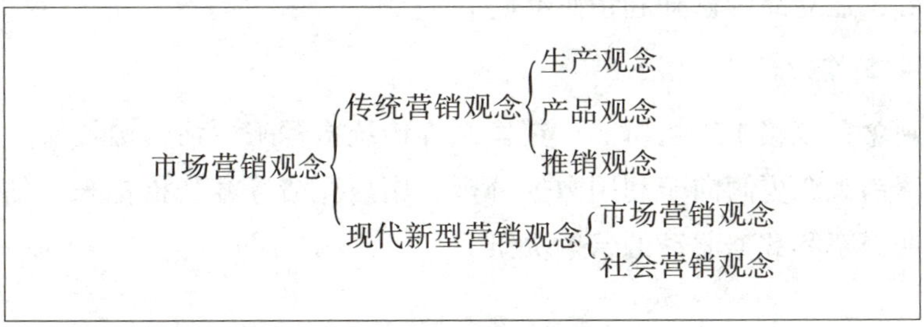

图 1-9　市场营销观念的类型划分

传统营销观念和现代新型营销观念，在内容上存在着本质的区别，概括起来体现在以下四个方面。

（一）定位目标受众

传统营销观念更倾向于将产品或服务推送给更广泛的群体，采取大众化的营销方式，并倾向于“一刀切”的宣传方式。

现代新型营销观念更注重细分目标受众，通过数据和技术的支持实现精准营销，根据受众的不同需求和特征制定个性化营销策略。

（二）传播渠道选择

传统营销观念常使用传统媒体，如电视、广播、报纸等进行宣传推广，以实现品牌信息的传递和产品销售。

现代新型营销观念更趋向于利用数字化媒体和社交媒体等新兴渠道。通过互联网和移动端的广泛应用，企业能够实现更广泛的受众覆盖和更具针对性的信息传播。社交媒体平台已成为企业与消费者互动的重要渠道，通过这些平台，企业可以与消费者建立直接联系，了解他们的偏好和反馈。此外，数字化媒体还提供了更精准的数据分析工具，帮助企业更好地了解目标受众，并优化营销策略以提高效果和回报率。

（三）沟通互动方式

传统营销观念着重强调企业向消费者传递信息，通常是单向的沟通模式，企业将产品或服务的优势传达给消费者，而消费者的参与度相对较低。

现代新型营销观念更强调双向沟通和互动。在这种观念下，企业不仅仅是向消费者传递信息，更注重与消费者建立起紧密的关系。通过积极倾听消费者的声音，接受他们的反馈和建议，企业能够更好地了解消费者的需求和偏好。这种双向沟通的方式使得消费者感到被尊重和重视，同时也增强了消费者对品牌的认同感和忠诚度。

在现代营销中，消费者的参与度被视为一个重要指标。企业会根据消费者的参与程度、反馈情况来调整和优化其营销策略与产品设计。通过与消费者的互动，企业能够更加灵活地适应市场变化，提升产品的市场竞争力，实现持续发展和增长。

（四）营销内容形式

传统营销观念以产品或品牌为中心，注重产品的功能和特点。

现代新型营销观念更关注情感营销和内容营销，通过故事、体验、用户生成内容等形式来吸引消费者，建立品牌认知和情感共鸣。

（五）效果评估方式

传统营销观念更依赖于市场份额、销售额等传统指标来评估营销效果。

现代新型营销观念更倾向于利用数据分析、用户反馈等客观指标来评估营销活动的效果，注重投资回报率和数据驱动的营销决策。

任务三　营销人员的职业素养

一、营销人员的知识储备

（一）专业知识

开展市场营销工作的关键之一是深入了解市场情况。营销人员需要掌握市场调研的方法与步骤，能够根据市场特征、人口分布、经济收入、消费习惯、地域文化等因素，精准确定不同地区、不同顾客群体的需求情况，以及运输和销售成本。通过对市场的深入了解，营销人员能够有效预测未来市场容量和产品竞争状况，为企业制定有效的营销策略提供重要依据。

在市场调研过程中，营销人员需要具备扎实的专业知识，包括市场分析、数据处理和市场预测等方面。他们需要收集、整理和分析大量的市场数据，从中提取有用的信息和洞察，为企业制定正确的决策提供支持。同时，营销人员还需要与其他部门密切合作，共同制定符合市场需求的产品和营销方案，以实现企业的市场目标和长期发展。

（二）心理学知识

心理学在市场营销的整个过程中起着关键作用。从识别顾客的购买动机，到激发顾客的购买欲望，再到制定合适的价格以促进顾客购买，这一系列营销行为都深受心理学知识的影响。

首先，通过心理学原理的实际运用，营销人员可以深入分析顾客的心理需求和行为模式，准确把握他们的购买动机。了解顾客的心理需求，不仅有助于确定产品的市场定位，还能指导后续的市场推广策略和沟通方式。

其次，利用心理学知识激发顾客的购买欲望变得至关重要。例如，通过情感营销和品牌故事，营销人员能够在顾客心中建立情感连接，从而提升他们对品牌的认同感和忠诚度。同时，对顾客的认知偏见和决策偏好进行有效干预，能够显著提高购买决策的可能性。

最后，心理学还能帮助营销人员制定合适的价格策略。通过价格感知、心理定价和定价心理学等策略，营销人员能够优化产品的价格设置，使其既能吸引顾客也能保持竞争力。

（三）法律知识

市场经济是建立在法制基础之上的经济体系。在市场营销活动中，必须严格遵守法律法规的规定。营销人员不仅需要了解法律，还需要深刻理解其精神，并在实践中严格依法行事，以保护消费者和企业的合法权益，防止出现损害消费者权益或自身利益的情况。

首先，营销人员应该熟悉相关的市场法律法规，包括但不限于《中华人民共和国消费者权益保护法》《中华人民共和国价格法》《中华人民共和国广告法》等。了解这些法律法规的具体内容和适用范围，确保自己的营销活动符合法律要求。

其次，营销人员在制定营销策略和执行营销活动时，必须遵循法律的原则和规定，不得采取欺诈、虚假宣传、价格垄断等违法行为。应遵守公平竞争的原则，不得进行不正当竞争行为；确保市场秩序的正常运行。

最后，营销人员还应该关注法律法规的更新和变化，及时调整自己的营销行为，以符合最新的法律要求。在面对涉及法律问题的情况时，及时咨询法律专家或相关部门，以便及时解决问题并避免法律风险。

（四）人文素养知识

人文素养内涵广泛，包括政治、经济、历史、地理、法学、哲学等多个领域的知识。在市场营销领域，营销人员需要具备丰富的人文素养，以展现出干练、专业、博学的形象，并在与顾客的交流中展现出礼仪与素质。

营销人员需要具备政治学和经济学等领域的知识，以了解市场的宏观环境和经济形势，从而为企业制定合适的营销策略提供依据。同时，对历史、地理等方面的了解也有助于更好地理解不同地区的文化背景和消费习惯，从而更有针对性地开展市场推广活动。

营销人员在与顾客接触时，应该注重相关礼仪和形象的塑造。保持衣冠整洁得体，举止大方、言行得体，能够给顾客留下积极认真、专业负责的印象，从而建立起良好的商业关系。此外，通过对顾客的尊重和关心，营销人员能够增强顾客的信任感和满意度，促进销售业绩的提升。

二、营销人员的能力提升

沟通能力

（一）沟通能力

良好的沟通能力在市场营销领域具有至关重要的地位。市场营销实质上是一个不断沟通反馈的过程。在产品销售过程中，良好的沟通能力能够帮助营销人员更好地了解顾客的需求和偏好，从而精准地定位产品，提供符合顾客期待的解决方案，促进产品的销售和市场份额的增长。在市场开拓方面，通过与经销商的沟通，营销人员能够及时获取市场信息和反馈，了解市场需求和竞争态势，为企业的产品定位、定价和营销策略提供有力支持，提高市场开拓的效率和成功率。在产品销售方面，通过与顾客的沟通，营销人员可以深入了解顾客的需求、偏好和购买动机，从而提供个性化的产品推荐和解决方案，增强顾客的购买欲望提高满意度，促进产品的销售和市场口碑的传播。

（二）观察能力

市场信息时刻变化，对于营销人员来说，具备敏锐的观察能力至关重要。这种能力使他们能够快速、准确地识别和分析市场中的关键信息，帮助企业及时调整策略并做出反应。

营销人员需要保持对市场信息的持续关注和敏感度。他们必须能够从大量的信息中迅速识别出对企业有价值的内容，如市场趋势、竞争动态和顾客需求的变化。通过及时获取和理解这些信息，营销人员可以为企业的决策提供关键支持，确保企业在竞争激烈的市场中保持敏捷和竞争力。

营销人员每天都需要与各种各样的顾客打交道，这要求他们具备高度的交际技巧和分析能力。在短暂的互动中，他们需要快速把握顾客的真实意图和需求，识别顾客对产品的反应和购买潜力。通过有效的沟通和观察，营销人员可以与顾客建立信任，从而更好地满足顾客的需求，实现产品的销售。

（三）学习能力

当今社会正处于知识爆炸的时代，信息更新速度之快令人眼花缭乱。在这个动态变化的环境中，营销领域的方法、理论、技术及法规都在不断演进和更新。因此，作为一名优秀的营销人员，不断学习和自我提升是至关重要的。

营销人员需要密切关注行业动态和趋势，及时了解最新的营销理论和方法。只有不断更新自己的知识储备，才能在激烈的市场竞争中立于不败之地。同时，随着科技的发展，新的营销技术不断涌现，营销人员需要不断学习并掌握这些新技能，以提升工作效率和竞争力。

（四）创新能力

市场变化莫测，顾客需求不断演变，因此营销不是僵守不变，而是要紧跟时代步伐，以顾客不断变化的需求为中心，灵活应对新的市场环境和挑战。为了在激烈的竞争中占据一席之地，营销人员必须具备创新能力，不断探索新的产品推广方式、渠道策略和市场思维。

首先，营销人员需要不断寻求创新的产品理念和设计，以满足不同顾客群体的需求和期待。通过不断创新产品特性、功能和服务，使产品能够与市场趋势保持同步，并为顾客提供更有吸引力和价值的选择。

其次，营销人员需要灵活运用新的营销渠道和工具，以更好地触达目标受众。随着互联网和数字化技术的发展，新兴的营销渠道，如社交媒体、电子商务平台，等已经成为不可忽视的重要途径。通过运用这些新渠道，营销人员能够更加精准地定位目标受众，提高营销效率和转化率。

最后，营销人员需要不断创新营销策略和思维方式，以应对市场的动态变化和竞争压力。通过深入洞察市场和顾客行为，把握市场趋势和需求变化，营销人员可以制订出更具前瞻性和针对性的营销计划，从而在市场竞争中保持竞争优势。

课堂讨论

如何培养营销人员对市场趋势的敏锐洞察力，以及对竞争对手、目标受众和产品定位的深入分析能力？

营销活动需要不断创新，如何激发营销人员的创造力，提升其在广告、推广活动等方面的创意表达能力？

三、营销人员的素质构成

（一）身体素质

身体素质是工作的基本保障。营销人员的工作性质较特殊：长期在外出差，要能适应各地的饮食、气候环境；经常性的旅途奔波，对精力、体力消耗相当大；和顾客交际、应酬、磋商、谈判等，需要有很好的耐性；参加现场服务也会占用大量的时间，消耗大量的体力。所有这些都要求营销人员具有充沛的精力、体力和耐力。

（二）心理素质

心理素质是个体承受不同环境压力的能力，渗透在个体活动中，影响着个体的行为方式和活动效能。在营销工作中，挫折和困难是常有的。例如，被顾客拒绝、策划方案被否定、销售中的竞争失利与排名靠后等，都可能对营销人员造成压力和冲击。只有具备必胜的信念和积极进取的精神，营销人员才能够发挥潜能，克服困难，实现营销目标。

（三）道德素质

营销人员要赢得大众的敬重，就必须按照大众所能接纳的道德标准来处事。努力处理好与竞争者、与企业、与顾客等多方面的关系。在处理与竞争者的关系时，通过贬低竞争对手提高自身形象，结果会适得其反。与顾客建立长久的合作伙伴关系，需要营销人员以诚信经营为理念，依靠企业信誉、产品质量、维护顾客利益来赢得市场。

项目小结

项目主要涵盖市场营销的相关理念和基本知识市场营销的理念和营销人员的职业素养。在树立市场营销理念方面，任务一深入探讨了市场营销的含义、核心概念、企业经营理念，以及市场营销学的相关内容；任务二着眼于市场营销观念的演变与发展，以及观念的比较与分析；任务三重点关注营销人员的职业素养，包括知识储备、能力提升和素质构成。本项目全面探讨了市场营销领域的重要内容，为学习者提供了系统的理论基础。

课后实训

营销人员的职业素养

一、实训目标

学生掌握营销人员应该具备的知识、能力和素质，能有意识地学习知识、提升能力、增强素质，做合格的营销人员。

二、实训开展

任务 1：营销人员的知识储备与能力培养

任务描述：学生分组，模拟开展产品营销活动，营销人员需要掌握哪些知识，具备哪些能力，请小组讨论并将结果记录在表 1-2 中。

表 1-2　营销人员的知识储备与能力培养

研究内容	研究结果
知识储备	
能力培养	

任务 2：营销人员的职业道德

任务描述：在产品销售过程中有哪些不道德行为，有哪些方法可提高营销人员的职业道德，收集相关资料并展开讨论，将结果记录在表 1-3 中。

表 1-3　营销人员的职业道德

研究内容	研究结果
不道德行为分析	
提升职业道德的方法	

三、实训评价

展示任务完成情况，并完成考核评价表（表 1-4）。

表 1-4　考核评价表

评价项目	评价内容	分值	评分/分		
			自评	互评	师评
职业素养考核项目（40%）	考勤、仪容仪表	10 分			
	安全意识、责任意识与服从意识	10 分			
	团队合作、沟通交流能力	10 分			
	维持教学设备和工具等的干净整洁	10 分			
专业能力考核项目（60%）	积极参与市场营销基础课程教学活动并理解活动要求	30 分			
	认真完成营销人员素质培养实践任务	30 分			
综合分数：	自评（20%）+互评（20%）+师评（60%）	100 分			
综合评语		指导教师（签名）：			

思考练习

1. 什么是管理研究法？
2. 简述营销人员的素质构成。

项目二

企业战略与营销管理过程

项目概述

企业战略是企业发展的蓝图规划，也是企业应对市场变化和环境挑战的战略指引。企业战略的制定和实施，是企业主动适应市场和环境的重要手段。企业战略不仅是一个关系企业全局发展的方针，更是企业进行营销管理等工作的基本依据。在企业战略的指导下，企业可以更好地制定营销策略、产品开发策略、人力资源策略等，以实现企业的长期发展目标。

学习目标

知识目标

（1）理解制定企业战略规划的重要性。

（2）熟悉市场营销整体战略。

（3）了解企业的市场营销管理过程。

技能目标

（1）运用市场营销理论，分析企业所处的市场环境，识别可控因素和不可控因素，并据此制定相应的营销策略。

（2）根据企业环境，选择有效的竞争策略，理解市场营销理论的创新性和实践意义。

素质目标

（1）培养学生的实践能力和创新意识，找到最适合企业的解决方案。

（2）增强学生国际视野和跨文化交流能力，能够理解和应对不同国家、不同文化背景下的市场环境和竞争态势。

思政目标

培养学生对企业战略与营销管理过程的深入理解，强调在营销过程中要尊重消费者权益、促进社会公平。

案例导入

华为公司及其价值主张

华为是全球领先的信息与通信技术（ICT）解决方案供应商，专注于ICT领域，在电信运营商、企业、终端和云计算等领域构筑端到端的解决方案优势，为运营商客户、企业客户和消费者提供有竞争力的ICT解决方案、产品和服务，并致力于构建未来信息社会及更美好的全联接世界。2024年5月7日，世界电信和信息社会日大会在浙江省宁波市召开，大会主题为“数字创新赋能新型工业化”。作为数字中国建设的重要参与者，华为全面参与大会，携手运营商及产业伙伴共同呈现多领域融合创新实践。

华为公司的价值主张，如图2-1所示。

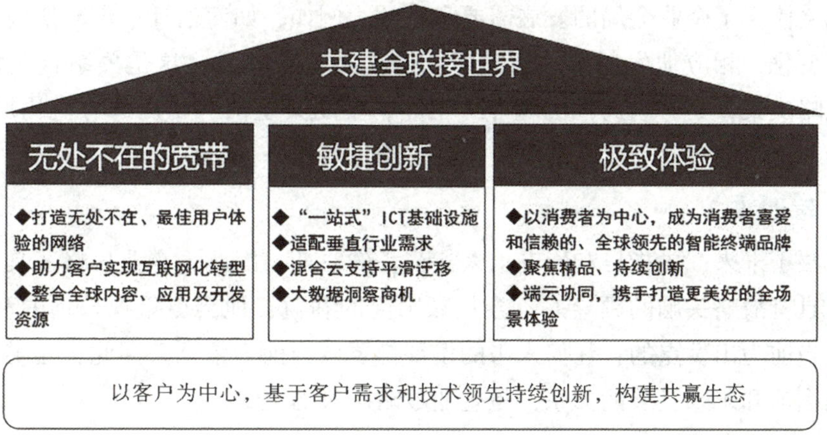

图2-1　华为公司的价值主张

新的技术创新不仅全方位地重构CT产业，而且通过IT和CT产业的融合带来巨大的发展机遇。为适应这一变化，华为围绕客户需求和技术领先持续创新，与业界伙伴开放合作，聚焦构筑面向未来的信息管道，致力于共建更美好的全联接世界，持续为客户和全社会创造价值。华为通过加强跨行业的紧密协作，推动ICT技术标准与各行业标准的深度融合，探索5G-A网络在地下、地面、低空等范围的创新应用场景，突破时空限制，重构数字基础设施价值。

作为数字中国建设的重要参与者，华为始终坚持开放、创新、合作的精神，深耕数字技术持续创新，联合产业各方推进数字基础设施持续升级，让应用创新枝繁叶茂，加速社会及千行百业数字化、智能化、低碳化转型升级。

任务一　制定企业战略规划的重要性

“战略（strategy）”一词，来源于希腊语“strategos”或者“stragia”，译为“将军”“战役”“谋略”等，是同“战术”一词相对而言的，其最本质的含义是指导战争的谋略。随着时代的发展，“战略”一词逐步被引入政治、经济活动，成为各个领域使用较为频繁的一个概念，特别是近年来，随着企业竞争的加剧，“战略”一词已被广泛应用于企业的营销活动中。

企业战略泛指企业为实现自己的总任务和总目标所制定的全局性谋划方案。企业根据当前和未来市场环境变化所提供的市场机会和可能出现的环境威胁，考虑如何有效地利用自身现有的和潜在的资源能力，满足目标市场的需求，从而实现企业的既定目标。

一、企业战略的特点

企业战略的层次及其特点

从企业战略的含义中，可以总结出企业战略具有以下五项特点。

（一）全局性

企业战略体现了企业全局的发展需要和利益。例如，如何估计一定时期内市场需求发展的趋势和变化，相应地发展某一新技术，推出某一新产品，这是关系企业发展的大事情，属于战略决策，具有全局性的特点。当然，全局又是由一切局部有机构成的，因此，照顾各个局部之间的关系，也是战略决策的一项重要任务。

（二）长期性

战略着眼于未来，要指导和影响未来相当长的时期。因此，企业战略又具有长期性的特点。一个具有战略头脑的领导人不会只顾眼前的利益，他会更重视长远的利益。当然，未来又是以当前为出发点的，任何未来的发展都要以当前为依据。因此，立足当前，放眼未来，协调当前和未来发展的关系，是企业战略决策的关键。

（三）系统性

系统性意味着企业内部各个方面之间紧密相连，彼此协调配合，形成一个有机的整体。在系统中，存在不同的层次关系，各部分大小也不同。针对不同层次和部门的战略，只能是整体系统战略的一部分，必须服从整体规划。在企业内部，应将企业整体战略视为一个系统工程，统筹制定，以追求整体发展的最大利益。

（四）适应性

企业的营销受外部环境和内部条件的综合影响。当外部环境发生变化（如市场需求改变、政治或经济形势变化、政策与法律变更、原材料供应变化等）时，必须不失时机地做出战略调整。企业的内部条件变化也会对市场营销产生影响。战略决策应该适应内外环境变化，并进行创造性的反应。也可以说，企业战略是以现在为基础对将来做出的决策，是积极地和有准备地迎接未来挑战的决策。

（五）风险性

任何决策都不可能在绝对充分的信息条件下做出，都是对未来的预测性决策。环境的多变和复杂性，以及企业内部条件的不断变化，使得任何战略都具有风险性。某个机会的价值大小常取决于企业的地位、实力和素质条件，而许多机会往往是短暂的，一旦错过就难以再现。机会与挑战常常互相转化，一次机会即意味着拥有一份有利的战略资源，谁能迅速抓住时机并利用，谁就会得到有益的回报；而对于错失机会的企业来说，可能会面临更大的风险和挑战。

二、企业战略规划的价值分析

企业战略规划是使企业的目标、资源与变化的市场环境相互协调的一种管理过程。其目的是使企业的经营结构、资源特长和经营目标，在可以接受的风险限度内，与市场环境所提供的各种机会取得动态平衡。

企业的经营管理工作，一般可以分为两大类。一类是在产品方向和市场方向既定的情况下，组织好产品的生产和销售工作。这一类工作经常重复出现，通常可以制定出一套相对稳定的工作程序，即为日常业务管理。日常业务管理的决策属于企业中层或基层的短期性或技术性决策，为战术性决策，是在战略性决策做出以后，为了保证具体任务完成而制定的决策。另一类管理工作则是涉及企业全局性发展方向的问题，是不经常出现的问题。例如，产品方向或市场发展方向的选择，企业规模的扩大，多种经营的发展问题等。对于这一类问题的设计、谋划、抉择和实施，直到达成企业预期总体经营目标的全过程，叫作战略管理。企业的战略管理为日常业务管理指明方向和内容，而日常业务管理则是战略管理的基础和具体实施。战略管理决策是企业高层领导人员最重要的工作，又叫战略决策。企业的营销战略规划是企业战略管理的一个组成部分。

制定企业的营销战略规划是贯穿整个市场营销活动的灵魂，同时也是贯穿市场营销策略、执行及运作过程各个环节的一套完整的战略思想。因此，制定企业战略规划具有十分重要的意义。

（一）企业战略规划对一个企业的生存和发展有决定性的指导作用

如果战略决策失误，即使具体工作再出色，也将毫无意义。缺乏正确战略指导的营销活动，就像一艘无舵之船，在风浪中漂泊不定。尤其是在市场环境变化无常的情况下，长期、全局、方向性战略的准确性对企业来说至关重要。按照“适者生存”的法则，谁能更好地适应环境，谁就能生存和发展；反之，则将被淘汰。市场竞争是一个不断筛选、不断淘汰的过程。

（二）企业战略规划的价值在于战胜竞争对手、保存自己

企业战略规划的价值在于战胜竞争对手、保全自己，这是由战略本身具有的对抗特征所规定的本质属性。“竞争对手、保存自己”是企业的重要目标，但有时企业与其竞争者为了达到各自的目的，往往也会采用联盟的措施。企业的竞争者可以分为两类：一类是“敌人”；另一类是“盟友”，可以结成联盟。但从社会经济环境的变化及企业各自利益等因素的动态发展来看，联盟或盟友是变化的，所以把企业战略规划价值理解为一般意义上的“战胜对手、保存自己”是完全可以的。

企业战略规划是一切企业的生命线，企业的一切工作和一切业务活动都必须服务于战略规划，以战略规划所规定的任务和目标为转移。

任务二　企业营销总体战略规划

案例导入

担当企业使命

第六届中国企业论坛于2023年9月22日—23日在山东济南举行。论坛围绕“中国式现代化：中国企业的责任担当”的主题展开，中外嘉宾以线上或线下的方式参会，深化交流对话，开展合作对接。

在23日的主题论坛上，中华全国工商业联合会主席在视频致辞中表示，新时代以来，我国各类企业实现快速发展，成为中国式现代化道路越走越宽广的生动写照。中国式现代化是前无古人的伟大事业。企业在现代化进程中的地位作用不可替代。希望广大企业家紧抓创新创造关键，在构建现代化产业体系中大展身手；完善中国特色现代企业制度，在争创世界一流竞争中大展宏图；引领风气之先，在繁荣现代商业文明中大展风采。

国务院国资委负责人在主旨演讲中表示，企业永远是时代的企业，企业的发展离不开繁荣强盛的国家。新时代新征程上，国资央企将深化同各类所有制企业的沟通交流、互利合作，在践行使命责任上同题共答，在布局现代产业上同向发力，在深化改革创新上同频共振，在应对风险挑战上同舟共济，共同为推进中国式现代化作出更大贡献。

新华社副社长在主旨演讲中表示，企业是推动中国式现代化的生力军，是高质量发展的重要基础。新华社作为党中央喉舌、耳目、智库，肩负着为中国式现代化建设营造良好舆论氛围的重要职责，也承担着为中国经济建设建言献策和为企业发展鼓与呼的任务。新华社将继续发挥自身独特优势，守正创新，壮大主流思想舆论，更好服务经济建设和企业发展。

山东省委副书记在主旨演讲中表示，山东锚定“走在前、开新局”，聚焦高质量发展首要任务，加快建设新时代社会主义现代化强省，各行各业都蕴含着合作共赢的重大机遇。山东将以最大诚意、最实政策、最优服务，与各方在产业升级、创新发展、开拓市场、绿色低碳、开放合作上携手并行、共创共赢，共同谱写中国式现代化山东篇章。

论坛发布了《中央企业高质量发展报告（2023）》《2023中国企业舆论传播分析报告》等，举行了中外企业家对话会、科学家讲坛、6场平行论坛和2场圆桌会等一系列活动。

企业营销总体战略的规划过程一般分为以下四个步骤。

一、有效界定企业使命

使命是企业之所以存在的理由和价值，主要回答企业为谁创造价值及创造怎样的价值问题。它是企业必须做的头等大事，综合反映了一个企业的目的、特征、性质及未来发展方向。认识和界定企业使命，必须深入分析外部环境和内部条件的构成，以及它们的要求、期望和对企业发展的约束，从中找出符合企业实际的理想特征。通常可从以下三个方面思考。

（一）愿景

企业的愿景是企业对未来的一种期望和追求，代表着企业想要成为的样子。一个清晰的愿景能够让员工们感受到企业的目标和方向，能够让顾客们对企业产生信任和认同，也能够让合作伙伴和公众更好地了解企业，形成对企业的一种清晰的认识。同时，企业的愿景也是企业未来前进的方向和动力，是企业不断努力和追求的目标。企业的愿景不仅仅是一个简单的描述，更是一种对未来的规划和设计，它需要考虑企业自身的实际情况和发展方向，同时也需要考虑社会环境和市场需求的变化。一个好的愿景应该能够揭示企业在今后若干年（如未来 10 年、20 年）的发展蓝图，让人们看到企业未来的发展方向和潜力。在企业的发展过程中，愿景的制定和实施需要不断地调整与完善。企业需要时刻关注市场和环境的变化，总结经验教训，进行调整和改进，以确保企业能够朝着正确的方向前进，实现企业的愿景。

（二）业务领域

业务领域是指企业准备发挥作用、参与竞争的业务范畴。业务领域内涵广泛，包括产业（行业）范围、市场范围、纵向范围和地理范围等。通过对业务领域的说明，可以让其他企业了解企业所关注的领域，以及所具备的优势和竞争力。

首先，产业（行业）范围是企业所从事的业务领域所涉及的具体产业或行业。这可能涉及多个产业或行业，因为企业可能在不同领域中发挥作用。例如，一个企业可能涉及制造、销售、物流等多个领域，而这些领域所涉及的行业也不同。因此，企业在描述业务领域时，需要明确所涉及的产业（行业）范围。

其次，市场范围是企业面向的市场领域，即企业针对的顾客群体。这可能涉及不同的市场层次和竞争环境。例如，在某些领域中，企业可能面临激烈的市场竞争，而在其他领域中则可能相对较为稳定。因此，企业在描述业务领域时，需要明确所面向的市场范围，并说明企业将为哪些顾客提供产品或服务。

再次，纵向范围是指企业内部的自给自足程度。在企业所涉及的业务领域中，可能存在一些自给自足的生产环节例如，某些企业可能拥有自己的生产基地和物流体系。因此，企业在描述业务领域时，需要说明企业内部的生产环节和物流体系等方面的自给自足程度。

最后，地理范围是指企业在业务领域的地域分布。这可能涉及不同地区的市场和顾客群体，同时也需要考虑企业在不同地区的生产和销售等方面的能力。因此，企业在描述业务领域时，需要明确所涉及的地理范围，并说明企业在该范围内的资源和竞争优势。

（三）经营政策

经营政策是指导企业内部所有部门和员工，如何对待顾客、供应商、经销商、竞争者和一般公众，以保证整个企业在重大问题或原则上步调一致、有共同的标准可遵循的依据。对经营政策的说明，要尽量缩小个人发挥和任意解释的空间。

企业使命是全局性的，也是长远性的，要有一定的弹性和预见性。认识与界定企业使命意味着理解企业存在的意义和价值观，并将其融入企业的日常运营和决策中。企业使命是体现企业核心目标与价值的宣言或陈述。通过认识企业使命，员工可以更好地理解他们的工作与企业的长远目标之间的联系，从而激发内在动力和合作精神，推动企业朝着既定的愿景和目标发展。

二、区分战略业务单元

企业经营的业务可能涉及多个领域。在实践中，规模较大的企业大多同时经营多种业务。企业要合理配置资源，就要了解自己的经营范围包括哪些业务和领域。战略业务单元是一个企业值得和必须为其制定专门经营战略的最小的业务管理单元。

区分战略业务单元可以使企业使命具体化，并将其分解为基于各项业务或某一组相关业务的经营任务。区分战略业务单元的主要依据，是各项业务之间有无“共同的经营主线”，即目前的产品、市场与未来的产品、市场之间是否存在某种内在联系。因此，在实践中，尤其需要注意以下两个方面。

（一）坚持以需求为导向

在商业领域，战略选择对于一个业务单元的生存和发展至关重要。不能仅依据产品特性或技术要素来划分业务单元，这样的战略划分往往不能为业务单元带来持久的生命力。原因在于，产品和技术总是会随着时间的推移而更新换代，一旦落后，业务单元便难以维持其原有的地位。例如，如果公司设置了一个专门生产胶卷的业务部门，在数码相机开始普及的时代，这个部门将面临巨大的挑战。相比之下，如果根据需求导向，将这个部门定义为“影像信息存储”业务单元，那么它就可以更顺利地转入数码相机相关产品的研发和生产领域。这样的战略选择不仅可以适应市场变化，还可以为公司创造更多的商业机会。此外，还需要考虑市场需求的变化。在竞争日益激烈的商业环境中，只有那些能够准确把握市场趋势并迅速做出反应的公司，才能立于不败之地。因此，了解并满足客户需求，开发具有竞争力的产品，是业务单元成功的关键。

（二）力求切实可行

如果范围太广，容易失去共同的经营主线。例如，以“满足交通运输的需要”来界定就属于定义过宽。首先，可供选择的经营范围太广，如市内交通、城市间交通、空中或水上运输等；其次，顾客范围太广，如个人、家庭、企业、机关等；最后，产品范围太广，如汽车、火车、轮船和飞机等。这些变量可以形成无数个组合，产生无数条经营主线。此外，只有一个战略业务单元的企业也会无所适从，难以制定合适的经营战略。

知识拓展

理想的战略业务单元

理想的战略业务单元一般具备以下特征。

(1) 用有限的相关技术为一组同类市场提供服务，保证一个战略业务单元里的各产品/市场单元的差异最小化，使业务单元的管理者能更好地制定、实施具备内在连贯性和一致性的业务战略。

(2) 有一组独一无二的产品/市场单元，企业内部没有其他战略业务单元生产类似产品以争夺相同的顾客群，因此能够避免重复努力，并使其战略业务单元的规模形成规模经济。

(3) 控制那些对绩效必不可少的因素，如生产、研发和营销等。这并不是说，一个战略业务单元不能与另一个或多个业务单元分享生产厂房、销售团队等资源，而是这个战略业务单元应该清楚，如何分享这些共同的资源从而有效实施其战略。

(4) 能对自己的利润负责，一个战略业务单元必须能够对自己的利润负责。这意味着它必须明确自身的盈利模式，了解如何通过提供优质的产品和服务来获取最大的利润。在当今竞争激烈的市场环境中，任何一个战略业务单元的成功都将直接影响整个企业的生存和发展。因此，这就要求每一个战略业务单元都必须具有高度的责任感和执行力，以确保企业整体战略目标的实现。

三、明确投资组合战略

不同战略业务单元的市场地位和发展前景往往不同，企业要考虑如何在它们中间合理地配置资源，以形成总体上的竞争优势。因此，要对各业务单元进行评估、分类，确认战略价值和成长潜力。

美国波士顿咨询公司的“市场成长率/相对市场占有率”矩阵（也叫做波士顿矩阵），是一种应用较广的明确投资组合战略的方法，如图 2-2 所示。

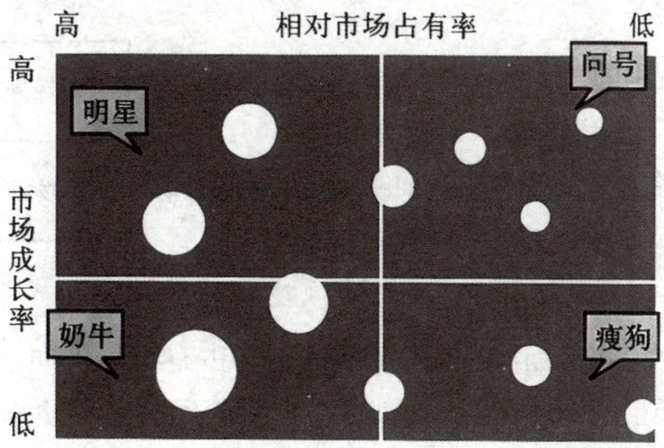

图 2-2　波士顿矩阵

市场成长率是战略业务单元所在市场或行业一定时期内销售增长的百分比；市场占有率是本企业在该市场所占的份额，相对市场占有率则是其市场份额与最大竞争对手市场份额之比。在矩阵中，纵坐标代表市场成长率，一般以年为单位，其高低可根据行业、企业情况具体分析；横坐标代表相对市场占有率，表示各业务与其最大对手市场占有率的相对差异，其高低同样要考虑行业和企业的具体情况。

波士顿矩阵中有四个象限。圆圈代表企业拥有的战略业务单元或业务，圆心位置表示各单元市场成长率及相对市场占有率，圆圈面积表示各单元市场份额的大小。

①“问号”型产品，代表市场成长率较高、市场占有率较低的业务单元或业务。它们需要较多的资源投入，以追赶竞争者和跟上市场的扩张，但其自身前景不够明朗。

②“明星”型产品，代表发展良好的“问号”类业务。随着市场占有率的提高，良好的“问号”类业务会成为“明星”类业务。一般来说，它们仍然需要企业投入较多的资源，以跟上还在成长的市场并在竞争中胜出。它们在短期内不一定会给企业带来可观的效益，却是企业未来主要的财源。

③“奶牛”型产品，随着市场成长与行业发展速度的放缓，一项业务可能降到企业界定的低成长率，但仍然有较高的市场占有率，这类业务被称为“奶牛”类业务。由于市场成长率降低，企业可以不再投入大量资源，但因有较高的相对市场占有率，能获得较好的回报和收益。

④“瘦狗”型产品，代表市场成长率和相对市场占有率都偏低的业务。它们还能带来一些收入，但是盈利少，甚至有亏损。

规划总体战略既要认识现状，又要分析前景。企业可以将目前的矩阵（即战略现状），与未来的矩阵（即战略追求）进行比较，从全局角度考虑各个业务单元在发展中应扮演的角色，并依据资源有效配置的原则，形成合适的投资和业务结构。

四、选择业务成长战略

一旦决定发展、扩大哪些业务，以及减少、放弃哪些业务，企业就要考虑发展新业务，以替代萎缩或被淘汰的老业务。

（一）密集式成长

首先，企业可在现有业务范围内，区分现有产品与新产品、现有市场（顾客）与新市场（顾客），并在此框架内寻求新的机会，如图 2-3 所示。

	现有产品	新产品
现有市场(顾客)	市场渗透	产品开发
新市场(顾客)	市场开发	多角化成长

图 2-3　密集式成长战略

1. 市场渗透

市场渗透就是扩大顾客的范围，提高产品的市场占有率。例如，促使现有的顾客增加购买次数、数量，或者让对手的顾客“倒戈”，吸引新顾客，使更多的潜在顾客、从未使用的人群购买等。

2. 市场开发

市场开发是在现有区域内寻找新的细分市场或进入新的市场区域。前者如投影机、摄像机，从早期的以企事业单位为主要客户较而进入家庭消费领域；后者如计算机、手机等，从城市普及到乡村。

3. 产品开发

产品开发是向现有市场提供新的产品或改进升级的产品，满足现有市场的不同需求。例如，苹果公司自 iPhone 5 开始，一改其智能手机产品主要配置相同、颜色仅有黑白两色的做法，推出硬膜聚碳酸酯材质机身并拥有白、粉、蓝、绿、黄五种配色的 iPhone 5c，以及全球首款搭载 ARM 架构 64 位处理器并有灰、金、银三种配色的 iPhone 5s。

（二）一体化成长

如果一个业务单元所在行业的前景依然向好，也可选择一体化成长，通过整合供应链、从事与目前业务相关的新业务来发展自己。

1. 后向一体化

后向一体化是指利用产品、品牌的优势，把原来外购的原材料或零件等改为自行生产。例如，并购相关供应商或自己建厂，以拥有或控制上游的供应系统。如果供应商或其所在的行业利润率高、发展机会好，后向一体化可以提高效益，同时可避免原材料、零部件等短缺、断货，防范成本受制，甚至可以通过掌握原材料供应，消减同行业对手的竞争威胁。

2. 前向一体化

前向一体化是指根据市场需求和生产技术的可能性，利用自己的优势对成品深加工。在生产过程中，物流向顺业务流程方向移动称为前向一体化。例如，并购相关的下游厂商或联合组成战略联盟等。典型的有制造商、批发商自办销售渠道，或制造商将其经营范围向下游的业务延伸。

3. 水平一体化

水平一体化是指并购性质相同、生产同类产品的其他企业。这样可以扩大规模、增强实力，或取长补短、共同开发商业机会，还可减少竞争对手，减轻来自行业内部的竞争压力。

（三）多角化成长

多角化成长，又称多元化经营，指企业在拓展新业务时不限于某一产品或行业，而是跨越不同产品类别和行业进行扩张。这种发展策略可以涉及与现有业务无关或关联度较低的新领域，但这些领域往往具有更强的市场吸引力。多角化成长通常包括以下三种选择。

1. 同心多角化

同心多角化是指面对新市场、新顾客，以原有技术特长和经验等为基础增加新业务，如冰箱制造商生产空调，电脑制造商生产手机、数码相机和平板电脑等。其特点是从同一圆心逐渐向外拓宽业务领域，并没有脱离原来的经营主线，有利于发挥已有的优势，风险也相对较小。

2. 水平多角化

水平多角化是指针对现有市场、原有顾客，采用不同的技术发展新业务，而这些技术与企业现有的经验、能力之间没有多少关联。例如，拖拉机制造商生产农药、化肥，店铺商业开展电子商务经营。由于在生产、技术等方面进入了新领域，风险相对较大。

3. 综合多角化

综合多角化是指以新业务进入新市场，新业务与现有的技术、市场及业务经验没有关联。例如，电脑软件开发商进入保健品行业，同时还经营房地产业务。这种战略风险最大。

多角化成长并不是盲目地利用一切机会谋求发展，否则可能掉进多元化的“陷阱”。规划新的业务方向必须慎重，盲目地要结合企业特长、优势和经验等合理取舍。

课堂讨论

什么是多元化经营，多元化经营是专注于主营业务吗？

任务三　企业的市场营销管理过程

战略规划过程明确了企业的基本任务和目标，而市场营销管理过程则用系统的方法寻找市场机会，进而把市场机会转变为有利可图的企业机会。市场营销管理过程是识别、分析、选择和发掘市场营销机会，以实现企业的战略任务和目标的管理过程，即企业与它最佳的市场机会相适应的过程。这个过程包括以下四个步骤：分析市场机会，选择目标市场，设计市场营销组合，管理市场营销活动。

一、分析市场机会

市场营销学认为，寻求、分析、评价市场机会是市场营销管理人员的主要任务，也是市场营销管理过程的首要步骤。所谓市场机会是市场上存在未被满足的需要。所以，为了得到一个市场机会，企业的营销人员必须进行专门的调查研究，千方百计地寻找、发掘、识别，再加以分析、评估，判断是否适用于本企业。因此，营销人员不但要善于发现和识别市场机会，还要善于分析和评估哪些只是环境机会，哪些才是适合自己的营销机会。

企业营销机会，就是对这个企业的营销具有吸引力的，在此能享有竞争优势的环境机会。市场上的一切未满足的需要都是客观存在的环境机会，但是能否成为企业的营销机会，还要看它是否适合于企业扬长避短、发挥优势，比竞争者和可能的竞争者获得更大的超额利润。例如，市场上需要绿色食品，这只是一个环境机会，不一定能成为一个汽车制造公司的营销机会。所以，企业的营销人员对于已发现和识别的市场机会，还要根据自己的目标和资源进行分析评估，从中选出对本企业来说最适合的营销机会。

营销管理者要善于捕捉市场机会，不失时机地占领市场。应对机会损失有足够的重视，像对有形资产损失一样重视机会损失。

企业不仅要善于发现市场机会，还要善于发现环境威胁，即对企业营销不利因素的挑战。机会和威胁是并存的，如果不能及时发现市场上的各种威胁，并采取有效的应对措施，就可能造成巨大的损失。

二、选择目标市场

案例导入

引领绿色食品的潮流

统一鲜橙多畅销20年，凭借响亮的广告语“多C多漂亮”，一时成为风潮，销售量一路领先。鲜橙多一直是统一旗下低调存在的品牌之一，它是如何。在竞争激烈的果汁饮料市场脱颖而出的呢？它的成功值得深入研究。在饮料市场初期，口感是最关键的因素，而健康并不被过多考虑，因此碳酸饮料占据主导地位。随着消费观念的变化，人们对健康的重视逐渐增加，追求健康的饮料成为一种未被满足的需求。尽管碳酸饮料口感良好，但几乎不考虑健康功能，因此纯净水、矿泉水等产品应运而生。随着消费者观念的再次转变，人们不仅关注健康，还希望口感好的饮料，于是茶饮料开始受到欢迎，它在解渴的同时也具备了茶的功能，引领了绿色食品的潮流。

选择目标市场是企业的一种经营选择。实践证明，成功的企业不仅要明确为怎样的需要服务，更要明确为谁的需要服务，即企业要识别不同的购买群体，选择其中一个或几个作为目标市场，运用适当的市场营销组合，集中力量为目标市场服务，满足目标市场需要。目标市场的选择包括以下四个步骤。

（一）仔细衡量其现有的和未来的市场容量

如果对市场前景的预测看好，就要决定如何进入这个市场。一个市场是由多种类型的顾客和需求构成的，这就需要进一步分析市场结构，了解构成这一市场的各个部分，并确定哪个部分可以提供实现目标的最佳机会。

（二）对市场进行细分

顾客群是根据地理、人口、年龄、性别、心理、收入和行为等方面的不同特征形成的。按顾客的不同需求特征把顾客分为若干部分，即把市场分成若干部分，就是市场细分化。市场的每一个细分部分或子市场，都是由那些对一定的营销刺激具有相似反应的顾客群构成的，每个市场都可以划分为若干个子市场，但不是每一种细分都有实际意义，对不同产品来说，细分的依据往往不同。例如，冰箱就没有按性别进行分类的必要。一般说来，一个企业不可能为所有的子市场都提供最佳的服务，而应根据自己的目标和资源，集中力量为一个或几个市场服务。

（三）在细分的基础上继续选择服务对象

在市场细分的基础上，企业需要从中选择一个或几个市场作为自己的服务对象，这些被选中的子市场被称为目标市场。在市场目标化或目标市场营销中，企业会根据自身的资源条件和市场需求情况，有意识地选择特定的目标市场，并制定相应的营销策略和计划。这包括确定目标市场的特征和需求、了解目标市场的行为模式和偏好，以及评估企业在该市场上的竞争优势和挑战。通过市场目标化，企业能够更加精准地明确自己的市场定位，并有效地利用资源，提高市场竞争力和营利能力。

（四）市场定位与战略

企业确定目标市场后，需要进行市场定位并采取适当的定位战略。市场定位意味着企业要在目标顾客心目中确立产品的位置，形成特色，以在目标市场上塑造特定的产品形象和企业形象，从而与竞争者区分开来。因此，必须先分析竞争的者产品在市场上的地位和份额，全面了解目标市场现有产品和品牌在质量、功能、广告形式、价格等方面的特点，现有品牌之间的竞争关系，以及它们对顾客需求的满足程度，然后确定企业在市场上的位置。

三、设计市场营销组合

在选定了目标市场和确立了市场定位以后，市场营销管理过程的下一个步骤是设计市场营销组合策略。

（一）市场营销组合概念

所谓市场营销组合就是企业的综合营销方案，即企业根据目标市场的需要和自己的市场定位，对可控制的各种营销因素（产品、价格、渠道、促销等）的优化组合和综合运用，使之协调配合，扬长避短，发挥优势，以取得更好的经济效益和社会效益。搭配得好，可化平庸为神奇。所以，营销策略也是一种艺术。

（二）市场营销组合的因素

企业可控制的营销因素很多，可分成几大类。最常见的一种分类方法是由麦卡锡提出的，即把各种营销因素归纳为四类：产品、价格、渠道和促销。因这四个英文单词的第一个字母都是“P”，故简称“4P”，如图 2-4 所示。

在市场营销组合因素中，产品代表企业提供给目标市场的物品和劳务组合，包括产品质量、外观、样式、品牌名称、服务、包装、型号、保证、退货、买卖权等；价格代表顾客购买商品时的价格，包括价目表所列的基本价格、折扣、津贴、付款时间、信用条件等；渠道代表企业使其产品进入和达到目标市场或目标顾客所进行的种种活动，包括渠道选择、仓储、运输等；促销代表企业宣传介绍其产品的优点和说服目标顾客来购买其产品所进行的种种活动，包括广告、人员推销、营业推广、公共关系等。市场营销组合就是把“4P”进行适当的组合与搭配，体现了现代市场营销观念中的整体营销思想。

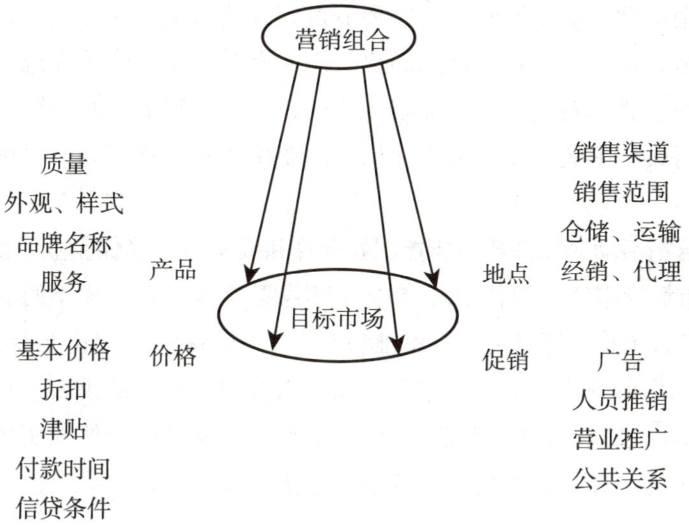

图 2-4　市场营销组合四要素

（三）市场营销组合的特点

1. 市场营销组合因素对企业来说都是可控制因素

企业根据目标市场的需要，可以决定自己的产品结构，确定产品价格，选择分销渠道和促销方法，对这些市场营销手段的运用和搭配，企业都拥有自主权。但这种自主权是相对的，企业不能随心所欲地利用这些自主权。因为企业在营销过程中不但要受本身资源和目标的制约，还要受到各种微观环境和宏观环境因素的影响制约，这些都是企业无法控制的变量，即不可控因素。因此，市场营销管理者的任务就是适当安排市场营销组合，使之与不可控制的环境因素相适应，这是企业营销活动能否成功的关键。

2. 市场营销组合是一个多层次的复合结构

“4P”中又各自包含了若干小的因素，形成各个“4P”的亚组合。因此，市场营销组合是至少包括两个层次的复合结构。企业在确定市场营销组合时，不但要求“4P”之间最佳搭配，还要注意安排好每个“P”内部的搭配，使所有这些因素达到灵活运用和有效组合。

3. 市场营销组合又是一种动态的、整体性的组合

每一个组合因素都是不断变化的，是一个变量，同时又是互相影响的，每个因素都是另一个因素的潜在替代者。在四个大的变量中，又各自包含着若干小的变量，每一个变量的变动都会引起整个市场营销组合的变化，形成一个新的组合。

四、管理市场营销活动

管理市场营销活动是整个市场营销管理过程中的关键步骤，涉及对市场营销计划的执行和控制。这个过程并非简单的表面功夫，而是为了确保企业能够按照计划指导其市场营销活动，从而实现企业的战略任务和目标。市场营销计划是企业在特定时间段内对市场营销活动

的整体规划，涵盖了市场分析、目标确定、策略制定、预算分配和执行监控等环节。

管理市场营销活动，就是要确保这些环节得到有效的执行和控制，以实现市场营销的全过程管理。具体来说，市场营销计划的执行需要遵循一定的流程和规范，包括但不限于对市场环境的评估、具体营销策略的制定、资源分配、营销活动实施、效果评估和反馈等。同时，在执行过程中还需要根据实际情况的变化及时调整计划，以确保市场营销活动的有效性。

此外，市场营销活动的管理还需要控制好预算和成本，以确保企业资源的合理利用和效益的最大化。在市场营销活动的各个环节中，都需要考虑如何以最小的成本实现最大的效益，这不仅需要精打细算，还需要创新思维和方法，不断探索新的市场机会和营销手段。

总的来说，管理市场营销活动是整个市场营销管理过程中的重要一环，涉及计划、执行、控制和反馈等。通过有效的管理市场营销活动，企业可以更好地实现其战略任务和目标，提高市场竞争力，并在激烈的市场竞争中立于不败之地。

项目小结

项目主要围绕企业战略与营销管理过程展开。任务一首先探讨了企业战略规划的重要性，包括企业战略的含义、特点及价值分析。任务二进一步论述了企业营销总体战略规划，包括界定企业使命、区分战略业务单元、明确投资组合战略及选择业务成长战略。任务三详细讨论了企业的市场营销管理过程，包括分析市场机会、选择目标市场、设计市场营销组合及管理市场营销活动。本项目系统性地介绍了企业在制定战略和管理营销过程中的关键步骤和方法，为学习者提供了实践与理论相结合的学习框架。

课后实训

竞争战略分析

一、实训目标

学生能够区分不同竞争战略类型，明确竞争战略实施过程中的注意事项。

二、实训开展

任务1：成本领先战略策划

任务描述：一个店铺想要实施成本领先战略，从而提升竞争力，请帮其策划成本控制内容，设计成本控制的方法，并将结果记录在表2-1中。

表2-1　成本领先战略策划

成本控制内容	成本控制方法
策划方案1	
策划方案2	
策划方案3	
……	

任务 2：差异化战略策划

任务描述：假如该店想要实施差异化战略，从而提升竞争力，请帮其策划差异类别，设计差异实施方法，并将结果记录在表 2-2 中。

表 2-2　差异化战略策划

差异类别	差异实施方法
类别 1	
类别 2	
类别 3	
……	

任务 3：集中战略策划

任务描述：假如该店想要实施集中战略，从而提升竞争力，请帮其找出合适的集中领域，设计营销活动过程，并将结果记录在表 2-3 中。

表 2-3　集中化战略策划

集中领域设计	营销活动过程	营销活动解析
设计 1		
设计 2		
设计 3		
……		

三、实训评价

展示任务完成情况，并完成考核评价表（表 2-4）。

表 2-4　考核评价表

评价项目	评价内容	分值	评分/分		
			自评	互评	师评
职业素养考核项目（40%）	考勤、仪容仪表	10 分			
	安全意识、责任意识与服从意识	10 分			
	团队合作、沟通交流能力	10 分			
	维持教学设备和工具等的干净整洁	10 分			
专业能力考核项目（60%）	积极参与企业战略与营销教学活动并理解活动要求	30 分			
	积极参与策划成本控制及设计成本控制方法实践任务	30 分			
综合分数：	自评（20%）+互评（20%）+师评（60%）	100 分			
综合评语		指导教师（签名）：			

思考练习

1. 什么是多角化成长战略？
2. 简述目标市场的选择步骤。
3. 简述市场营销组合的特点。

项目三

市场营销环境分析

项目导读

市场营销环境分析是评估市场中各种内外因素对企业营销活动的影响，以及潜在机会与挑战的过程。它包括经济、政治、社会、技术、法律等方面的因素，以及竞争对手、消费者行为、市场趋势等因素。通过深入了解市场环境，企业可以更好地制定营销策略和应对措施，从而提高市场竞争力和业绩表现。

学习目标

知识目标

（1）了解市场营销宏观环境因素。

（2）了解市场营销微观环境因素。

技能目标

（1）能够有效开展市场营销宏观环境分析。

（2）能够有效开展市场营销微观环境分析。

素质目标

（1）培养学生且有团队合作能力及独立思考、积极解决问题的能力。

（2）培养学生创新精神，具有诚实守信、依法经营的意识。

思政目标

培养学生对市场营销环境的全面理解，强调道德素养、沟通能力、团队合作等方面的重要性，鼓励学生在未来的职业生涯中做到诚信、负责，积极为社会贡献力量。

案例导入

山钢产品营销多项指标迎来“开门红”

进入2024年，山东钢铁股份有限公司营销总公司（以下简称山钢营销）卯足干劲拓市场，开足马力抢订单，精心策划谋布局，全力冲刺“开门红”。1月，内贸订单完成销售计划的100.3%；战略重点用户销售量同比增长25%；成功中标潍坊环城管网、川藏铁路等多个重点工程项目，中标量达10万余吨。

① 用好“金算盘”，细抠“效益账”

“下一阶段的市场如何布局？产品结构如何优化调整？各品种如何实现效益最大化……”大年初五一早，营销“专家”们齐聚线上线下，针对各品种2024年经营发展方向进行战略谋划，提前打好“准备仗”。

“这次研讨较以往更加聚焦，从每个品种、每个牌号产品的市场布局、结构优化、营利能力等方面梳理分析，品种经营的思路更加清晰。”山钢营销型钢销售部经理说道。

今年以来，该公司对各品种产品进一步细化分层分类管理，逐一分析产品价格变化、营利能力、市场前景，形成系统的接单“优先级”初步排序；跟踪运行落实情况，动态调整优化各品种资源投放量，确保“质”“量”双增；定期复盘找不足，及时调整下一阶段策略和发力方向。紧盯库存过程管控，拓展现货余材销售渠道，增加招标频次，保持科学库存。

② 打好“组合拳”，释放“新动能”

协同支撑工作要快速推进，快速见到实效。1月8日，山钢营销协同支撑推进及“百日计划”启动会召开后，山钢营销立即从渠道规划、品种定位、专业管理、信息化系统、物流配送等方面与宝钢营销全面对接，全力推进各项工作快速落地。

与宝武营销中心（宝钢国际）钢贸公司就华东区域某造船企业开展业务协同，签订船板订单近2万吨，实现协同增效近40万元；与宝武营销中心（宝钢国际）北方公司针对山东省内某能源企业开展业务协同，签订高强钢订单近6 000吨，实现协同增效近30万元……

山钢营销协同支撑也让“五位一体”协同机制进一步提升了工作质效，取得了新的突破。“产品经营体”概念和模式的引入，把传统意义的“产销研”内部协同成效更加具象，目标更加明确，联系更加紧密，取得了“1+1>2”的效果；一体化考核模式的实施，让营销的引领作用更为凸显，产线支撑作用进一步强化，研发保障作用更为有力；“同一个目标，同一个步调”的工作部署，有力、有效地回应市场的“前沿之声”，形成从市场到现场的快速反映、有效落实，持续提升企业竞争力。

③ 抢抓“新机遇”，全力“拓市场”

“落实‘双聚焦、双提升’要求，需要我们快速行动，全面深入市场，深入用户中去。”山钢营销副总经理表示。

“开局就要拉‘满弓’，我们把指标分解到每个团队和个人，突出拼和抢、快和好，及时响应用户需求，确保能拿到的订单一个也不能少。”该公司华东销售公司总经理表示。

山钢营销各一线“作战部队”全力提升抢订单速度，营销管理部强化每周市场分析，确保各项工作稳步推进；用户服务部新年服务“不打烊”，24小时聆听用户诉求，解决用户难题；各品种部加强与整条产业链的沟通联系，梳理产品发展方向和各区域潜在市场，派出“精兵强将”与各区域公司一起开拓市场……在提高重点产品市场占有率和重点用户合作份额上，不断实现新突破。

任务一　营销环境与经典分析方法

市场营销环境也称市场经营环境，指处在营销管理职能外部影响市场营销活动的所有不可控制因素的总和。企业营销活动与其经营环境密不可分。根据企业对环境因素的可控程度，企业市场营销环境可分为宏观环境和微观环境。宏观环境由经济环境、政治法律环境、社会环境和科技环境四个因素组成。微观环境因素包括企业内部环境、供应商、顾客、竞争者和公众。

营销环境

一、营销环境的特征

（一）差异性

营销环境的差异性主要表现在不同国家、地区、体制、种族以及不同时代之间。同时，差异性还表现在不同组织受不同环境因素的影响，同一种环境因素的变化对不同组织的影响也不尽相同。由于这种差异性的存在，组织必须采取不同的营销策略，以便在激烈的竞争市场上求得生存和发展。

（二）动态性

营销环境处于不断演进的动态发展变化之中，表现出动态属性。在“体验至上”的互联网时代，消费者的需求、行为方式及购物模式都在不断变化，如何收集、挖掘和分析井喷式的消费大数据以发现消费者需求，如何利用数字新技术创新传统生产和服务形式，如何布局与数字化时代相契合的营销战略以抓住稍纵即逝的市场机会，是企业面对动态性营销环境时必须思考与解决的问题。

（三）不可控性

一个组织所处的营销环境往往是复杂多变的，如自然、国家法律法规、经济发展政策和人口等外部环境的变化往往是组织无法改变或很难改变的，这就意味着营销环境具有一定的不可控性。尽管营销环境是不可控的，但一个组织在营销环境变化面前并非束手无策。

（四）系统性

营销环境是一个复杂的系统，其内部各个因素相互依存、相互影响并相互制约。其中，某一营销环境因素的变化往往会带动其他一些相关因素发生变化，从而形成新的营销环境。同时，各种营销环境又相互作用、共同影响着组织的营销活动。

二、市场营销环境分析的意义

现代市场营销学认为，企业营销活动成败的关键在于企业能否适应不断变化着的市场营销环境。由于生产力水平的不断提高和科学技术的不断进步，当代企业外部环境的变化速度远远超过企业内部因素变化的速度。例如，从国家的产业政策看，产业结构的调整对企业的市场营销活动带来了决定性的影响；从消费者的消费看，我国消费者的消费倾向已从过去追求物质的数量化为主向追求物质的质量及个性化转变，也就是说，消费者的消费心理正趋于成熟。这些无疑对企业的营销行为产生最直接的影响。因此，企业的营销活动必须适应环境的变化，不断地调整和修正自己的营销策略，“适者生存”既是自然界演化的法则，也是企业营销活动的法则，如果企业不能很好地适应外界环境的变化，则很可能在竞争中失败，从而被市场所淘汰。

当然，强调企业对所处环境的反应和适应，并不意味着企业对于环境无能为力或束手无策，只能消极地、被动地改变自己以适应环境，而应从积极主动的角度出发，能动地去适应营销环境。企业可以通过不同的方式增强适应环境的能力，避免来自营销环境的威胁；也可以在变化的环境中寻找自己的新机会，并可能在一定的条件下转变环境因素；企业可以运用自己的经营资源去影响和改变营销环境并为企业创造一个更有利的活动空间，然后再使营销活动与营销环境得到有效的适应。总之，加强市场营销环境的分析和研究，才能使企业制订正确的经营计划和营销策略；才能生产适销对路的商品，满足消费者，指导消费；才能使企业增强活力，在竞争中处于有利地位，不断地提高经济效益。

三、营销环境分析的方法

营销环境中的所有因素都会对组织的营销活动产生不同程度的影响。这些因素的变动既可能给企业的市场营销活动带来机会，也可能对营销活动产生威胁。因此，企业在进行营销活动之前，必须分析营销环境的条件，正确识别营销环境所带来的机会与威胁，并能做到趋利避害。SWOT 分析法由美国旧金山大学的管理学教授韦里克于 20 世纪 80 年代初提出，又称态势分析法，已广泛地应用在企业的战略制定、竞争对手分析和营销环境分析之中。具体来看，SWOT 由 strengths（优势）、weaknesses（劣势）、opportunities（机会）和 threats（威胁）四个单词的首字母组合而成。SWOT 分析法主要分为机会与威胁分析优势与劣势分析两个部分。其中，机会与威胁分析关注外部环境的变化及其对企业的影响，优势与劣势分析主要着眼于一个组织自身的实力及其与竞争对手的比较。

（一）机会与威胁分析

一般而言，营销环境的影响基本分为环境威胁和环境机会两类。其中，环境威胁指的是环境中一种不利的发展趋势所形成的挑战。如果不采取果断的营销行为，这种不利趋势将削弱企业的竞争地位，损害企业的竞争优势。这种环境威胁可能来自两个方面：一方面是环境因素直接威胁企业的营销活动，如行业管制等；另一方面是企业的目标、任务及资源与环境机会不匹配，如宝丽来相机、柯达胶卷等被数码相机和存储卡所取代。环境机会就是环境变化在时空领域中某个或某些方面形成对企业的吸引力，使企业在这一领域中拥有相应的竞争优势。就其实质而言，任何环境机会最终都可以归结为市场上尚未被满足或未被完全满足的某种需求，如数字经济时代消费者不断升级的体验需求要求企业不断开发新的产品或服务模式来满足，而这也为企业的商业模式更新提供了机会。然而，环境机会并不是对所有组织都相同，同一个环境因素对某些组织来说是有利的机会，对另外一些组织来说就有可能是威胁。

（二）优势与劣势分析

在对组织的外部环境进行分析之后，还需要对组织内部的资源条件进行分析。这些资源条件形成了一个组织的优势与劣势。当两个组织处在同一市场或都有能力向同一顾客群提供产品和服务时，如果其中一个组织具有更高的营利能力，那么这个组织就比另外一个组织更有竞争优势。一般而言，一个组织的优势不仅是指它能做什么，更重要的在于它可以在哪些方面比竞争对手做得更好。因此，组织必须采取适当措施来认识自身的资源与能力，并借此来维持自己的竞争优势。同时，由于已建立的竞争优势必然会因引起竞争对手的注意而被模仿（或引发新的竞争反应），管理者维持竞争优势的过程就变成竞争对手反应乃至反击的过程。劣势是指一个组织较其竞争对手在某些方面存在的缺点与不足。这些缺点可能来自产品种类、产品质量、企业规模或市场占有率等方面。企业应该定期积极主动地检查自己的劣势，但不应陷入试图纠正所有劣势的误区，而应明确在现有条件下是选择只局限在已有优势的机会当中，还是选择去获取和发展一些新的优势以便找到更好的机会。

综上所述，SWOT 分析法实际上是根据一个组织自身的条件，对组织的优势、劣势、机会、威胁进行分析，找出需要发展的优势、应该改进的劣势、需要避免的威胁和企业应利用的机会。

如表 3-1 所示，优势和劣势多为一个组织的内部因素，机会和威胁则多为一个组织的外部因素。在具体分析时，管理人员常常会构造 SWOT 矩阵，对矩阵中的不同区域赋予不同的分析意义，进而形成四种内外匹配的战略。其中，SO 战略表示依靠内部优势，利用外部机会；ST 战略表示利用内部优势，回避外部威胁；WO 战略表示利用外部机会，克服内部劣势；WT 战略表示减少内部劣势，回避外部威胁。

表 3-1　SWOT 矩阵

外部	内部	
	优势（S）	劣势（W）
机会（O）	SO	WO
威胁（T）	ST	WT

需要强调的是，在很多情况下，一个组织的外部环境变化可能会导致组织优势的变化，这也表明了组织内外联系的紧密性。SWOT 分析法分割了一个组织的内部与外部环境，使分析具有便利性，但这不是组织的全部实际情况。所以，在使用 SWOT 分析法时，要尽量真实、客观、全面、精确地分析和判断事实，必要时可通过搜集定量数据来弥补 SWOT 分析的不足。

知识拓展

SWOT 分析法的步骤

1. 内外部因素分析

运用 SWOT 分析法，首先应通过调查研究，分析出与企业相关的各种环境因素，并将其分为外部环境因素和内部环境因素。外部环境因素包括机会因素和威胁因素，它们是外部环境中直接影响企业发展的有利和不利因素，属于客观因素。内部环境因素包括优势因素和劣势因素，它们是企业在其发展中自身存在的积极和消极因素，属于主观因素。在调查分析这些因素时，不仅要考虑企业的历史与现状，而且更要考虑企业未来的发展。

优势可以是有利的竞争态势、充足的财政资源、良好的企业形象、强大的技术力量、可靠的产品质量、领先的市场份额，以及成本优势、规模经济等。

劣势可以是设备老化、管理混乱、缺少关键技术、研究开发落后、资金短缺、经营不善、产品积压、竞争力弱等。

机会包括新产品、新市场、新需求、外部市场壁垒解除、竞争对手失误等。

威胁包括出现新的竞争对手、替代产品增多、市场紧缩、政策限制、经济衰退、客户偏好改变、突发事故等。

2. 构建 SWOT 矩阵

将调查得出的各种因素根据轻重缓急或影响程度等排序，构建 SWOT 矩阵。在此过程中，将对公司发展有直接的、重要的、大量的、迫切的、久远的影响因素优先排列出来，而将间接的、次要的、少许的、不急的、短暂的影响因素排列在后面。某养生食品企业的 SWOT 矩阵，见表 3-2。

表 3-2　某养生食品企业的 SWOT 矩阵

内部因素	优势（S）	劣势（W）
	品牌影响力大，知名度高 中华老字号产品，历史悠久 营销队伍素质高，经验丰富	产品单价高，限制需求 售后服务不够完善，影响销售 产品种类单一
外部因素	机会（O）	威胁（T）
	资金和技术大量进入 消费水平提高，购买力增强 国家大健康政策支持	养生替代品增多 新竞争者进入，市场竞争加剧 需求偏好发生改变

3. 制订行动计划

在完成环境因素分析和SWOT矩阵的构建后，便可以制订相应的行动计划。制订行动计划的基本思路是：发挥优势因素，克服劣势因素，利用机会因素，化解威胁因素；考虑过去，立足当前，着眼未来。运用系统分析的综合分析方法，将排列与考虑的各种环境因素相互匹配、加以组合，得出一系列企业未来发展的可选择对策，并选择最适合企业发展的战略类型。

战略类型可以分为4种，分别为增长型战略（SO）、扭转型战略（WO）、多种经营战略（ST）和防御型战略（WT）。

（1）增长型战略（SO）

增长型战略（SO）是一种发挥企业内部优势与利用外部机会的战略，是一种理想的战略模式。当企业具有特定优势，而外部环境又为发挥这种优势提供有利机会时，可以采取该战略。例如，良好的产品市场前景、供应商规模扩大和竞争对手有财务危机等外部条件，配以企业市场份额提高等内部优势可成为企业收购竞争对手、扩大生产规模的有利条件。

（2）扭转型战略（WO）

扭转型战略（WO）是利用外部机会来弥补内部弱势，使企业获取优势的战略。存在外部机会，但由于企业存在一些内部劣势而妨碍其利用机会，可采取措施先克服这些劣势。例如，若企业劣势是原材料供应不足和生产能力不够，在产品市场前景看好的前提下，企业可利用供应商扩大规模、新技术设备降价、竞争对手财务危机等机会，实现纵向整合战略，重构企业价值链，以保证原材料供应，同时可考虑购置生产线来克服生产能力不足及设备老化等缺点。通过克服这些劣势，企业可能进一步利用各种外部机会，降低成本，取得成本优势，最终赢得竞争优势。

（3）多种经营战略（ST）

多种经营战略（ST）是指企业利用自身优势，回避或减轻外部威胁所造成影响的战略。例如，竞争对手利用新技术大幅度降低成本，给企业造成很大成本压力，同时材料供应紧张，其价格可能上涨等，都会导致企业成本状况进一步恶化，使之在竞争中处于不利地位，但若企业拥有充足的现金、熟练的技术工人和较强的产品开发能力，便可利用这些优势开发新工艺，简化生产工艺过程，提高原材料利用率，从而降低材料消耗和生产成本。

（4）防御型战略（WT）

防御型战略（WT）是一种旨在减少内部劣势，回避外部环境威胁的战略。当企业存在内忧外患时，往往面临生存危机，降低成本也许成为改变劣势的主要措施。当企业成本状况恶化，原材料供应不足，生产能力不够，无法实现规模效益，且设备老化，在成本方面难以有大作为时，将迫使企业采取集中战略或差异化战略，以回避成本方面的劣势，从而回避竞争者带来的威胁。

任务二　市场营销宏观环境分析

企业的宏观营销环境时指对企业营销活动造成市场机会和环境威胁的主要社会力量，包括人口、经济、自然、政治法律、科学技术、社会文化等因素，如图 3-1 所示。企业及其微观环境的参与者，无不处于宏观环境之中，宏观环境及其发展趋势给企业提供了机会，同时也造成了威胁。

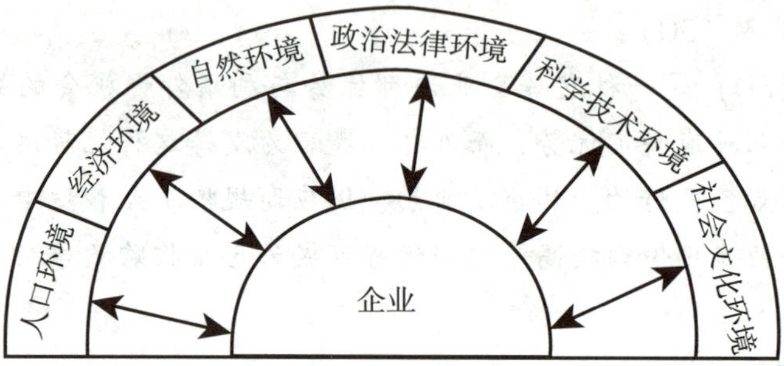

图 3-1　企业的宏观营销环境

一、人口环境

人口是构成市场的第一位因素。人是最基本的消费者，市场是由有购买欲望同时又有支付能力的人构成的，所以人口的多少直接影响市场的潜在容量。从影响消费需求的角度出发，对人口因素可做如下分析。

（一）人口总量

一个国家或地区的总人口数量是衡量市场潜在容量的重要因素。众多的人口及人口的进一步增长，给企业带来了市场机会，也带来了威胁。一方面，按人口数量可大略推算出市场规模。我国人口数量超过欧洲和北美洲人口数量的总和。随着社会主义市场经济的发展，人民收入不断提高，中国已被视作世界最大的潜在市场。另一方面，人口的迅速增长也会给企业营销带来不利的影响，若人口的增长快于经济的增长，人们的购买力不但不会增长反而会下降，这意味着市场萎缩、生活贫困，从而使市场吸引力降低。

（二）人口结构

人口结构主要包括人口的年龄结构、性别结构、家庭结构、社会结构和民族结构等。

1. 年龄结构

由于消费者年龄的差别，对于商品和服务也就产生不同的需求。例如，儿童对玩具和糖果感兴趣，青少年对书籍、流行音乐、游戏机感兴趣，成年人对生活用品及耐用品感兴趣，老年人对保健品、医药物品感兴趣等。这样就形成了具有年龄特色的市场，如婴儿市场、儿童市场、青少年市场、成人市场、老年人市场等。

2. 性别结构

人口的性别不同，市场需求会有明显的差异，而且购买习惯与行为方式也有所不同。近年来，世界各国妇女就业人数增加，给市场带来了重大影响。一是妇女就业，家庭收入增加为市场提供新的容量；二是妇女就业者增多，促使代替家务劳动的家用电器商品的需求量显著增加；三是双职工家庭增加，市场上任何能节省时间的产品和服务都具有很大的吸引力。企业了解了性别的差异，就可以针对不同性别的不同需求，开发新的产品投放市场，达到营销目标。

3. 家庭结构

家庭是商品采购的基本单位，一个国家和地区家庭单位的多少及家庭平均人员的多少，可以直接影响对某些消费品的需求。

4. 社会结构

我国乡村人口众多，市场有着巨大的发展潜力，同时，城市市场竞争激烈，乡村市场相对薄弱，这一社会结构的客观因素决定了企业在国内市场中，应当将农民作为主要营销对象，注意乡村市场的开拓。

5. 民族结构

我国是一个拥多民族国家。民族不同，在生活环境、文化传统、风俗习惯等物质和文化生活上各具特点，反映到市场信息上，是各民族的市场需求存在着巨大差异。因此，企业营销者要注意民族市场的营销，重视开发适合各民族特色的、受欢迎的商品。

（三）地理分布

地理分布是指人口在不同地区的密集程度。人口在地区上的分布，关系到市场需求的异同。居住在不同地区的人群，由于地理环境、气候条件、自然资源、风俗习惯等的不同，消费需求的内容和数量也存在着差异。人口的城市化和区域性转移，会引起社会消费结构的变化。

二、经济环境

经济环境是企业营销活动的外部社会经济条件，包括消费者的收入水平、消费者支出模式和消费结构、消费者储蓄和信贷、经济发展水平、经济体制、地区和行业发展状况、城市化程度等多种因素。市场规模，不仅取决于人口数量，而且取决于有效的购买力。而购买力受经济环境中各种因素的综合影响。经济环境分析，如图 3-2 所示。

图 3-2　经济环境分析

企业的经济环境分析要对以上各个要素进行分析，运用各种指标，准确地分析经济环境对企业的影响，从而制定出正确的企业营销策略。

（一）经济发展现状分析

企业的市场营销活动受一个国家或地区经济发展状况的制约，在经济全球化的条件下，国际经济形势也是企业营销活动的重要影响因素。

1. 经济发展阶段

经济发展阶段的高低直接影响企业市场营销活动。经济发展阶段高的国家和地区，着重投资大型、精密、自动化程度高和性能好的生产设备；在重视产品基本功能的同时，比较强调款式、性能及特色；大量进行广告宣传及营业推广活动，非价格竞争较占优势；分销途径复杂且广泛，制造商、批发商与零售商的职能逐渐独立，连锁商店的网点增加。美国学者罗斯托的经济成长阶段理论把世界各国的经济发展归纳为五个阶段：①传统经济社会阶段，②经济起飞前的准备阶段，③经济起飞阶段，④迈向经济成熟阶段，⑤大量消费阶段。处于前三个阶段的国家被称为发展中国家，处于后两个阶段的国家被称为发达国家。

2. 经济形势

2023 年，世界经济艰难复苏，但复苏动能不足、增长势头不稳、各国分化趋势扩大、地缘冲突加剧等多重风险给全球经济增长前景蒙上阴影。与此同时，全球新一轮科技革命和产业变革深入发展，数字化、绿色化转型不断深化，有望为世界经济增长提供新机遇、创造新条件。就国内经济形势来讲，经济的高速发展，极大地增强了中国的综合国力，显著地改善了人民的生活水平。同时，国内经济还存在一些问题，如经济发展不平衡、产业结构不尽合理、就业问题压力较大等。这些国际、国内的经济形势，国家、地区乃至全球的经济繁荣与衰退，对企业市场营销都有重要的影响。此外，国际或国内经济形势都是复杂多变的，机遇与挑战并存，企业必须认真研究，力求正确认识与判断，制定相应的营销战略。

（二）消费者收入与支出分析

市场消费需求指人们有支付能力的需求。仅仅有消费欲望，没有绝对消费力，并不能创造市场；只有既有消费欲望，又有购买力，才具有现实意义。因为只有在既想买又买得起的情况下，才能产生购买行为。在研究收入对消费需求的影响时，常应用以下概念。

1. 人均国内生产总值

人均国内生产总值一般是指价值形态的人均国内生产总值（GDP）。GDP 是一个国家或地区，所有常住单位在一定时期内（如一年），按人口平均所生产的全部货物和服务的价值，超过同期投入的全部非固定资产货物和服务价值的差额。国家的 GDP 总额反映了全国市场的总容量、总规模，人均 GDP 则从总体上影响和决定了消费结构与消费水平。

2. 个人可支配收入

个人可支配收入是指从个人收入中，减除缴纳税收和其他经常性转移支出后所余下的实际收入，即能够用来作为个人消费或储蓄的数额，构成实际的购买力。

3. 个人可任意支配收入

在个人可支配收入中，有相当一部分要用来维持个人或家庭的生活，以及支付必不可少的费用。只有在可支配收入中减去这部分维持生活的必要支出，才是个人可支配收入，这是影响消费需求变化的最活跃的因素。

（三）消费者的储蓄与信贷分析

1. 储蓄

储蓄是指城乡居民将个人可支配收入的一部分储存待用。储蓄的形式可以是银行存款，也可以是购买债券，还也可以是手持现金等。较高储蓄率会推迟现实的消费支出，加大潜在的购买力。我国人均存款在增加，尽管银行的储蓄率在下降，但仍居世界前列，所以国内市场潜力巨大。

2. 信贷

信贷是指金融或商业机构向有一定支付能力的消费者融通资金的行为。其主要形式有短期赊销、分期付款、消费贷款等。消费信贷使消费者可用贷款先取得商品使用权，再按约定期限归还贷款。消费信贷的规模与期限在一定程度上影响着某一时限内现实购买力的大小，也影响着提供信贷的商品的销售量。例如，购买住宅、汽车及其他昂贵消费品，消费信贷可提前实现这些商品的销售。

三、自然环境

自然环境主要是指营销者所需要或受营销活动所影响的自然资源。营销活动受自然环境的影响，也对自然环境的变化负有责任。物质环境的发展变化会给企业造成一些环境威胁和市场营销机会，所以，营销管理者当前应注意自然环境面临的难题和趋势，如资源短缺、环境污染严重、能源成本上升等。从长期的来看，自然环境包括资源状况、生态环境和环境保护等方面，许多国家对自然资源管理的干预也日益加强。人类只有一个地球，自然环境的破坏往往是不可弥补的，企业营销战略中实行生态营销、绿色营销等，都是维护全社会的长期福利所必需的。绿色市场营销观念已成为 21 世纪市场营销的新主流。

四、政治法律环境

（一）政治环境

政治环境是指企业市场营销的外部政治形势给市场营销活动带来的或可能带来的影响，一般分为国内政治环境和国际政治环境两部分。在国内，安定团结的政治局面不仅有利于经济发展和人民收入的增加，而且影响群众心理状况，促使市场需求的变化。党和政府的方针、政策，规定了国民经济的发展方向和速度，也直接关系到社会购买力的提高和市场消费需求的增长变化。对国际政治环境的分析，应了解政治权力与政治冲突对企业营销活动的影响。政治权力影响市场营销，往往表现为由政府机构通过采取某种措施约束外来企业，如进口限制、外汇控制、劳工限制、绿色壁垒等。政治冲突是指国际上的重大事件与突发性事件，这类事件在和平与发展为主流的时代从未绝迹，对企业的市场营销工作影响或大或小，有时带来机会，有时带来威胁。

（二）法律环境

法律环境是指国家或地方政府颁布的各项法规、法令和条例等。法律环境对市场消费需求的形成和实现，具有一定的调节作用。企业研究并熟悉法律环境，既能保证自身严格依法管理和经营，也可运用法律手段保障自身的权益。

各个国家的社会制度不同，经济发展阶段和国情也不同，各国法制也不同，从事国际市场营销的企业，必须熟悉有关国家的法律制度和相关国际法规、国际惯例等。

五、科学技术环境

案例导入

这家河北化工企业背景爆红 TikTok

甘氨酸，东华金龙是最近在 TikTok 上爆火的中国元素。外国网友纷纷制作热梗、表情包，“donghua jinlong”到处传播。

2024 年 3 月起，东华金龙的 TikTok 官方账号突然涨粉 2 万多。这是因为他们发布的一条宣传视频流量猛增，获得了近 30 万点赞。还有国外的商家开始卖东华金龙的周边产品。

2024 年 4 月 25 日，石家庄东华金龙化工有限公司（简称东华金龙）的叉车将打包好的工业级甘氨酸装进货车车厢。当晚，这些货将被送到天津港，发往德国。

“工业级甘氨酸是我们厂的主打产品，在这个领域，我们已经做了 45 年。”公司董事长说道。除了工业级甘氨酸，该公司还生产食品级甘氨酸和甘氨酸微量元素螯合物。工业级甘氨酸是除草剂草甘膦的主要原料之一。食品级甘氨酸是食品中的甜味剂，甘氨酸微量元素螯合物用于微量元素添加。

这条爆火视频很普通，主要是对公司的生产工艺进行展示，还有公司的一些资质，如“通过 ISO22000、ISO9001、ISO14001 等专业认证，是世界 500 强公司稳定的长期合作伙伴”。

“2023 年底，我们想和甘氨酸微量元素螯合物的客户建立起联系，就找了一家公司在 TikTok 上做宣传。还有网友说我们土味十足。”负责人说道。这条视频发布前，公司也进行了审核。

国外网友到底喜欢这家河北化工企业的哪一点？是视频里展示的生产线？走进东华金龙的调度室，监控上能看到目前厂区所有工人的定位和移动轨迹，多条生产线上工人寥寥无几。经过不断升级，厂区的智能化水平大幅提高，很多工序都实现了无人值守，工人从最高的 1 500 多人降到了目前的不足 800 人。

厂区（图 3-3）和生产场景没有什么特别的。或许是产品质量打动了他们？

图 3-3 石家庄东华金龙化工有限公司厂区

因为，有国外网友甚至用东华金龙的产品制作了咖啡，还说“如果你从其他地方采购甘氨酸钠，我向你保证，它的质量绝对不如东华金龙”。

瑞士雀巢、日本味之素、美国玛氏、德国赢创等都是东华金龙的合作伙伴。

而且，东华金龙作为中国最大的工业级甘氨酸生产企业，销量占国内市场的 50%。食品级甘氨酸和甘氨酸微量元素螯合物作为公司近些年研发的产品，大多经外贸公司出口到部分欧美国家。

早在 2000 年，他们就主动申请进行 ISO 认证，提高自身的质量标准。2023 年，更是把原属技术处的科研团队独立出来，成立了专门的研发中心。

行业标准《工业用氨基乙酸（甘氨酸）》（CHG/T2029—2004），起草单位排名第一的就是河北东华化工总公司。河北东华化工总公司是东华金龙的前身。

对这次东华金龙的爆红原因，国内网友也纷纷进行各种解读，但东华金龙的工作人员没有想太多。东华金龙从中受到启发，准备研发一些针对普通消费者的产品。

科学技术是第一生产力，科技的发展对经济发展有巨大的影响，不仅直接影响企业内部的生产和经营，还与其他环境因素互相依赖、互相作用，给企业营销活动带来有利与不利的影响。科技环境不仅包括发明，还包括与企业有关的新技术、新工艺、新材料的出现、发展趋势及应用背景。科学技术直接影响人类的命运，并持续改善人类的生活方式。任何一种新技术的出现都可能会孕育出新的行业和产品，为企业带来发展的机会；也可能使采用旧技术的行业和产品衰落，给企业的生存带来威胁。因此，新技术常被称为是一种具有创造性的毁灭力量。企业只有及时采用新技术、不断开发新产品并相应调整经营结构和营销方案，才能长久保持兴旺发达。同时，随着技术进步，营销模式也在不断变革。在互联网阶段，社会化媒体、内容电商、大数据营销，以其不同的价值，正在替代传统媒体。企业需要及时变革营销模式，紧跟时代步伐，才能在营销中处于有利地位。

六、社会文化环境

社会文化主要是指一个社会的民族特征、价值观念、生活方式、风俗习惯、宗教信仰、伦理道德、教育水平、语言文字等的总和。主体文化是指占据支配地位，起到凝聚整个国家和民族的作用，是千百年的历史所形成的文化，包括价值观、人生观等；次级文化是在主体文化支配下所形成的文化分支，包括种族、地域、宗教等。文化对所有营销参与者的影响是多层次、全方位、渗透性的，它不仅影响企业营销组合，而且影响消费心理、消费习惯等，这些影响多半是通过间接的、潜移默化的方式进行的。这里主要分析以下几个方面。

（一）教育水平

教育程度不仅影响劳动者的收入水平，而且影响消费者对商品的鉴别力，以及消费者心理、购买的理性程度和消费结构，从而影响企业营销策略的制定和实施。

（二）宗教信仰

宗教是历史的产物，是构成文化因素的重要方面。不同的宗教信仰有不同的文化倾向和要求，从而影响人们认识事物的方式、价值观念和行为准则，也影响人们的消费行为，从而带来特殊的市场需求，这都与企业的营销活动有密切的关系。了解和尊重消费者的宗教信仰，对企业营销活动具有重要意义。

（三）价值观念

价值观念指人们对社会生活中各种事物的态度和看法。不同的文化背景下，价值观念的差异很大，影响着消费需求和购买行为。对于不同的价值观念，营销管理者应予以研究并采取不同的营销策略。

（四）消费习俗

消费习俗指历代传递下来的一种消费方式，是风俗习惯的一项重要内容。消费习俗在饮食、服饰、居住、婚丧、节日、人情往来等方面都表现出独特的心理特征和行为方式。

（五）消费流行

社会文化多方面的影响，使消费者产生共同的审美观念、生活方式和情趣爱好等，从而导致社会需求的一致性，这就是消费流行。消费流行在服饰、家电及某些保健品方面的表现最为突出。消费流行在时间上有一定的稳定性，但有长有短，有的可能持续几年，有的则可能只持续几个月；在空间上还有一定的地域性，同一时间内，不同地区流行的商品品种、款式、型号、颜色可能不尽相同。

课堂讨论

说一说自己的家乡有哪些风俗习惯，这些风俗习惯对市场营销有何影响。

任务三 市场营销微观环境分析

市场营销微观环境又称直接营销环境，是指与企业紧密相连、直接影响企业营销能力和效率的各种力量和因素的总和，主要包括企业内部环境、供应商、顾客、竞争者、公众等。

一、企业内部环境

企业是组织生产和经营的经济单位，是一个复杂的整体，内部由各职能机构组成，包括研发、采购、制造、会计、营销、财务等部门，它们各自独立完成自己的工作，但又与其他部门发生联系，反映了企业的整体性、系统性、相关性。通常，企业内部的部门如图3-4所示。企业在制订营销计划、开展营销活动时，必须协调和处理好各部门之间的矛盾与关系，保证营销工作顺利进行。

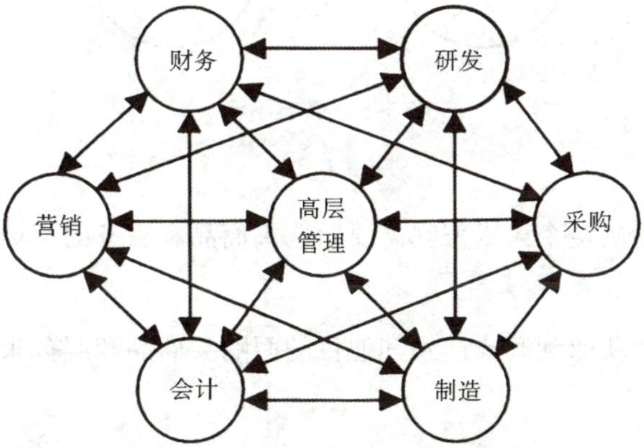

图3-4 企业内部的部门

二、供应商

供应商是指为企业提供特定原材料、辅助材料、设备、能源、劳务、资金等资源的供货单位。这些资源的变化直接影响着企业产品的产量、质量和利润，进而影响企业的营销计划和营销目标的实现。供应商对企业营销的影响主要体现在供货的及时性、稳定性、货物价格的变化及供货质量的保证等方面。为了确保在时间上和连续性上获得货源供应，企业必须与供应商保持良好的关系，并密切关注和分析供应商货物价格的变化趋势，了解供应商的产品，分析其产品的质量标准，以确保自身产品的质量，赢得消费者信任，占领市场。

三、顾客

顾客就是企业的目标市场，是企业服务的对象，也是营销活动的出发点和归宿。企业的一切营销活动都应以满足顾客的需要为中心。因此，顾客是企业最重要的环境因素。顾客可以从不同角度、以不同的标准进行划分，按购买动机和类别可分为五种类型，如图 3-5 所示。

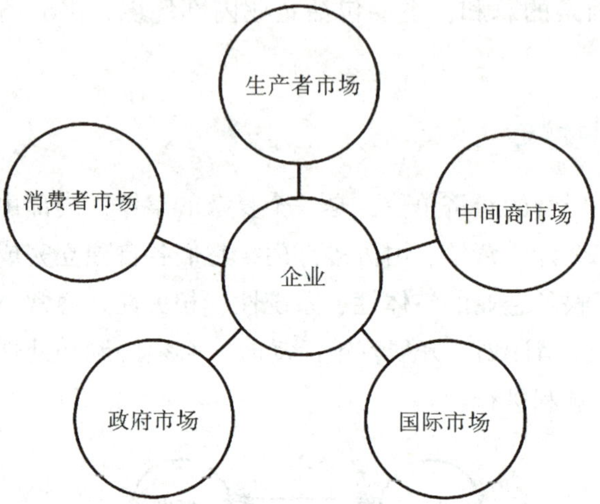

图 3-5　顾客类型

1. 消费者市场

消费者市场是指为满足个人或家庭需要而购买商品和服务的市场。

2. 生产者市场

生产者市场是指为获取利润或达到其他目的而购买商品和服务来生产其他产品和服务的市场。

3. 中间商市场

中间商市场是指为利润而购买商品和服务以转售的市场。

4. 政府市场

政府市场是指为提供公共服务或将商品与服务转给需要的人而购买商品和服务的政府与非营利机构。

5. 国际市场

国际市场是指国外买家，包括国外的消费者、生产者、中间商和政府等。

上述各类市场都有其独特的顾客，他们不同的变化着的需求，要求企业以不同方式提供相应的产品和服务，从而影响企业营销决策的制定和服务能力的形成。

四、竞争者

竞争是商品经济的必然现象。企业竞争者的状况直接影响企业营销活动。竞争者的营销策略及营销活动的变化就会直接影响企业营销，最为明显的是竞争者的产品价格、广告宣传、促销手段的变化，以及产品的开发、销售服务的加强，这些都将直接对企业造成威胁。为此，企业在制定营销策略前必须弄清竞争者的情况，特别是同行业竞争者的生产经营状况，做到知己知彼，从而有效地开展营销活动。

课堂讨论

请问生产不同产品的企业是不是竞争者？请举例说明。

五、公众

公众是指对企业实现其市场营销目标的能力有着实际或潜在兴趣（影响）的群体或团体。公众与企业的营销活动有着直接或间接的关系，它既可能帮助企业树立良好的形象，也可能带来阻碍。企业所面临的公众主要有七种，如图 3-6 所示。

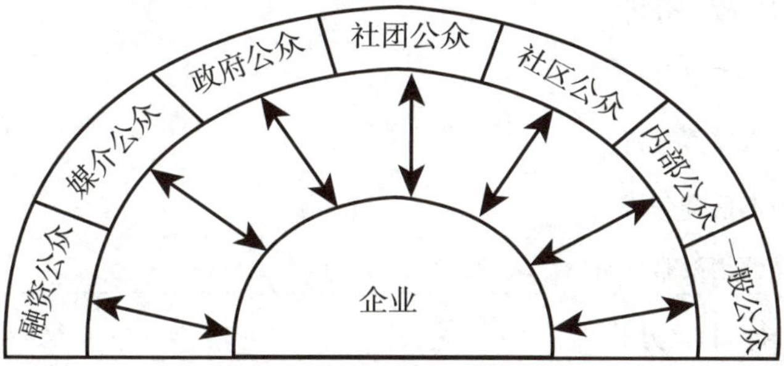

图 3-6　企业微观环境中的公众

现在，越来越多的企业通过设立专门的处理公共关系和负责公共宣传的部门，来与有关的社会公众团体保持最密切的联系，筹划相应的公共关系处理与协调方案，并负责执行。总之，企业需要通过不断发展与各种社会公众团体的关系，协调好与他们的利益关系，以求得或保持一个最有利的营销环境。因此，公共关系管理已成为企业营销管理的一项重要内容。

项目小结

本项目主要涉及市场营销环境分析，包括营销环境与经典分析方法、市场营销宏观环境分析及市场营销微观环境分析。任务一介绍了营销环境的特征、分析意义，以及经典分析方法。任务二深入分析了市场营销的宏观环境，包括人口、经济、自然、政治法律、科学技术和社会文化环境。任务三则关注市场营销的微观环境，包括企业内部环境、供应商、顾客、竞争者和公众。本项目全面探讨了市场营销环境的各个方面，为学习者提供了系统的环境分析框架和实践指导。

课后实训

市场营销宏观环境分析

一、实训目标

学生能够掌握市场营销宏观环境分析。

二、实训开展

任务 1：经济环境分析

任务描述：各团队搜集资料，了解当前消费者收入、支出、储蓄和信贷状况，分析经济环境对农产品营销的影响，制定相应的营销策略，并将结果记录在表 3-3 中。

表 3-3　经济环境分析

研究内容	研究结果
消费者收入分析	
消费者支出分析	
消费者储蓄分析	
消费者信贷分析	
农产品营销策略分析	

任务 2：政治法律环境分析

任务描述：查阅资料，找一找和农产品营销相关的政策与法律法规，简述这些政策及法律法规的内容，以及这些政策和法律法规给营销人员带来什么启示，并将结果记录在表 3-4 中。

表 3-4　政治法律环境分析

政策和法律法规	内容	营销启示
国家相关政策		
法律法规		

任务 3：社会环境分析

任务描述：人口老龄化是当前面临的一个全球性问题，了解我国人口老龄化现状，分析人口老龄化给哪些行业带来机会，尤其是面对人口老龄化，农产品营销面临的机遇有哪些。针对这一现状，为农产品制定相应的营销策略，并将结果记录在表 3-5 中。

表 3-5 社会环境分析

研究内容	研究结果
人口老龄化现状分析	
机会行业分析	
产品营销面临困境	
产品营销策略分析	
企业人力资源调整	

三、实训评价

展示任务完成情况，并完成考核评价表（表 3-6）。

表 3-6 考核评价表

评价项目	评价内容	分值	评分/分		
			自评	互评	师评
职业素养考核项目（40%）	考勤、仪容仪表	10 分			
	安全意识、责任意识与服从意识	10 分			
	团队合作、沟通交流能力	10 分			
	维持教学设备和工具等的干净整洁	10 分			
专业能力考核项目（60%）	积极参与经济环境分析实践任务，并按要求完成任务	20 分			
	积极参与政治法律环境分析实践任务，并按要求完成任务	20 分			
	积极参与社会环境分析实践任务，并按要求完成任务	20 分			
综合分数	自评（20%）+互评（20%）+师评（60%）	100 分			
综合评语		指导教师（签名）：			

思考练习

1. 营销环境的特征有哪些？
2. 顾客按购买动机和类别可分为哪五种类型？

项目四

市场营销调查与预测

项目导读

市场营销调查与预测是通过系统性的数据收集和分析，评估市场需求、竞争态势及潜在趋势，以预测未来市场发展方向和趋势。这包括对消费者行为、市场规模、竞争对手等多个方面的研究，通过这些调查与预测，企业可以更准确地制订营销策略和战略决策，以应对市场变化并抢占机遇。

学习目标

知识目标

(1) 熟悉市场调研的步骤与方法。

(2) 了解目标市场选择的影响因素。

(3) 了解市场营销的预测方法。

技能目标

(1) 能够根据实际情况设计调查问卷，能够通过对细分市场的评估来选择目标市场。

(2) 能够根据市场营销相关资料开展市场营销的分析与预测。

素质目标

(1) 培养学生信息意识和信息安全的意识，有效获取评估信息，并保证信息的安全。

(2) 培养学生收集资料、整理资料的能力，以及发现问题、解决问题的能力。

思政目标

培养学生的市场调研技能，调查过程中应遵循道德规范和隐私保护原则，同时在竞争中应遵守公平竞争的原则，促进健康的市场竞争环境。

案例导入

拼多多升级新疆包邮

继2022年首次上线新疆包邮后，拼多多再次升级快递服务，在新疆维吾尔自治区推行免费包邮送货进村，将末端配送网点与消费者的距离进一步缩短至2公里内、签收时效压缩到24小时。

据悉，该服务已在新疆维吾尔自治区超一半的村域开通，覆盖女装、男装、美妆、车品、百货、数码、母婴、鞋包、家纺家装、食品等十余个类目，有低至几元的日用百货，也有高达数千元的手机电器，均支持免费包邮送货进村。

应对紧急需求，拼多多还开通了快递“3日达”极速配送服务，让无论居住高山草原的牧民，还是身处荒漠戈壁的居民，都能享受电商带来的便利生活。

售后方面，平台也向新疆维吾尔自治区消费者提供“7天无理由退货”服务，退换货商品将按照物流首重费用补贴运费。（消费者只需在平台首页搜索“新疆包邮”，进入专属频道页即可一键下单购买心仪商品，认准商品介绍页“退货包运费”“7天退换”等字样，就能享受“包邮区”消费者同款快捷、优质的快递收退货服务。）

“快递是连接生产和消费的桥梁，是反映经济活力的‘晴雨表’。”拼多多相关业务负责人表示，未来会继续团结各方力量、调动平台资源，持续疏通电商货流堵点，不断扩大快递包邮进村服务面，进而搭建起一条从制造源头到偏远地区的物流走廊，带动新疆维吾尔自治区乃至整个西部地区焕发新的经济活力。

（1）“包邮进村”覆盖过半行政村

作为新电商的开创者，拼多多以消费者为导向，致力于让消费者享受“多实惠”和“好服务”的购物体验，新疆维吾尔自治区也不例外。长久以来，因为地广人稀、物流成本偏高、包裹难规模化运输等原因，新疆总被挡在“包邮”门槛之外。“本店包邮，新疆、西藏等偏远地区除外”，成了不少电商客服普遍使用的回应话术。

拼多多针对这一痛点首创中转集运包邮模式，让所有商家将新疆维吾尔自治区消费者的包裹送至西安中转集运仓，平台再通过第三方物流服务运营商统一发货，结束了该地区快递不包邮的历史。但因为新疆维吾尔自治区村落布局分散、派送成本较高，不少快递包裹仍“堵”在县镇，一定程度抑制了地区消费潜力。

为了疏通消费品入村渠道，2023年7月，拼多多联合第三方物流服务运营商，率先在喀什地区莎车县试点快递进村服务，将末端配送网点与消费者的距离从几十公里缩短至几公里，签收时效也从几天压缩到24小时内。消费者再也不用攒上几天取一次快递，也不用驱车半小时、一小时到县里或是镇上取货，每天回家顺路就能取到快递包裹。

拼多多快递免费进村服务，是在包邮基础上的一次升级。服务推出仅两个月就走出莎车县，在全自治区推广；到2023年10月中旬，实现了对全自治区60个县域的覆盖。目前这一服务已经在新疆维吾尔自治区过半行政村推行，范围还在持续扩大。

（2）畅通货流激发地区经济活力

物畅其流，货通四方。建成新疆维吾尔自治区快递物流进村道路，对焕活区域经济、促进西部商业流动起着至关重要的作用。

在喀什地区伽师县，维吾尔族姑娘米合热阿依初中毕业后就经营着一家电子服务店，专为村民们提供水电费代缴、拍摄电子照片、复印打印等服务。2020 年，米合热阿依在拼多多平台开启了网购之旅，实惠、便捷的购物体验让她建立起了对电商购物的信任，之后基本每个月都会在平台购物消费。拼多多快递包邮送货进村后，除了收快递更方便，还多了一份收入。“以前从乌鲁木齐发来的货，都要四五天才能到，现在不仅一两天就能送到，快递入村以后都会放在我的门店里，每单我都能收到补贴。”

根据国家邮政局，2023 年在新疆维吾尔自治区快递业务量（不包含邮政公司包裹业务）累计完成 3.05 亿件，快递业务收入累计完成 62 亿元，同比分别增长 88.1%、77.9%，两项增速均位列全国第一。

数据彰显着新疆维吾尔自治区经济增长潜力和社会带动效益。一旦包邮进村服务扩展到更多村域，无疑将更大程度地激发新疆维吾尔自治区消费者的网购热情，方便当地消费者“买进来”，也能让越来越多像米合热阿依一样的产业链参与者受益，更为本地特色商品“卖出去”提供了基础条件。

仅 2020 年前三个月，拼多多在新疆维吾尔自治区的新增商户增幅就超过上年同期 23.9%。吐鲁番葡萄、库尔勒香梨、阿克苏苹果、哈密瓜等特色农产品，通过拼多多触达了全国数亿消费者，并获得广泛认可。

2023 年，新疆维吾尔自治区水产品更是火爆出圈，三文鱼、南美白对虾、螃蟹、澳洲淡水龙虾等“海鲜”成为新晋网红。其中，新疆雪蟹登录“多多丰收馆”，最快仅用一天时间可从额尔齐斯河送达长三角等远距离消费者的手中。在拼多多“百亿补贴”的资源支持下，新疆雪蟹销量持续攀升，有拼多多商家表示，2023 年“上游的养殖基地总体产量能达到 100~150 吨，明年预计翻一番达到 300 吨”。

“不包邮”“不发货”一度是新疆维吾尔自治区消费者网购的最大痛点，随着拼多多包邮送货进村服务的推广，这个时代正在结束。新型电商的快速发展，在带动快递行业基础设施不断完善的同时，也将为地区经济找到新的增量。

任务一　调查营销市场状况

一、市场调查

（一）市场调查的含义与特点

1. 市场调查的含义

市场调查是利用科学方法，有目的、有系统地收集、记录、整理与市场营销相关的信息和资料，分析市场情况，了解市场现状及其发展趋势，以为市场预测和营销决策提供客观、准确的数据。市场调查也称为“市场研究”或“营销研究”，其内容包括市场环境、市场状况、销售潜力等调查，同时也涵盖对消费者及其需求、企业产品、产品价格、社会和自然因素对销售的影响，以及销售渠道等的调查。

从市场调查的定义中可以看出，市场调查的任务是为预测未来市场的变化提供科学依据、为企业市场营销目标中的工作计划和营销决策提供市场依据、为解决企业市场营销活动中的各种产供需矛盾提供科学依据。

2. 市场调查的特点

市场调查以服务于企业预测和决策的需要为目的，系统收集和分析信息的现代市场调查是一项专业性很强的工作，从本质上看是一种市场行为的科学研究工作。现代市场调查的基本特点有以下几个方面。

（1）目的性

市场调查是由相关部门和企业为了科学研究市场而进行的活动，其目的明确。这一目的性不仅是设计市场调查方案的前提，也是评估市场调查的价值的基础。现代市场调查的目的在于为相关部门和企业提供市场预测和决策所需的信息，这种明确的目的性体现在市场信息的收集、整理和分析过程中都有严密的计划安排。

（2）系统性

现代市场调查是一项系统化的工程，其运作程序有着规范。市场调查人员应该全面系统地收集市场信息，将理论与实践相结合，分门别类地研究并综合分析各种影响市场运行的因素，包括经济、社会、政治和文化等。调查应当同时进行定性分析和定量分析，结合现状和趋势进行综合研究。若只是片面地看待事物，而不考虑周围环境等因素的影响，将难以有效把握市场发展及变化的本质，从而得到准确的调研结果。

（3）真实性

现代市场调查的真实性具体表现为以下两个方面的要求。第一，调查资料数据必须真实地来源于客观实际，而非主观臆造。任何有意提供虚假信息的行为，从性质上说都不属于市场调查行为。。第二，调查结果应该具有时效性，即调查所得结论能够反映市场运行的现实状况，否则，不仅会增加费用开支，而且会使有关部门和企业的决策滞后，导致决策失败。

（二）市场调查的内容

市场调查解决的主要问题：现有顾客由哪些人或组织构成，潜在顾客由哪些人或组织构成，这些顾客需要购买哪些产品或服务，为什么购买，何时何地及如何购买。

1. 市场调查的范围

（1）市场环境调查

市场环境调查包括对政治环境、经济环境、文化环境、自然环境和科技环境的调查。

（2）市场需求调查

市场需求调查包括对市场商品和劳务需求总量的调查、市场需求结构的调整、需求转移的调整。

（3）市场商品资源调查

市场商品资源调查包括国内市场社会商品供应总额、国内市场供应的构成、商品来源的调查。

（4）市场营销活动调查

现代市场营销活动是包括产品、定价、渠道和促销在内的营销活动，市场营销活动调查就是围绕企业营销活动进行的调查，具体包括产品调查、竞争对手状况调查、品牌或企业形象的调查、广告调查、价格调查、客户调查。

市场调查研究就是围绕着四大营销活动展开的包括消费者在内的市场总体环境的调研。

2. 宏观市场调研的内容

从现代市场基本要素构成分析上看，宏观市场调研是从整个经济社会的角度，对社会总需求与总供给的现状及其平衡关系的调研，具体内容包括以下几个方面。

（1）社会购买总量及其影响因素调查

社会购买力是指在一定时期内，全社会在市场上用于购买商品或服务的货币支付能力。社会购买力包括三个部分，即居民购买力、社会集团购买力和生产资料购买力。其中，居民购买力，尤其是居民用于购买生活消费品的货币支付能力是调查的重点。

（2）社会购买力投向及其影响因素调查

社会购买力投向主要内容是调查社会商品零售额情况，并分析其构成。这类调查还可以采用统计调查的方式，从买方角度分析购买力投向的变动。调查影响购买力投向变化因素的主要内容，包括消费品购买力水平和变动速度、消费构成变化、商品价格变动、消费心理变化，以及社会集团购买力控制程度变动等。

（3）消费者人口状况调查

消费者人口状况调查的主要内容有人口总量、人口地理分布状况、家庭总数、家庭平均人数、民族构成、年龄构成、性别构成、职业构成、教育程度等。

（4）市场商品供给来源调查

对于市场商品供给来源的调查内容包括国内工农业生产部门的总供给量、进口商品量、国家储备拨付量、物资回收量和期初结余量等。

（5）市场商品供应能力调查

市场商品供应能力调查是对工商企业的商品生产能力和商品流转能力的调查，主要内容包括企业现有商品生产能力和结构、企业经营设施和设备的状况、科技成果转化速度、企业资金总量、企业营利和效益情况、企业技术水平和职工素质、交通运输能力、生产力布局等。

3. 微观市场调查的内容

微观市场调查是从微观经济实体的角度出发对市场要素进行调查分析，它是现代市场调查的主体内容。由于市场变化的因素很多，企业市场调查的内容也十分广泛，一般来说，涉及企业市场营销活动的各方面都应调查，主要包括以下几个方面。

（1）市场需求的调查

根据市场营销理念，顾客的需求和欲望是企业营销活动的核心和起点，因此，市场调查应将顾客需求作为主要关注点之一。市场需求调查包括：现有顾客需求情况，现有顾客对企业产品满意程度，现有顾客对企业产品信赖程度，各种影响需求因素的变化情况，顾客的购买动机和行为，潜在顾客的需求情况。

（2）产品的调查

产品是企业赖以生存的物质基础。一个企业要想在竞争中求得生存和发展，就必须始终如一地生产出顾客需要的产品来。产品调查的内容包括产品设计的调查；产品系列和产品组合的调查、产品生命周期的调查、对老产品改进的调查、对新产品开发的调查、对如何做好销售技术服务的调查等。

（3）价格的调查

价格对产品的销售和企业的获利情况有着重要的影响，积极开展产品价格的调查，对于企业制定正确的价格策略有着重要的作用。价格调查的内容包括市场供求情况及其变化趋势的调查、影响价格变化各种因素的调查、产品需求价格弹性的调查、替代产品价格的调查、新产品定价策略的调查、目标市场对本企业品牌价格水平的反应调查等。

（4）促销的调查

促销调查的主要内容包括对企业各种促销手段和促销政策的可行性进行调查。其中，广告和人员推销是企业普遍重视的方面。具体调查内容包括广告效果、人员推销情况、各种营业推广活动、公共关系与企业形象等方面的调查。

（5）销售渠道的调查

销售渠道的选择是否合理，产品的储存和运输安排是否恰当，对于提高销售效率、缩短交货期和降低销售费用有着重要的作用。因此，销售渠道的调查也是市场调查的一项重要内容。销售渠道调查的内容包括各类中间商应如何选择的调查、仓库地址应如何选择的调查、各种运输工具应如何安排的调查、如何既满足交货期的需要又降低销售费用的调查等。

（6）竞争的调查

竞争的存在，对于企业的市场营销有着重要的影响。因此，企业在制定各种市场营销策略之前，必须认真调查市场竞争的动向。竞争的调查包括竞争对手的数量及其分布、市场营销能力、竞争产品的特性、市场占有率、覆盖率，竞争对手的优势与劣势，竞争对手的市场营销组合策略，竞争对手的实力、市场营销战略及其实际效果，以及竞争发展的趋势等。

知识拓展

市场调查的方法

市场调查的方法主要有观察法、实验法、访问法和问卷法。

1. 观察法

观察法是社会调查和市场调查研究的最基本的方法，是由调查人员根据调查研究的对象，利用眼睛、耳朵等感觉器官以直接观察的方式对其进行考察并搜集资料。例如，市场调查人员到受访者的销售场所去观察商品的品牌及包装情况。

2. 实验法

实验法是由调查人员根据调查的要求，用实验的方式，将调查的对象控制在特定的环境条件下，对其进行观察以获得相应的信息。控制对象可以是产品的价格、品质、包装等。在可控制的条件下观察市场现象，揭示在自然条件下不易发生的市场规律，这种方法主要用于市场销售实验和消费者使用实验。

3. 访问法

访问法可以分为结构式访问、无结构式访问和集体访问。结构式访问是事先设计好的、有一定结构的访问问卷的访问。调查人员要按照事先设计好的调查表或访问提纲进行访问，要以相同的提问方式和记录方式进行访问。提问的语气和态度也要尽可能地保持一致；无结构式访问是没有统一问卷，由调查人员与被访问者自由交谈的访问。它可以根据调查的内容，进行广泛的交流，如对商品的价格进行交谈，了解被调查者对价格的看法；集体访问是通过集体座谈的方式听取被访问者的想法，收集信息资料。

4. 问卷法

问卷法是通过设计调查问卷，让被调查者填写调查表的方式获得调查对象的信息。在调查中将调查的资料设计成问卷后，让调查对象将自己的意见或答案填入问卷中。在一般进行的实地调查中，以问卷法采用最广。

（三）市场调查的类型与步骤

1. 市场调查的类型

市场调查分类的标准很多。按照研究的性质，市场调查可以分为探测性调研、描述性调研和因果性调研三大类型，见表4-1。

表4-1　市场调查的类型

调查类型	含义	应用思路
探测性调研	在企业对市场状况不明确或对问题不知从何处寻求突破时所采用的一种调研方式。其目的是发现问题所在，并明确地提出来，以便确定调查的重点	探寻潜在的问题或机会；寻找有关的新观念或新阶段；更精确地确定企业所面临的问题与相关的影响因素
描述性调研	对所调研内容的客观描述，主要回答“是什么”的问题	描述某个相关群体的特征；估计某个群体中某种行为方式的发生机率；预测消费者对有关产品的知识、偏好与满意度；确定不同营销变量之间的关系
因果性调研	为了查明同一项目不同要素之间的关系，以及查明导致产生一定现象的原因所进行的调研。着重回答“为什么”的问题	确定自变量和因变量；确定变量间的关系；进行预测

2. 市场调查的步骤

市场调研的步骤大致可分为八个阶段，如图4-1所示。

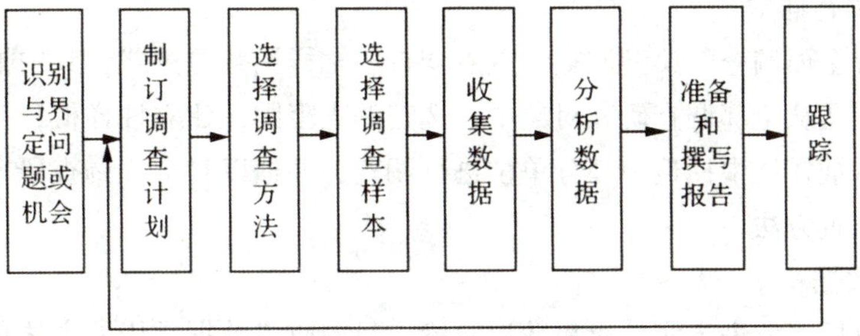

图 4-1　市场调查的步骤

（1）识别与界定问题或机会

市场调查的内容一般是生产和经营中碰到的问题、潜在市场的问题或者是规划企业的发展战略问题。这些问题一般不太具体、只带有方向性，不能直接通过调查来解决，需要将其转变为营销调研问题。即需要调研哪些信息，从何处可以获得这些信息。

（2）制订调查计划

制订调查计划这是市场调查的基本框架，在实际操作中一般以市场调查计划书的形式出现，是市场调查实施的指导方针。在此过程中，应明确描述和市场调研问题相关的背景、调查目的和意义、调查的内容和范围、调查进度安排和有关经费的开支预算。

（3）选择调查方法

按照收集资料的方法，市场调研可以分为以下几类，见表 4-2。

表 4-2　市场调研分类

收集方法	分类	含义	作用
第一手资料收集	询问法	由调查员直接同被访者接触，通过提问和回答，实现信息沟通，从而掌握第一手市场信息。通常应该事先设计好询问程序及调查表或调查问卷，以便有步骤地提问	深度了解被访者的详细信息，实地调查中运用最为普遍的方法
	观察法	由调查员亲临调查现场或利用观察器材客观地观察调查对象，并如实地记录其人、其事或其事物的状态、过程和结果。收集第一手市场信息的一种实地调查方法	常用于对竞争对手研究和服务质量的研究，在日常的营销活动中被广泛使用
	实验法	在可控制的条件下对所研究的现象一个或多个因素进行分析，以测定这些因素之间的关系，观察它们对营销活动的影响效果。它是在因果关系调研中经常使用的方法	通过收集到的详细信息，建立数学模型，揭示或确立市场现象之间的关系，有利于探索解决市场问题的具体途径和方法
第二手资料收集	文案调查法	利用企业内部和外部现有的各种信息、情报，对调查内容进行分析研究的一种调查方法	这些资料的取得往往在预调查阶段非常重要，帮助调查人员判断调查的必要性及其重点方向

（4）选择调查样本

市场调查有全面调查、典型调查、重点调查、抽样调查等方式，其中抽样调查应用最广泛。抽样调查是从全部调查研究对象中，选定调查范围，建立抽样框，确定所需要调研的样本量，再从抽样框中抽选一部分单位进行调查，并据以对全部调查研究对象作出估计和推断的一种调查方法。

（5）收集数据

样本确定以后，就进入实地收集数据阶段。目前收集数据常用的方法包括访问法、观察法、问卷法、文献调查法等。该环节所收集的数据质量将直接影响调查的结论，收集数据是一项基础性工作。

（6）分析数据

分析数据阶段的主要任务是在获取全面调研数据的基础上，对数据进行系统分析，其中包括统计分析和理论分析。

（7）准备和撰写报告

调查报告是调查项目的重要部分，是市场调查的最终产品。一般调查报告应包括：①简明的报告摘要，包括调查的主要发现、主要结论和建议，在报告正文之前，提交给领导或客户来查看的；②详细目录，包括正文和附录的每一部分的大、小标题；③正文，一般包括调查的基本情况、主要发现、对结果的讨论、总结和建议等；④附录，一般包括问卷、图表、技术细节说明、实施细节说明等。

（8）跟踪

跟踪主要是了解前一段工作的成效和调查结果的采纳等情况。

案例导入

市场调查问卷的内容设计

1. 设计直接性问题和间接性问题

（1）直接性问题

直接性问题是指通过直接的提问就能够立即得到答案的问题。这些问题可以是一些已经存在的事实或关于被调查者的一些基本情况。

例如，您的年龄、您的职业、您目前使用什么品牌的手机等。

（2）间接性问题

间接性问题是指那些不宜直接回答，而采用间接的提问或迂回的询问方式得到答案的问题。一般适用于避开个人隐私，或者避开被调查者因问题产生窘迫、疑虑，或者被调查者不愿意直面的问题。

2. 设计开放式问题和封闭式问题

（1）开放式问题

开放式问题比较灵活，对所提出的问题不列出答案，可由被调查者自由回答和解释，类似于简答题。对于调查者来说，这类问题能收集到原来没有想到或者容易忽视的资料。

但被调查者的答案可能各不相同，标准化程度较低，资料的整理和加工比较困难。同时，还可能会因为回答者表达能力不同而产生调查偏差。

例如，您认为哪个品牌的手机广告最具有吸引力？

(2) 封闭式问题

封闭式问题是指事先将问题的各种可能答案列出，由被调查者根据自己的意愿选择回答。这类问题标准化程度高，回答问题较方便，回答率较高，调查结果易于处理和分析，可节省调查时间。但设计的答案可能不是被调查者想回答的答案；给出的选项可能对被调查者产生诱导；被调查者可能猜测答案或随便乱答，难以反映真实情况。

例如，您认为哪种空气净化产品净化空气污染最有效？(　　)

A. 吊兰、绿萝等植物　　B. 空气净化设备

C. 竹炭、活性炭　　D. 其他

3. 设计事实性问题、行为性问题、动机性问题、态度性问题

(1) 事实性问题

调查这类问题的主要目的是获得有关事实性资料。因此，问题的意见必须清楚，使被调查者容易理解并回答。通常在一份问卷的开头和结尾都要求回答者填写其个人资料，如职业、年龄、教育程度等。这些问题均为事实性问题，对此类问题进行调查，可为分类统计和分析提供资料。

(2) 行为性问题

行为性问题是对回答者的行为特征进行调查。

例如，您拥有笔记本电脑吗？“6·18”期间，您在淘宝/京东等 APP 上买过东西吗？

(3) 动机性问题

动机性问题是指为了解被调查者的一些具体行为的原因和理由而设计的问题。所获得的调查资料对于企业制订市场营销策略非常有用，但是收集难度很大。调查者可以多种询问方式结合使用，尽最大可能将被调查者的动机揭示出来。

例如，假如您装修新房子，您购买除甲醛类的空气净化剂的原因是什么？

(4) 态度性问题

态度性问题是关于回答者的态度、评价、意见等问题。

例如：您对这款手机质量满意吗？

在实际调查中，几种类型的问题往往是结合使用的。在同一份问卷中，既会有开放式问题，也会有封闭式问题。甚至在同一个问题中，也可将开放式问题与封闭式问题结合起来，组成结构式问题。

例如，您家里目前有空调吗？(　　)

A. 有　　B. 无

若有，是什么品牌的？__________

事实性问题既可以采取直接提问方式，也可以采取间接提问方式。问卷设计者可以根据具体情况选择不同的提问方式。

4. 设计两项选择和多项选择问题

（1）两项选择法

两项选择法回答项目非此即彼，简单明了。这类问题的答案通常是对立的、互斥的，“是”或“否”，“有”或“无”等。被调查者的回答不能有更多的选择，适用于互相排斥的问题，以及询问较为简单的事实性问题。

例如，您的性别？(　　)

A. 男　　　　B. 女

（2）多项选择问题

多项选择问题为了使被调查者完整地表达要求、意愿，还需要采用多项选择法。根据多项选择答案的统计结果，得到各项重要性的差异。

例如：您听说过下面哪些室内装修污染物？(　　)

A. 甲醛　　B. 苯　　C. 氨　　D. 氡

E. TVOC　F. 二氧化碳　G. 放射性元素

5. 设计量表应答式问题

设计量表应答式问题主要是为了对应答者回答的强度进行测量。同时，许多量表式应答可以转换为数字，这些数字可以直接用于编码，便于用更高级的统计分析工具进行分析。其缺点在于问题有时对应答者的记忆与回答能力要求过高，应答者可能出现误解，影响调查数据的准确性。目前市场调查中常用的量表主要有以下几种。

（1）评比量表

调查者在问卷中事先拟订有关问题的答案量表，由回答者自由选择回答。一般情况下，选项不应超过五级，否则普通应答者可能会难以作出选择。

例如，您认为现在汽车4S销售店的服务状况如何？(　　)

A. 很好　　B. 较好　　C. 一般　　D. 较差　　E. 很差

（2）语义差异量表

用成对的反义形容词测试被调查者对某一事物的态度。在市场调查中，它主要用于市场与产品、个人及集体之间的比较，人们对事物或周围环境的态度的研究。具体做法是在一个矩阵的两端分别填写两个语义相反的术语，中间用数字划分等级，由回答者根据自己的感觉在适当位置画上记号。

语义差异量表举例

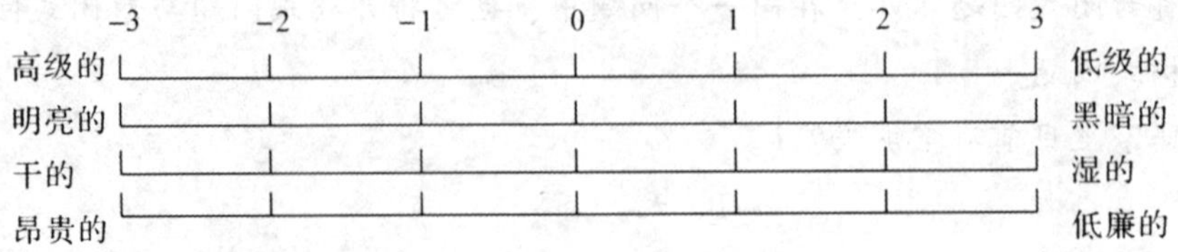

6. 设计表格式问题

表格式问题整齐、醒目，但也容易使人觉得单调、呆板。在一份问卷中这种形式的问题不要用得太多。

例如，近五年来您是否有下列情况？（请在每一行适当的格中打“√”）

问题	有	没有
1. 参与本单位或地方的选举		
2. 参与本单位或地方的决策、提建议		
3. 参与志愿者活动		
4. 参与其他集体活动		

7. 设计关联式问题

关联式问题是指在前后两个（或多个）相互连接的问题中，被调查者对前一个问题的回答，决定着后面问题的回答顺序。有的学者将这种起筛选作用的前一个问题称为“过滤性问题”。

关联式问题针对的是调查中的某些实际情况。比如，被调查者对有些问题答案的不同选择，其后面需要调查的问题不同；又如，某个问题只适用于样本中的一部分调查对象，为了使问卷适合每一个被调查者，在设计时就可以采用关联式问题。

1. 您通常每日读几份报纸？（　　）

A. 不读报　　B. 1 份　　C. 2 份　　D. 3 份以上

2. 您通常用多长时间读报？（　　）

A. 10 分钟以内　　B. 半小时左右　　C. 1 小时　　D. 1 小时以上

【问卷范例】

××公司关于汽车消费市场的调查问卷

尊敬的先生/女士：

您好！为了更好地了解您的参与意向，特进行本次问卷调查。请您提供宝贵意见，它将帮助我们为您和您的亲友提供更好的服务。您所提供的信息，我们将严格保密。活动举办期间，您可以凭此问卷来现场领取一份精美的礼品。我们期待能收到您填写完整的问卷，谢谢！

××公司

××××年××月××日

请将您认为的最佳答案的选项填在题后的括号内。

1. 您的性别是（　　）。

A. 男　　B. 女

2. 您的年龄段是（　　）。

A. 16~25 岁　　B. 26~35 岁　　C. 36~45 岁　　D. 46 岁以上

3. 您的职业是（　　）。

A. 学生　　B. 企业单位职员　　C. 个体经营者　　D. 公务员

E. 事业单位职员　　F. 离退休人员　　G. 自由职业者　　H. 其他

4. 您的学历是（　　）。

A. 研究生及以上　B. 本科　C. 大专　D. 高中

E. 初中及以下

5. 您的家庭月平均收入是（　　）。

A. 4 000 元及以下　B. 4 001~6 000 元　C. 6 001~8 000 元　D. 8 001~10 000 元

E. 10 000 元以上

6. 您是否已经购买过汽车？（　　）

A. 购买过　B. 尚未购买，正在考虑　C. 暂时不考虑

7. 购车时，您愿意选择的场所是（　　）。

A. 汽车专卖店　B. 汽车交易市场

8. 购车时，您对经销商的品牌是否看重？（　　）

A. 非常看重　B. 比较看重　C. 一般　D. 不太看重

9. 您是怎样确定自己的购车品牌的？（　　）

A. 自己决定　B. 家人集体决定

C. 朋友推荐　D. 经销商的促销宣传

E. 其他

10. 您在购买汽车前走访了多少家汽车经销商？（　　）

A. 1 家　B. 2 家　C. 3 家　D. 4 家

E. 5 家及以上

11. 就整个销售服务而言，您对汽车经销商最满意的地方有（　　）。

A. 服务态度　B. 产品与相关服务

C. 定价明确　D. 提车便利

E. 初始车况　F. 其他

G. 都不满意

12. 您的购车预算是（　　）。

A. 10 万元以下　B. 10 万~20 万元　C. 20 万~30 万元　D. 30 万元以上

13. 您对汽车经销商销售服务的总体满意度如何？（　　）

A. 非常满意（81~100 分）　B. 比较满意（61~80 分）

C. 一般（41~60 分）　D. 不太满意（21~40 分）

E. 很不满意（0~20 分）

14. 您认为经销商的销售服务对您的购车决策的影响程度是（　　）。

A. 影响很大　B. 影响较大　C. 一般　D. 影响不大

E. 没有影响　F. 说不清

15. 如果您现在买车，您认为在考虑范围之内的汽车品牌有哪些？________

调查时间________年____月____日____时　　问卷编号________

调查员________　　核查员________

二、消费者市场调研

消费者

（一）消费者主体调研

消费者主体是购买消费品的个体、家庭或团体。

1. 消费者个体调研

由于不同类别的消费者具有不同的需要和动机、购买行为与消费习惯，通常，对消费者个体按调研项目的需要进行分类研究。最常见的消费者个体调研包括调查消费者的性别、收入水平、受教育程度、年龄等；还可以按照心理特征、价值观等对消费者个体进行调研。

2. 消费者群体调研

家庭是基本的消费单位，在消费者群体中占有十分重要的地位。家庭调研包括对家庭总量的调研和对家庭结构的调研。家庭总量调研是指在一定范围、一定时间节点的家庭户数。家庭结构是指一定家庭总量中，不同家庭的构成及其相互关系；家庭结构包括家庭的构成结构、家庭的生命周期、家庭的规模结构等。按照家庭的构成特征，家庭调研可以分为核心家庭（即夫妇双方加小孩）、单亲家庭、双老家庭和其他家庭等类型。

（二）消费者行为调研

1. 消费者行为因素

消费者行为研究就是研究不同消费者的各种消费心理和消费行为，以及影响消费心理和消费行为的各种因素，揭示消费行为的变化规律。

影响消费者行为的因素主要有文化因素、社会因素、个人因素和心理因素，如图 4-2 所示。

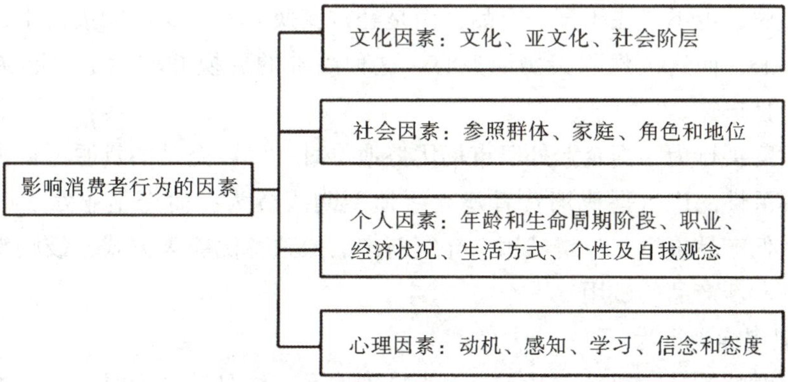

图 4-2　影响消费者行为的因素

影响消费者行为的个人与心理因素有：要求与动机、知觉、学习与记忆、态度、个性、自我概念与生活方式。这些因素不仅影响甚至在某种程度上决定消费者的决策行为，而且对外部环境与营销刺激的影响起放大或抑制作用。

2. 消费者购买行为类型

消费者在购买商品时，因商品价格、购买频率的不同，购买决策的慎重程度也不同。消费者的购买行为分为四种类型，如图 4-3 所示。

	低度介入	高度介入
品牌差异大	广泛选择型购买行为	复杂型购买行为
品牌差异小	习惯型购买行为	不协调感型购买行为

图 4-3　消费者购买行为类型

（1）复杂型购买行为

当消费者初次选购价格昂贵、品牌差异大、功能复杂的商品时，由于对这些产品的性能缺乏了解，需要广泛收集信息，慎重选择、仔细对比，以求降低风险。

针对这种类型的购买行为，企业应设法帮助消费者了解与该产品有关的知识，并让他们知道和确信本产品比较重要的性能特征及优势，树立他们对本产品的信任感。这期间，企业要特别注意针对购买决定者进行本产品特性的宣传。

（2）不协调型购买行为

消费者购买某一产品后，或因产品自身的某些方面不称心，或得到了其他产品更好的信息，从而产生不该购买这一产品的后悔心理。为了追求心理平衡，消费者广泛地收集各种对已购产品的有利信息，以证明自己购买决定的正确性。

针对这种类型的购买行为，企业应通过调整价格和售货网点，向消费者提供有利的信息，帮助消费者消除不平衡心理，坚定消费者对所购产品的信心。

（3）广泛选择型购买行为

一个消费者购买的商品品牌间差异虽大，但可供选择的品牌很多，他们并不花费太多的时间选择品牌，也不专注于某一产品，而是经常变换品种。比如购买饼干，他们上次买的是巧克力夹心，而这次想购买奶油夹心。这种品种的更换并非对上次购买的饼干不满意，而是想换换口味。

面对这种购买行为，当企业处于市场优势地位时，应以充足的货源占据货架的有利位置，并通过提醒性的广告促成消费者建立习惯型购买行为；而当企业处于市场劣势地位时，则应以降低产品价格、免费试用、介绍新产品的独特优势等方式，鼓励消费者进行多种品种的选择和新产品的试用。

（4）习惯型购买行为

消费者有时购买某一商品，并不是因为特别偏爱某一品牌，而是出于习惯。比如，醋是一种价格低廉、品牌间差异不大的商品。消费者购买醋时，大多不太关心品牌，而是靠习惯来选定某一品牌。

针对这种购买行为，企业要特别注意给消费者留下深刻印象，广告要强调本产品的主要特点，要以鲜明的视觉标志、巧妙的形象构思赢得消费者对本企业产品的青睐。为此，广告要加强重复性、反复性，以加深消费者对产品的熟悉程度。

消费者购买行为调研主要是掌握消费者购买品牌产品的行为特征信息，应该采用的方法是观察法。因为购买行为可以被观察到，调研的对象是“真实行为”。观察消费者的购买行为，掌握消费者所关注的核心、消费行为过程等，为确定营销策略提供依据。

（三）消费者决策调研

消费者决策就是“5W1H”，也就是为什么购买（why）、购买什么（what）、何时购买（when）、何地购买（where）、由谁购买（who）和如何购买（how），见表4-3。

表4-3　消费者决策调研

问题	研究对象	调研内容	营销措施
为什么购买	购买目的	购买欲望与动机分析	刺激消费者的购买欲望
购买什么	购买对象	消费者喜欢物美价廉、式样新颖、富有个性的商品	在花色、品种、质量、性能、包装、价格等方面满足消费者的需求
何时购买	购买时间	日常用品在工作之余或休息日购买，季节性商品在季节前购买，大部分商品的购买高峰为节假日期间	做好季节性促销和重大节日期间的促销
何地购买	购买地点	便利品就近购买，选购品和特殊品在大商场或偏爱的商店购买	合理设置销售网点，方便消费者购买
由谁购买	购买者	家庭购买决策，不同角色，心理状态	针对不同的对象展开促销
如何购买	购买方式	线下购买还是线上购买	O2O（Online to Offline），同时提供线上和线下购买渠道

1. 消费者决策

消费者决策是指消费者谨慎地评价产品、品牌或服务的属性，并进行理性选择，想用最少的付出获得能满足某一特定需要的产品或服务的过程。

人们在作出购买决策时通常会涉及许多角色，见表4-4。

表4-4　购买决策涉及的角色

角色	含义	以家庭购买空调为例
发起者	首先想到或提议购买某种产品或服务的人	儿子（中学生）
影响者	其看法或意见对最终决策具有直接或间接影响的人	爷爷、奶奶
决定者	对购买时间、地点、数量等问题作出全部或部分最后决定的人	父亲决定空调的品牌，母亲决定空调的造型和款式
购买者	实际采购的人	父亲
使用者	直接消费或使用所购产品或服务的人	儿子

了解每一个人在购买决策中扮演的角色，并针对其角色地位与特性，采取有针对性的营销策略，就能较好地实现营销目标。

2. 消费者购买决策过程

典型的购买决策过程，如图 4-4 所示。

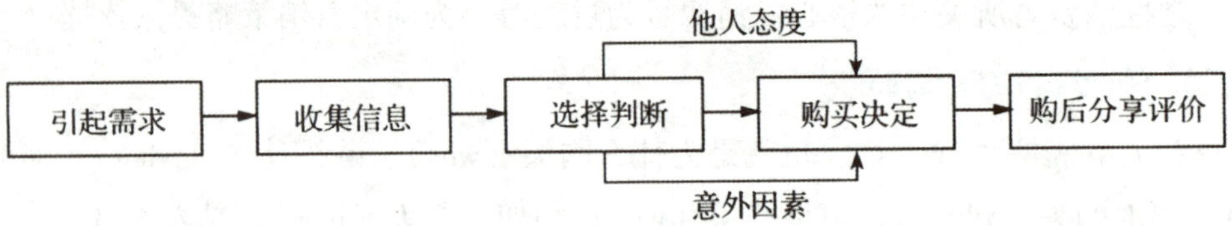

图 4-4　消费者购买决策过程

（1）引起需求

引起需求是消费者购买决策过程的起点。消费者这种需求的产生，既可能是人体内机能的感受所引发的，如因口渴而引发购买饮料；又可能是由外部条件刺激所诱发的，如看见新款手机，打算自己也买一部。当然，有时消费者的某种需求可能是内、外原因同时作用的结果。市场营销人员应注意识别引起消费者某种需要和兴趣的环境，并充分注意到两方面的问题：一是注意了解那些与本企业的产品实际上或潜在的有关联的驱使力；二是消费者对某种产品的需求强度会随着时间的推移而改变，并且被一些诱因所触发。在此基础上，企业还要善于安排诱因，促使消费者对企业产品产生强烈的需求，并立即购买。

（2）收集信息

当消费者产生了购买动机之后，便会开始进行与购买动机相关联的活动，收集与此产品相关和密切联系的信息，以便作出购买决策。消费者信息的来源主要有个人渠道（家庭成员、亲友、同事、网友等）、商业渠道（广告、推销人员的介绍等）、媒体渠道（电视、网络等），以及自己以往在接触、使用商品过程中得到的信息。数字时代客户的信息搜索行为变得越来越重要，也越来越频繁。移动互联网的出现打破了时间和地域的界限，使客户有能力在任何时间、任何地点主动地查询各类信息，包括官网中的介绍、论坛和贴吧中的讨论及电商平台中客户的评价等。此时，客户从信息被动接受者变为信息主动搜索者，会基于所获信息进行下一步的考虑和选择。这有效地减少了信息不对称带来决策失误的可能性。

（3）选择判断

当消费者从不同的渠道获取有关信息后，便对可供选择的产品进行分析和比较，并对各种品牌的产品作出评价，最后作出选择判断。

（4）购买决定

经过对各种品牌的评价，消费者作出最后的购买决定，一般包括购买时间、地点、购买方式等几个方面的内容。购买决定一经作出，多数情况会付诸实施，但也可能会改变主意，以致修改、推迟或取消购买决定。因此，只让消费者对某一品牌产生好感和购买意向是不够的，真正将购买意向转为购买行动才重要。

（5）购后分享评价

购买产品之后，就进入了购后分享评价阶段。消费者对所购产品及售后服务的满意程度，直接影响消费者今后的购买行为。

在消费者购买产品之后，企业还需要做好产品的售后服务，并及时了解消费者对产品的使用意见，不断提高消费者的满意度，使他们成为企业的忠实用户。

（四）消费者（顾客）满意度调研

消费者（顾客）满意度调研是用来测量一家企业或一个行业在满足或超过顾客购买产品的期望方面所达到的程度。消费者（顾客）满意度调研要求完整地列出能够影响消费者满意度的所有因素，而不是企业认为对自己形象具有重大影响的某些因素。

消费者（顾客）满意度调研的目标主要有：①发现导致顾客满意的关键绩效因素；②评估企业的绩效及主要竞争者的绩效；③视问题的严重程度，提出改善建议，并通过不断地跟进调研以实现持续提高消费者的满意度。

常用的消费者（顾客）满意度调研方法有：入户访谈法、拦截调查法、电话测评法、小组座谈会、神秘顾客法等。常用设计量表有利克特量表、语义差别量表、数字量表、序列量表、斯马图量表等。

三、生产者市场调研

除了常见的消费者市场外，还有组织市场。组织市场由生产者市场、中间商市场、政府市场组成，见表4-5。生产者市场在组织市场中占有重要的地位，现介绍生产者市场的相关内容。

表4-5　组织市场的类型

类型	含义	应用范围
生产者市场（产业市场）	为满足工业、农业、服务业买主需求而提供产品和服务的市场	主要交易基本生产设备、原材料、零配件、半成品、消耗品等
中间商市场（转卖者市场）	由以盈利为目的、从事转卖或租赁业务的所有个体和组织构成的市场	由批发商和零售商组成，通过批发和零售将产品大量卖给最终消费者
政府市场	政府和非营利性机构为了提供公共服务而购买公用消费品的市场	政府采购建设工程物资、货物、专业服务、培训等

（一）生产者市场的特点

1. 购买者数量较少但购买规模较大

在消费者市场上，购买者是个人和家庭，购买者数量很大，但购买规模较小。生产者市场上的购买者，绝大多数都是企事业单位，购买目的是满足一定规模生产经营活动的需要，因而购买者的数量虽少，但购买规模很大。

2. 购买者的地理位置相对集中

由于国家的产业政策、自然资源、地理环境、交通运输、社会分工与协作、销售市场的位置等因素对生产力空间布局的影响，容易导致在生产分布上的集中。

3. 生产者市场的需求是派生需求

派生需求又称引申需求，即生产者市场的需求是由消费者市场需求派生和引申出来的。例如，消费者对计算机的需求，派生出计算机厂对计算机生产资料的需求。派生需求要求企业不仅要了解直接服务对象的需求情况，而且要了解消费者市场的需求动向。同时，企业还可通过刺激最终消费者对最终产品的需求来促进自己产品的销售。

4. 生产者市场的需求波动性较大

受经济规律的影响，消费品市场需求的少量增加或减少，会导致生产者市场需求较大幅度的增加或减少；生产者市场的需求更容易受各种环境因素（尤其是宏观环境因素）的影响，从而产生较大的波动。

5. 生产者市场的需求一般都缺乏弹性

生产资料购买者对价格不敏感，生产者市场的需求在短期内缺乏弹性。首先是因为生产者不能在短期内明显改变其生产工艺。例如，建筑业不能因水泥涨价而减少用量，也不能因钢材涨价而用塑料代替钢材。其次是因为生产者市场需求的派生性，只要最终消费品的需求量不变（或基本不变），派生的生产资料价格变动不会对其销量产生较大的影响。最后是因为一种产品通常是由若干零件组成的，如果某种零件的价值很低，这种零件的成本在整个产品的成本中所占比重很小，即使价格变动，对产品的价格也不会有太大的影响，因此这种零件的需求缺乏弹性。

（二）影响购买决策过程的因素

生产者市场购买的类型可分为直接重购、修正重购和新购三种。影响生产者购买行为的主要因素有环境因素、组织因素、人际因素和个人因素等。

1. 环境因素

如果经济前景不佳、市场需求不振，企业就不会增加投资，甚至会减少投资及原材料的采购量和库存量。

2. 组织因素

企业本身的因素，如企业的目标、政策、组织结构、系统等。

3. 人际因素

人际因素包括使用者、影响者、购买者、决定者和信息控制者，这五种成员都参与购买决策过程。这些参与者在企业中的地位、职权、说服力及相互之间的关系都会影响产业购买者的购买决策和购买行为。

4. 个人因素

个人因素包括各个参与者的年龄、受教育程度、个性等。这些个人因素会影响对要采购的产业用品和供应商的感觉、看法，从而影响购买决策和购买行为。

（三）生产者市场调研的主要内容

生产者市场调研以生产企业为主要对象，通常将生产者市场同消费者市场联系起来进行考察，重点调研生产者市场的生产消费需要、生产者市场的供应和产品的生命周期等。

生产者市场调研的内容主要包括：①产品经营状况的调研；②市场潜力的调研；③产品性能、式样、造型、色彩、重量等技术质量的调研；④新产品需求的调研。

生产资料供应调研的内容主要包括：①生产资料可供量同生产能力的调研；②主要原材料和辅助原材料的调研；③制成品和零配件的调研。

四、竞争者调查与分析

（一）竞争者调查的内容

市场竞争者是指与企业存在经济利益争夺关系的其他经济主体。竞争者的情况对于企业营销活动至关重要，一般调查下列内容。

1. 宏观竞争状况

现阶段的竞争格局，是自由竞争还是垄断，是多头垄断还是群雄逐鹿；本企业在行业中的地位，选定竞争目标和竞争策略，是目标集中策略、差异化策略，还是低成本领先策略。

2. 主要竞争对手

调查竞争对手的产品、技术、价格、盈利等状况。在调查中，可以设置一些能够量化的指标，确定指标权重，然后根据各指标比较结果确定该企业相对于竞争对手的优势和劣势，从而选择正确的市场营销策略。

3. 潜在竞争对手和替代品

通过对潜在竞争对手的数量、规模、发展变动方向等方面的调查，对替代品的现状和发展趋势的调查，明确本企业当前所面临的威胁和挑战，从而认真分析本企业的营销战略、产品开发、行业介入等各方面，作出正确的决策。

（二）竞争对手分析模型

波特的竞争对手分析模型主要考虑了五个方面，如图 4-5 所示。

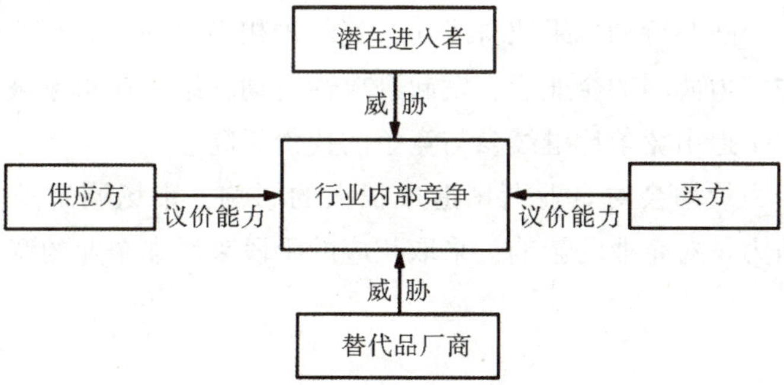

图 4-5　波特的竞争对手分析模型

1. 供应方的议价能力

供应方主要通过供应的材料价格与质量，来影响行业中现有企业的盈利能力与产品竞争力。当供应方所提供的材料价格占企业产品总成本的比例较大、对企业产品生产过程非常重要，或者严重影响企业产品的质量时，供应方对于企业的潜在讨价还价能力就会极大增强。

2. 买方的议价能力

买方主要通过压价与要求提供较高的产品或服务质量，以此来影响行业中现有企业的盈利能力。买方购买量巨大、卖方行业由大量规模较小的企业所组成时，会增强买方的议价能力。

3. 潜在进入者的威胁

潜在进入者在给行业带来新的生产能力、新产品的同时，也希望在现有市场中赢得一席之地。这就有可能与现有企业发生原材料与市场份额的竞争，最终导致行业中现有企业的盈利水平降低，严重时还有可能危及这些企业的生存。潜在进入者威胁的严重程度取决于两个方面：一是进入该领域的障碍大小，二是预期现有企业对于进入者的反应情况。

4. 替代品厂商的威胁

替代品的竞争会以各种形式影响现有的竞争格局。首先，现有企业产品售价及获利潜力的提高，将因替代品的存在而受到限制；其次，由于替代品厂商的入侵，使得现有企业必须提高产品质量或降低售价，否则其销量与利润增长的目标就有可能难以实现；最后，源自替代品厂商的威胁强度，受产品买主转换成本高低的影响。替代品价格越低、质量越好、用户转换成本越低，其所能产生的威胁就越强。替代品厂商的威胁强度，可以通过替代品销售增长率、替代品厂商生产能力与利润增长率等指标来表示。

5. 同行业竞争者的竞争

同行业中的企业冲突与对抗构成了现有企业之间的竞争。竞争常常表现在价格、广告、产品、售后服务等方面。

一般来说，出现下述情况时意味着行业中现有企业之间竞争的加剧：①行业进入障碍较低，势均力敌的竞争对手较多，竞争参与者范围广泛；②市场趋于成熟，产品需求增长缓慢；③竞争者企图采用降价等手段促销；④竞争者提供几乎相同的产品或服务，用户转换成本很低；⑤一个战略行动如果取得成功，其收入相当可观；⑥行业外部实力强大的企业在接收了行业中实力薄弱的企业后，发起进攻性行动，结果使得刚被接收的企业成为市场的主要竞争者；⑦退出竞争比继续参与竞争的代价更高。

以上五种竞争力量均会对企业营销造成很大的影响，市场调研需要认真调研具体情况，分析每种竞争力量对企业的影响，采取相应的手段来增强企业的竞争实力。

知识拓展

市场调查计划书

市场调查所涉及的内容极其广泛，凡是直接或间接地影响市场营销的情报资料（如商品情况、消费者情况、销售情况、市场竞争情况、满意度等），都在收集和研究范围之内。市场调查类文案是围绕市场调查过程所写作的各种文书，主要包括市场调查计划书、市场调查报告等。现介绍市场调查计划书。

市场调查涉及内容广泛，需要投入一定数量的人、财、物、时间，调查前必须做好充分的准备工作，预先做好调查活动的总体设计和规划。常用的市场调查计划书一般包括调查目的与内容、调查范围及对象、调查方法、调查日程及调查预算等，具体由以下部分构成。

1. 标题

标题一般采用“调查对象+调查内容+调查计划书”的方式组成，如“××电子产品消费情况调查计划书”。

2. 目录

若计划书篇幅较长，应在正文前用目录的形式列出报告的主要章节并注明页码。

3. 目的

说明提出该调查计划的背景，要调查的问题及调查结果可能带来的社会效益或经济效益。

4. 内容

说明调查的主要内容，明确所需获取的信息，列出主要的调查问题。

5. 对象

本次调查的范围及所要调查的总体。

6. 方法

说明本次采用哪种或哪几种调查方法。常用的调查方法有询问法、观察法、实验法等。

7. 日程安排

调查活动中各阶段的进程，整个调查工作完成的期限。

8. 人员安排与组织

调查的组织领导、调查机构的设置、人员的选择和培训、调查的质量控制等。

9. 经费预算

经费预算既要全面细致，又要实事求是。符合实际的预算将有利于调查方案的审批和调查工作的顺利进行。

任务二　选择企业目标市场

一、选择目标市场的影响因素

作为目标市场的细分市场对企业必须具有很大的吸引力。有一定规模和发展前景的细分市场，对企业来讲不一定就具有足够大的吸引力。吸引力的大小除该市场具有一定的需求规模外，还有以下四种因素，见表4-6。

表 4-6　四种选择目标市场的影响因素

因素	内容
细分市场的竞争状况	同行业竞争对手数目的多少和潜在的竞争对手数目的多少。同一细分市场中，竞争对手愈多势必导致竞争愈加激烈，意味着企业进入并占领市场的成本愈高
细分市场中替代产品是否存在	一旦细分市场中发现替代品，该细分市场将逐渐失去吸引力
购买者的购买和选择能力是否提高	购买者对产品价格、质量的分析和选择能力很高，讨价还价的情况可能不断出现，甚至会买其他产品，从而使细分市场为企业所能提供的收益减少，失去对企业的吸引力
企业的资源状况和营销活动的基本目标	细分市场已具有足够的吸引力，但将它作为目标市场来经营与企业的长远营销目标相矛盾，或者并不具备在该细分市场中获胜所应具备的资源条件，那么企业也应放弃这一细分市场

二、评估不同细分市场吸引力的原则

评估不同细分市场吸引力的原则，见表 4-7。

表 4-7　评估不同细分市场吸引力的原则

评估原则	原则说明
足够大	细分市场必须足够大以保证其有利可图
可识别	细分市场必须是可以运用人口统计因素进行识别的
可达到	细分市场必须是媒体可以接触到的
差异性	不同的细分市场应该对营销组合有不同的反应
稳定性	就其大小而言，各细分市场应该是相对稳定的
增长性	好的细分市场应该具有增长的潜力
空白点	细分市场如果被竞争者牢固占领，否则吸引力会大大降低

三、策划目标市场策略

在完成市场细分，又明确了确立目标市场应考虑的因素以后，应考虑如何策划选定目标市场的问题。选择目标市场的方法，也叫作策划目标市场策略，对企业而言通常有三种形式。

（一）无差异市场营销策略

无差异市场营销策略是企业把整个市场作为自己的目标市场，只考虑市场需求的共性，而不考虑其差异性，运用一种产品、一种价格、一种推销方法，吸引尽可能多的消费者。采用产品专业化的目标市场覆盖方式时，可以采用无差异市场营销策略。例如，美国的可口可乐公司，由于拥有世界性的专利，在相当长的一段时间内仅生产一种口味、一种规格和形状的瓶装可口可乐，来满足世界各地消费者对饮料的共同需求。

无差异市场营销策略的优点是产品单一，容易保证质量，能大批量生产，降低生产和销售成本。但如果同类企业也采用这种策略，必然要形成激烈竞争。

（二）差异性市场营销策略

差异性市场营销策略是把整个市场细分为若干子市场，针对不同的子市场，设计不同的产品，制定不同的营销策略，满足不同的消费需求。例如，可口可乐公司针对各地区消费者的不同口味、消费习惯等特征，设计不同的饮料、包装容器、广告形式和广告用语。

差异性市场营销策略的优点是能满足不同消费者的不同需求，有利于扩大销售、占领市场、提高企业声誉。其缺点是由于产品差异化、促销方式差异化，增加了管理难度，提高了生产和销售费用。采用市场专业化、有选择的专业化、完全市场覆盖的目标市场覆盖方式时，可以采用这种营销策略。

（三）集中性市场营销策略

集中性市场营销策略是在细分后的市场上，选择一个或少数几个细分市场作为目标市场，实行专业化生产和销售。采用这种策略的企业对目标市场有较深的了解，是大部分中小型企业常采用的策略。采用集中化目标市场覆盖方式的企业，常采用这种营销策略。例如，格兰仕只做微波炉，做到了世界第一。

采用集中性市场营销策略，能集中优势力量，有利于产品适销对路，降低成本，提高企业和产品的知名度。但这种策略有较大的经营风险，它的目标市场范围小，品种单一，如果目标市场的消费者需求和爱好发生变化，企业可能因应变不及时而陷入困境。

四、进行企业目标市场细分

（一）市场细分

1. 市场细分的概念

市场细分的概念是由美国市场学家温德尔·史密斯（Wendell R·Smith）于20世纪50年代中期提出来的。市场细分是指营销者通过市场调研，根据消费者需求的差异性，把某一产品的整体市场划分为若干个在需求上具有某种相似特征的顾客群，以便选择和确定目标市场的工作过程。细分市场不是根据产品品种、产品系列来进行的，而是从消费者的角度进行划分的。每一个细分市场都是由具有相同需求倾向的消费者构成的群体，一个消费者群体便是一个细分市场。市场细分的结果就是区分出具有不同欲望和需求的消费者群体。

2. 市场细分的作用

市场细分对企业的生产、营销起着极其重要的作用。市场细分有利于企业寻找市场机会，开拓新市场。消费者的需求是多样化的，总会存在尚未满足的需求，这种尚未满足的需求就是市场机会。只要企业对每个细分市场都进行分析，掌握不同市场消费者的需求，从中发现各细分市场消费者的满足程度，就可以找到对企业有利的市场机会。

市场细分有利于掌握市场特点，制订市场组合策略。通过市场细分，企业可以正确选择目标市场，采取相应的营销组合，制订正确的产品策略、价格策略、分销策略和促销策略，实现企业的营销目标。通过市场细分，企业可以选择最适合自己经营的细分市场，集中营销资源，发挥营销优势和特色，取得局部市场上的相对优势，从而在竞争激烈的市场中得以生存和发展。

3. 消费者市场细分的标准

市场细分的依据是顾客需求的差异性，所以凡是使顾客需求产生差异的因素都可以做为市场细分的标准。消费品市场的细分标准可以概括为地理标准、人口标准、心理标准和行为标准四大类，每一大类又包括一系列的细分变量。

（1）地理标准

地理标准是将消费者所在的地理环境因素做为市场细分的标准。地理环境因素比其他因素更稳定，是市场细分的主要标准之一。一般来说，处在不同地理环境下的消费者，对于同一类产品往往会有不同的需要与偏好，对企业产品、价格、分销、促销等营销手段也会产生不同的反应。地理标准一般包括地理位置（如东北、华北、西北、西南、华东和华南；欧盟、北美、东南亚等）、城镇规模（如特大城市、大城市、中等城市、小城市和乡镇等）、地形（如平原、丘陵、山区、沙漠等）和气候（如热带、亚热带、温带、寒带等）等细分变量。

（2）人口标准

人口标准是指把人口统计变量（如年龄、性别、职业、民族、教育程度）、家庭统计变量（如家庭收入、家庭生命周期）等因素作为市场细分的标准。

由于人口统计因素比其他因素更容易测量，且人口是构成市场最主要的因素，因而人口统计因素一直是细分消费者市场的重要依据。

（3）心理标准

心理标准是把消费者的心理特征作为市场细分的标准。按照地理和人口等标准划分处于同一群体中的消费者对同类产品的需求，仍会显示出差异性，这可能是消费者的心理因素在发挥作用。

心理因素包括个性、购买动机、价值观念、生活格调、追求的利益等变量。比如，追求不同生活格调的消费者对商品的爱好和需求有很大差异。越来越多的企业，尤其是服装、化妆品、家具、餐饮等行业的企业越来越重视按照人们的生活格调来细分市场。

性格特点、价值观、购买动机、购买态度等心理因素会对消费者的需求产生很大的影响，往往会表现出不同的消费心理特征。因此，可以把消费者按生活格调、性格特点、购买动机、购买态度等因素细分成不同的群体。心理标准的主要细分变量，见表 4-8。

表 4-8　心理标准的主要细分变量

性格变量	个性	外向与内向、乐观与悲观、自信、顺从、保守、激进、热情等
	购买动机	求实、求廉、求新、求美、求名、求安等
	购买态度	分析型、主导型、融合型、冲动型等
生活方式变量	社会阶层	社会富裕阶层、社会中产阶层、社会底层等
	生活方式	传统型、新潮型、节俭型、奢侈型等

（4）行为标准

行为标准是把消费者的购买行为因素作为市场细分的标准。消费者的购买行为受到购买时机、购买数量、购买频率、追求利益、品牌忠诚度等诸多因素的影响，见表 4-9。

表 4-9　行为标准的主要细分变量

消费过程变量	购买时机	元旦、春节、中秋、国庆等
	购买阶段	确认需要、收集信息、评价选择、决定购买、购后行为等
	购买数量	大量用户、中量用户和少量用户等
	购买频率	经常购买、一般购买、不常购买（潜在购买者）等
	使用状况	从未用过、以前用过、初次使用、经常使用等
	追求利益	质量、服务、经济等
消费者态度变量	品牌忠诚度	坚定品牌忠诚者、多品牌忠诚者、无品牌忠诚者等
	对产品态度	热情、积极、关心、漠然、否定、敌视等

4. 市场细分的要求

（1）可区分性

细分市场必须是可以清晰区分的，具体表现为可以用人口统计学、情感价值数据、行为方式数据进行描述。比如，女性化妆品市场可根据年龄层次和肌肤类型等变量加以区分。如果细分过于模糊，企业对于细分市场的特征、客户的特性和数量都一无所知的话，这样的细分就失去了意义，因为企业根本不知道如何制订有效的推广策略在目标市场上进行营销。

（2）可衡量性

可衡量性是指细分市场的标准及细分后的市场应该可以识别和衡量。细分以后的市场规模、市场购买力应该能够进行准确的量化评估。

（3）可进入性

可进入性是指企业有能力进入所选定的市场，能有效地进行促销和分销。企业需要具备以下两个条件：第一，企业能够通过一定的广告媒体把产品的信息传递给该市场众多的消费者；第二，产品能通过一定的销售渠道进入该市场。

（4）可盈利性

可盈利性是指细分出来的市场要有足够的市场容量，使企业能够获取目标利润。市场容量不仅要考虑现实的购买力，还要考虑潜在的购买力。

（5）相对稳定性

相对稳定性是指在一段相对稳定的时期内，企业能够实施市场营销方案，进入细分后的市场，从而获取利润。如果市场变化太快，企业还没有来得及实施其营销方案，目标市场就已改变，这样的市场细分就没有意义。

5. 市场细分的步骤

美国市场学家麦卡锡提出细分市场的一整套程序，包括七个步骤，称为“细分程序七步法”，如图 4-6 所示。

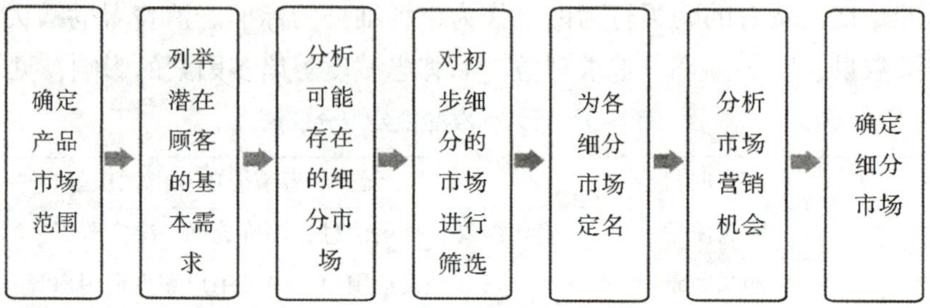

图 4-6　市场细分的步骤

（1）确定产品市场范围

确定产品市场范围是市场细分的基础。产品市场范围应由顾客的需求来确定，而不是由产品本身特性来确定。例如，某房产开发公司计划在当地乡村建造一批简朴的住宅，若只考虑产品特征，应该认为这些住宅的销售对象是低收入顾客。但从市场需求角度出发，高收入者也可能是这些住宅的潜在顾客。因为有些高收入者向往乡间的清静和清新的空气，从而可能成为这种住宅的顾客。

（2）列举潜在顾客的基本需求

确定了产品市场范围后，可以从地理、人口、心理等方面列举出影响产品市场需求和消费者购买行为的各种因素，为市场细分提供依据。房地开发公司通过市场调查，了解潜在消费者对乡间住宅的基本需求。这些需求包括安全、方便、宁静，设计合理，室内陈设完备，工程质量好等。

（3）分析可能存在的细分市场

企业通过各类消费者的典型特征，分析他们的不同需求，找出消费者需求类型的地理分布、人口特征、购买行为等方面的情况，进行初步的市场细分。对于列举出来的基本需求，不同顾客的侧重点可能会存在差异。例如，购买乡间住宅的顾客有的特别重视生活的方便，有的则对环境的安静、内部装修等有很高的要求。通过这种差异比较，不同的顾客群体即可初步被识别出来。

（4）对初步细分的市场进行筛选

企业应筛掉特点不突出的一般性消费需求因素，合并一些特点类似的消费需求因素，重点分析目标消费群的特点，对初步细分的市场进行筛选。对不能作为细分市场的，应该剔除。

（5）为各细分市场定名

企业应根据各个细分市场消费者的主要特征，用形象化的方法为各个可能存在的细分市场确定名称。房产开发公司把乡间住宅的购买者分为投资者、新婚者、度假者等多个子市场。

（6）分析市场营销机会

分析总的市场和每个子市场的竞争状况，估计总市场和每一个子市场的营业收入和费用，以估计潜在利润，作为最后选定目标市场和制订营销策略的依据。在市场调查的基础上，估计每一细分市场的顾客数量、购买频率、平均每次的购买数量等，并对细分市场上产品竞争状况及发展趋势做出预测。

（7）确定细分市场，设计市场营销组合策略

通过分析，企业可能发现若干个有利可图的细分市场。此时根据企业的营销目标和资源优势，确定一个或几个可进入的目标市场，并有针对性地分别制订市场营销组合策略，以保证企业有效地进入已选择的目标市场。

（二）目标市场策略

1. 目标市场的概念

目标市场是指通过市场细分，被企业选定的准备以相应的产品或服务去满足其现实的或潜在的消费需求的购买者群体。目标市场是市场营销活动中的一个重要概念。企业选择目标市场的主要原因有三个：一是企业的一切经营活动都是根据消费者的需求开展的，只有满足消费者的需求，企业才能生存和发展。但是消费者的需求是多样化的，一个企业不可能满足所有消费者的所有需求，而只能满足市场中一部分消费者的需求；二是并非所有的细分市场都适合本企业。企业必须根据自身的人、财、物等条件选择企业具有相对优势的目标市场；三是各子市场之间会有矛盾，各个子市场的目标并非都一致，企业必须从经济效益上对细分市场进行评估和取舍。

2. 目标市场的评估

在评估各种不同的细分市场时，企业必须考虑以下三个因素。

（1）细分市场的规模与发展潜力

适当的规模是相对于企业的规模和实力而言的，较小的市场对大企业来说不值得涉足；而规模大的市场相对于小企业来说，又缺乏足够的资源进入，并且小企业在大市场中也无力与大企业竞争。市场潜力是指消费者对产品的最大需求量，市场潜力决定着企业能否在这个细分市场上持续、稳定地发展。

（2）细分市场的吸引力

这项评估主要是分析细分市场竞争是否激烈，长期获利的大小对企业是否具有吸引力。一个细分市场可能具有理想的规模与潜力，但从盈利性的观点看，不一定就具有吸引力。迈克尔·波特认为，一个市场是否具有长期的内在吸引力主要取决于五种力量，即同行业竞争者、潜在的新加入竞争者、替代产品、顾客和供应商。

（3）企业的目标和资源与细分市场特征的契合度

企业必须考虑对细分市场的投资与企业的目标和资源是否相一致。某些细分市场虽然有较大的吸引力，但不符合企业的长远目标，因此企业不得不放弃这类细分市场。即使这类细分市场特征符合企业的目标，也必须考虑本企业是否拥有在该细分市场获胜的资源。

3. 目标市场模式的选择

通过对不同细分市场进行评估，企业会发现一个或几个值得进入的细分市场。企业在确定其目标市场覆盖时，有五种模式可供选择，如图4-7所示。

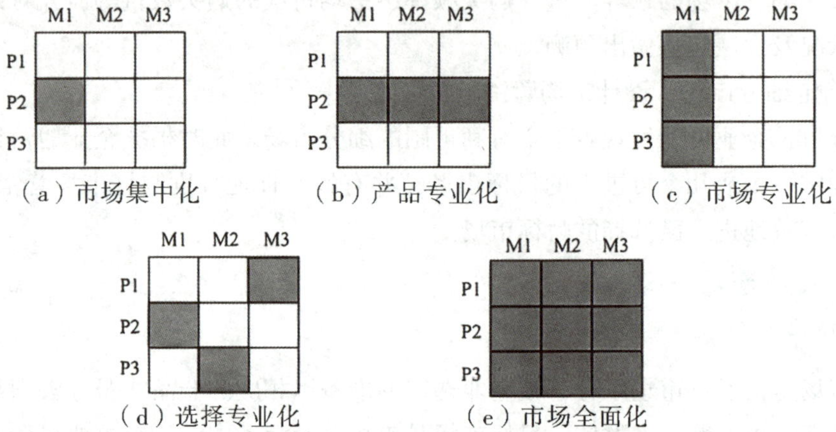

图4-7 目标市场模式的选择（P=产品，M=市场）

（1）市场集中化

企业只选取一个细分市场，只生产一类产品，供应某一类市场，进行集中营销。例如，某服装厂商只生产儿童服装。选择市场集中化模式一般基于以下考虑：企业具备在该细分市场获胜的优势条件；限于资金能力，只能在一个细分市场经营；该细分市场中没有竞争对手；准备以此为出发点，取得成功后向更多的细分市场扩展。

（2）产品专业化

企业集中生产一种产品，并向不同顾客销售这种产品。例如，饮水机厂只生产一个品种，同时向家庭、机关、学校、银行、餐厅、宾馆等各类用户销售。产品专业化模式的优点在于企业专注于某一种或一类产品的生产，有利于充分发挥其优势，在该领域树立形象。其局限性是当该领域被一种全新的技术或产品所代替时，产品销售量有大幅度下降的风险。

（3）市场专业化

企业专门经营满足某一顾客群体需要的各种产品。例如，某工程机械公司专门向建筑业用户供应推土机、打桩机、起重机、水泥搅拌机等建筑工程中所需要的机械设备。市场专业化经营的产品类型众多，能有效地分散经营风险。但由于集中于某一类顾客，当这类顾客的需求下降时，企业也会遇到收益下降的风险。

（4）选择专业化

企业选取若干个具有良好的盈利潜力，且符合企业的目标和资源的细分市场作为目标市场，提供各种性能的产品，尽可能地去满足不同消费群体的需求。例如，辽阔的地域使得我国不同地区居民的饮食口味大相径庭。方便面企业根据不同地域居民的口味推出了一系列产品，以满足不同地域消费者的需求，从而赢得了广大消费者的喜爱，同时也获得了可观的利润和相当高的市场占有率。选择专业化模式的优点是可以有效地分散经营风险，即使某个细分市场盈利情况不佳，企业仍可在其他细分市场获得盈利。采用该模式的企业应具有较雄厚的资源和较强的营销实力。

（5）市场全面化

企业生产多种产品去满足各种顾客群体的需要。一般来说，实力雄厚的大型企业只有选用这种模式，才能收到良好效果。例如，丰田汽车公司在全球汽车市场采取市场全面化的战略。

（三）市场定位

1. 市场定位的概念

市场定位是根据竞争者现有的产品在细分市场上所处的地位和顾客对产品某些属性的重视程度，塑造出本企业产品与众不同的鲜明个性或形象并传递给目标顾客，使该产品在细分市场上占据强有力的竞争位置。定位起始于产品，一件商品、一项服务、一家公司、一个机构或者是一个人等。然而，定位并非对于产品本身，而是主要针对顾客的心理采取行动，通过企业设计并塑造产品特色或个性，使本企业与其他企业严格区分开来，使顾客明显感觉和认识到这种差别，从而在顾客心目中占据特殊的位置，即将产品在潜在顾客的心目中确定一个合适的位置。为了吸引消费者购买自己的产品或服务，企业往往会强调其产品或服务与竞争对手的不同之处。产品的特色或个性可以通过产品实体本身来表现，如功能、形状、成分、款式等；也可以从消费者对产品的心理感受来表现，如产品可能使顾客感到豪华、朴素、时髦、典雅等；还可以通过价格、质量、服务、促销方式等形式来表现。

2. 市场定位的方法

目标市场定位简称“市场定位”是指企业对目标消费者或目标消费者市场的选择，产品定位是指企业对应什么样的产品来满足目标消费者或目标消费市场的需求。从理论上讲，应该先进行市场定位，然后进行产品定位。产品定位是对目标市场的选择与企业产品结合的过程，也是将市场定位企业化、产品化的工作。产品定位一般可分为基本定位、特色定位和竞争定位三种。

（1）基本定位

基本定位是企业把产品定位为高档产品、中档产品或低档产品。这是任何一种产品都必须有的定位，主要通过产品在市场中的价格来体现。高档产品价格高，中档产品价格适中，低档产品价格低。一般来说，产品质量档次与价格的高低是一致的，但也有质量档次与价格发生错位的现象，如某酒的定位是“五粮液的质量、二锅头的价格”。

（2）特色定位

特色定位主要是创造产品的差异化，即在同档次的产品中具有某种独特优势，体现与众不同的风格。

（3）竞争定位

竞争定位即企业与竞争对手相比较后进行定位。比较常用的竞争定位方法，见表4-10。

表4-10 竞争定位方法

定位方法	说明	分析
避强定位	避开强有力的竞争对手，与之和平共处、共谋利益的市场定位策略。这种策略使企业能迅速在市场上站稳脚跟，并能在顾客心中留下特别的印象	这种定位方式的风险较小，成功率较高，常被多数企业采用。选择避强定位的原因主要有：竞争格局比较稳定，即产品比较成熟，技术更新不快，如鞋类或服装等商品市场；市场领导者实力强大，地位不可动摇；作为后来者及实力不够强的企业，没有向市场领导者挑战的可能
迎头定位	迎头定位是与市场上居支配地位的竞争对手"对着干"的定位方式。这种定位方式的风险较大。但也有不少企业认为，这种定位可以使自己一开始就与强者站在同一高度上，更能激发自己奋发上进，一旦成功，就会获得巨大的市场优势	迎头定位的企业必须具备以下条件：有较强的实力，可以与竞争对手进行较量；必须具有迅速攻击能力，能快速发动进攻；必须以大面积市场范围为目标，市场太小则得不偿失。企业如果没有这样的实力，迎头定位无异于以卵击石，后果不堪设想
补缺定位	企业把自己定位在竞争者没有注意和占领的市场位置上的策略。当企业对竞争者的市场位置、消费者的实际需求和自己经营的商品属性进行评价分析后，如果目标市场存在一定的市场缝隙和空间，而且企业自身又难以正面抗衡竞争者，这时企业可以把自己的产品定位在目标市场中的空隙位置	采用补缺定位策略，企业必须具备以下条件：有满足这个市场所需要的货源，该市场有足够数量的潜在购买者，具有进入该市场的特殊条件和技能，企业经营必须盈利

3. 市场定位的步骤

市场定位工作一般通过以下几个步骤来实现。

（1）调查影响市场定位的因素

正确的市场定位必须建立在市场调研的基础上。

① 调查竞争对手的定位状况。用竞争对手的产品特色、在顾客心目中的形象来衡量竞争者在市场中的竞争优势。

② 了解目标顾客对产品的评价标准。了解购买者购买产品的最大愿望和偏好，以及他们对产品优劣的评价标准。顾客主要关心产品的功能、质量、价格、款式、服务等。

③ 明确本企业的潜在竞争优势。与主要竞争对手相比，企业在产品开发、服务质量、销售渠道、品牌知名度等方面所具有的优势。

（2）判断竞争优势，确定产品定位

企业在产品、价格、促销、服务等方面与竞争对手进行比较，了解自身的长处和短处，准确判断企业的竞争优势，选择合适的定位策略，进行正确的市场定位。

（3）沟通及传达选好的定位

企业一旦选好定位，就需要采取有力的措施将定位传达给目标顾客，并且采用的营销组合要能完全支持其定位策略。在经常变化的营销环境里，企业必须通过一致的表现与沟通来维持此定位。

（4）监测评估是否需要重新定位

加强监测，如果原有的定位不适应消费者需求或竞争者策略发生重大改变，企业则需要进行重新定位。重新定位就是重新选择目标市场，重新确定企业产品的形象，改变消费者对企业产品原有的认识，争取有利的市场地位。

案例导入

好想你公司从高端礼品到日常休闲食品的重新定位

“枣博士”贡献了好想你健康食品股份有限公司30%的营收。枣博士的定位为高端的礼品，之前的目标客户是政府、企事业单位的团购。他和好多奢侈品行业一样都遇到了问题。公司及时作出重新定位的决策，专注于为25岁至45岁的白领女性提供日常休闲食品，收到很好的效果。

任务三 市场预测

一、市场营销资料的整理

市场营销资料整理是根据市场调研的目的和任务，对市场调查所得到的原始资料或次级资料进行科学的分类、分组、汇总和再加工的过程。市场营销调查所收集到的信息资料是分散的、不系统的、无规律的，根据这样的资料难以对总体进行分析，更无法对营销调查总体做出判断和结论。收集到的第二手资料也不能完全符合市场调查的目的和分析的要求。因此，必须对资料进行整理，包括文字资料和数字资料的整理。

（一）文字资料的整理程序

1. 文字资料的审核

文字资料的审核是对调查到的原始资料进行审查和核实。重点核实资料的可靠性和合格性。

2. 文字资料的分类

文字资料的分类是指根据资料的性质、内容或特征，把相异的资料挑出来，把相同或相近的资料归为一类的过程。分类方法包括前分类法和后分类法，分类原则有穷举原则和相斥原则。

3. 文字资料的汇编

文字资料的汇编是指按调查目的和要求对分类后的资料进行汇总和编辑，使之成为能反映调查对象客观情况的、系统的、完整的资料。

（二）数字资料的整理程序

1. 数字资料的审核

数字资料的审核是对市场调查得到的数字资料进行审查、核实和订正，包括完整性审核、准确性审核和及时性审核。

2. 数字资料的分组

数字资料的分组是根据分析任务的需要，把调查总体的数量特征按照某个标志分为性质不同而又有联系的几个部分。其主要作用在于将市场现象总体按照调查分析的要求区分为性质相异的组成部分。

3. 数字资料的汇总

数字资料的汇总包括手工汇总和计算机汇总。

4. 数字资料整理结果的显示

数字资料整理包括统计图和统计表是最常用的表现形式。

二、市场营销分析

市场营销资料整理后，调研人员还必须将资料中潜在的关系运用各种分析方法揭示出来，以满足营销决策的需要，主要包括定量分析和定性分析。

（一）定量分析

定量分析是利用统计和数学方法对所研究的问题进行数量对比分析，认识事物的本质、发展过程、发展趋势及变化规律。包括静态对比分析和动态对比分析。

1. 静态对比分析

静态对比分析主要包括结构分析、比例关系分析、因素分析、平均分析、变异分析、相关分析等。

2. 动态对比分析

动态对比分析是对市场现象进行时间量的分析，包括发展速度和平均发展速度分析、增长速度与平均增长速度分析、季节性分析、价格指数分析、趋势分析、时间序列分析等。

（二）定性分析

定性分析是指运用科学理论、实践经验及有关资料，对市场现象的性质、特点、运动过程、发展趋势等进行评价和判断。定性分析一般是应用于对事物变化的性质、特点及趋势，不易用数量指标表示，即难以进行定量分析，又可以估计判断出其发展程度及发展趋势时，利用调研人员及专家的实践经验和资料进行判断分析的分析方法。通常用基本、大体、较慢、较快、较好、较差等词来描述市场现象的变化。

定性分析常用的方法主要有德尔菲法、主观概率法、经验分析法、对比类推法、集合意见法等。

课堂讨论

设定一个营销决策案例，在定量和定性分析的基础上提出营销策略，并进行讨论和评判。

三、市场营销预测

市场营销预测是根据收集到的市场过去和现在的资料，应用科学的预测方法对市场未来的发展变化进行预计或估计，为科学制订营销决策提供依据。市场营销预测包括定性预测和定量预测。

（一）定性预测

定性预测是指依靠预测人员的经验和知识及综合分析能力，估计预测对象的发展前景的一种预测方法。主要有以下几类方法。

1. 营销人员意见预测法

营销人员意见预测法是指长期从事市场营销活动的人员凭借他们对产销情况、市场环境的熟悉，对消费者需求心理和消费水平的了解以及长期积累的销售经验，对未来的市场销售趋势进行估计和预测。一般适用于短期预测。

2. 决策人员意见预测法

决策人员意见预测法是诸如厂长、经理等高级主管人员根据产品销售、资金财务、市场环境、管理水平等资料，通过听取各类负责人的汇报和意见，在此基础上综合分析判断市场变动趋势的一种预测方法，常用于中长期预测。

3. 用户意见预测法

用户意见预测法是预测者通过访问、电话、信函和投票等方式了解用户的需求情况和意见，掌握消费者的购买意向，预测消费者未来需求特点和变动趋势的一种预测方法，主要用于工业品和耐用消费品市场预测。

4. 访问意见预测法

访问意见预测法是根据预测目标的要求，预测者事先拟定访问提纲，通过当面访问或书面访问的形式向被调查者征询意见，然后对各种意见进行归纳、整理、分析和判断，从而取得预测方案的预测方法。该方法适合对某商品的规格、款式、质量和价格等具体问题进行预测。

5. 问卷调查意见预测法

问卷调查意见预测法是预测者依据预测任务的要求，拟定调查提纲或调查表，直接向消费者调查而取得预测结果的预测方法。

6. 扩散指数预测法

扩散指数预测法是指根据一批领先经济指标的升降变化，计算出上升指标的扩散指数，以扩散指数为依据来判断市场未来的景气情况，进而预测企业的景气情况。

7. 依存关系预测法

依存关系预测法是根据互补产品之间的数量依存关系，对某种产品的需求量进行预测的方法。

8. 德尔菲法

德尔菲法由美国兰德公司首创和使用，是专家会议调查法的改进和发展。德尔菲法是使用系统的程序，采取不署名和反复进行的方式，先组成专家组，将调查提纲及背景资料提交给专家，轮番征询专家意见后再进行汇总预测结果，经过几轮的反复征询、归纳和修改，直到各专家的意见趋于一致，才宣告结束。其结论比较接近实际，适用于总额的预测。

（二）定量预测

1. 平均数预测法

平均数预测法是以预测目标的时间序列的平均数作为预测目标趋势的预测依据，以此来计算趋势预测值。包括简单平均数法和加权平均数法。

2. 移动平均数预测法

移动平均数预测法是通过移动平均数进行预测的方法。包括简单移动平均法和趋势移动平均法。趋势移动平均法以一次移动平均值作为时间序列，计算其移动平均值，即在简单移动平均上再作趋势移动平均。

3. 一次指数平滑法

一次指数平滑法是通过对预测目标历史统计序列的逐层平滑计算，来消除随机因素造成的影响，找出预测目标的基本变化趋势，以此预测未来。基本公式为

$$St=\alpha Xt+（1-\alpha）St-1$$

式中，St 表示第 t 期一次平滑值，也是第 $t+1$ 期的预测值；α 表示平滑系数；Xt 表示第 t 期观察值；$St-1$ 表示第 $t-1$ 期平滑值。

项目小结

项目主要涉及市场营销调查与预测，包括调查营销市场状况、选择企业目标市场以及市场预测。任务一首先介绍了市场调查的重要性，包括消费者市场调研、生产者市场调研以及竞争者调查与分析。任务二深入讨论了选择企业目标市场的过程，包括选择目标市场的影响因素、评估不同细分市场吸引力的原则、策划目标市场策略以及进行企业目标市场细分。任务三聚焦市场预测，包括市场营销资料的整理、市场营销分析以及市场营销预测。本项目强调了市场调查和市场预测在市场营销中的重要性，帮助学习者系统地了解和掌握市场状况，为企业制订有效的营销策略提供支持。

课后实训

目标市场选择

一、实训目标

学生掌握目标市场覆盖方式，了解影响目标市场选择的因素。

二、实训开展

任务1：目标市场覆盖方式

任务描述：寻找店铺的目标客户，为该店铺策划目标市场覆盖方式，说明选择这种方式的原因。将结果记录在表4-11中。

表4-11　目标市场覆盖方式

研究内容	研究结果
目标客户群体	
目标市场覆盖方式	
目标定位解析	
目标结果原因解析	

任务2：目标市场营销策略

任务描述：分析该店铺应选择哪种目标市场营销策略，阐述营销策略实施情况。将结果记录在表4-12中。

表4-12　目标市场营销策略

研究内容	研究结果
目标市场营销策略	
营销策略实施分析	
营销策略结果分析	

三、实训评价

展示任务完成情况，并完成考核评价表（表4-13）。

表4-13　考核评价表

评价项目	评价内容	分值	评分/分		
			自评	互评	师评
职业素养考核项目（40%）	考勤、仪容仪表	10分			
	安全意识、责任意识及服从意识	10分			
	团队合作、沟通交流能力	10分			
	维护教学设备及工具等干净整洁	10分			

续表

<table>
<tr><td rowspan="2">评价项目</td><td rowspan="2">评价内容</td><td rowspan="2">分值</td><td colspan="3">评分/分</td></tr>
<tr><td>自评</td><td>互评</td><td>师评</td></tr>
<tr><td rowspan="3">专业能力考核项目（60%）</td><td>积极参与市场营销调研教学活动并理解活动要求</td><td>20 分</td><td></td><td></td><td></td></tr>
<tr><td>积极参与目标市场覆盖方式调研，并按要求完成任务</td><td>20 分</td><td></td><td></td><td></td></tr>
<tr><td>积极参与目标市场营销策略调研，并按要求完成任务</td><td>20 分</td><td></td><td></td><td></td></tr>
<tr><td>综合分数：</td><td>自评（20%）+互评（20%）+师评（60%）</td><td>100 分</td><td></td><td></td><td></td></tr>
<tr><td>综合评语</td><td></td><td colspan="4">指导教师（签名）：</td></tr>
</table>

思考练习

1. 影响生产者购买行为的因素有哪些？
2. 简述生产者市场调研的内容。
3. 简述无差异市场营销策略。

项目五

组织市场及其购买行为分析

项目导入

在流通领域中，不仅存在着消费资料的交换活动，还存在着生产资料的交换活动；企业不仅向大众销售商品和劳务，还向其他企业、社会组织和政府机构提供大量原材料、机器设备、办公用品及相关服务。这些组织用户构成了整个市场体系中一个庞大的子市场——组织市场。相较于个人消费市场，组织市场的需求和购买行为具有显著的不同之处。

学习目标

知识目标

（1）熟悉组织市场相关概念。

（2）了解组织购买行为的类型。

（3）认知组织购买行为的影响因素。

（4）理解数字化背景下组织购买行为的简化方式。

技能目标

（1）能够分析组织市场的需求和购买行为，正确评估组织市场产品的类型及其特点。

（2）能够利用数字化技术优化组织购买行为过程，针对性地制定营销策略。

素质目标

（1）培养学生对组织市场的敏感度和洞察力，能够准确把握组织市场的特点和需求。

（2）培养学生分析和解决问题的能力，在组织市场购买行为分析中能有条不紊地进行判断和决策。

思政目标

引导学生理解组织市场的含义及其在经济体系中的作用，培养对市场经济的整体认识，认知市场的公平性和规范性，树立依法经营、诚信交易的理念。

案例导入

六十五载初心不改——人民需要什么，五菱就造什么！

2023 年 10 月 27 日，五菱建厂 65 周年大会在宝骏基地新建成的精益智造工厂召开。五菱人用吹响奋进号角的方式纪念这一历史性时刻，开启新时代新征程。在五菱建厂 65 周年大会上，全球首个岛式精益智造工厂——上汽通用五菱精益智造工厂正式竣工投产，五菱首款超 A 级新能源家轿五菱星光下线，标志着中国五菱向电动化、智能化、全球化全新起航。

风雨兼程披荆斩棘——人民需要什么，五菱就造什么

六十五载栉风沐雨、一往无前，五菱人始终艰苦创业，自强不息，完成从地方国企到千亿级全球车企的华丽蜕变；六十五载风雨兼程、踔厉奋发，五菱人始终以人民需求为导向，成就一款款人民需要的国民好车；六十五载锐意进取、开拓创新，五菱人擘画未来智造新蓝图，引领行业生产模式变革。上汽集团党委书记、董事长，上汽通用五菱董事长陈虹指出，上汽通用五菱要加快实施“一二五”工程，推动技术拓边界、产品拓边界、产业链拓边界，快速构建创新链、产业链双循环，推进创新转型发展。

通用汽车董事长兼首席执行官在贺信中表示，五菱人勇于创新、坚持不懈、追求卓越，是企业成功的关键，也使得公司在中国乃至全世界都独树一帜。多年来，五菱产品赢得了数千万用户的信赖，成为人们美好生活的一部分。几代五菱人不断挑战自我，创造了不同凡响的伟大成就。通用汽车期待与五菱继续深化合作，共同迈向下一个里程碑。

65 年的奋斗历程，从建厂初期一片荒地上的“竖床板搞建设”，到成为全国八大拖拉机厂之一；从“以杂养专，艰难转型微车”，到 1998 年成为微车行业第一；从“壮士断臂，国企改革”，到合资迎来全新发展，发展成为千亿汽车产业的龙头企业。一次次地穿越周期，依靠的正是五菱人骨子里的“艰苦创业、自强不息”精神，这是五菱解决发展中各种困难的精神基因。五菱将秉承“人民需要什么、五菱就造什么”的理念，接续艰苦奋斗，一个电动化、智能化的五菱、一个全球化的五菱，将焕然新生。

新智造新典范——全球首个岛式智能装配工厂正式投产

上汽通用五菱精益智造工厂（图 5-1），采用的是基于 EODP 卓越运营数字化平台，直连用户，拉动上下游，将制造工序解构重组，颠覆传统“流水线”串联式的全新生产模式，创造性地构建以“智能岛”为主体的柔性化产线，开创全球智能岛汽车生产工艺先河。精益智造工厂实现了产线自动化、智能化、专业化水平的大幅提升。同时，高度的自动化率，提高了个性化多品种的生产效率，实现了高柔性，适应多品种、小批量的全新市场形态，颠覆了传统流水线的刚性，大幅降低总体投资，同时单台制造成本下降 31%。

此外，精益智造工厂可以直连用户，动态调整资源，实现更加精益敏捷的 2C。在质量方面，实现了差异化的 2C 场景体验检测，实现了实时云端在线服务，满足互联网时代用户的新质量要求。

图 5-1　精益智造工厂

上汽通用五菱精益智造工厂创新采用“岛式”生产，将精益生产和智能制造有机结合，集“高柔性”“高效率”“更精益”“更稳定”于一体，以“全面 2C”为导向重新定义汽车超级工厂，是中国智造的创新典范。工厂的投产，为五菱乃至中国汽车工业的发展翻开了崭新的一页。

上汽通用五菱精益智造工厂的投产，也是宝骏焕新的重要基石。精益智造赋能之下，宝骏品牌全面新能源化进程将显著提速，开启价值向上、品牌向新新通路。目前，宝骏品牌焕新的关键产品——宝骏云朵已导入上汽通用五菱精益智造工厂进行生产，其智能化、科技化基因将得到进一步强化。

新时代新征程——“一二五”工程加速重构新能源汽车全产业链

公司立足于新能源百万用户需求的深刻洞察和实践，提出中国五菱“一二五”工程，在公司建厂 65 周年之际，作为中国五菱新时代发展新战略——“一二五”工程也迎来新的里程碑时刻。“一二五”工程最新产品成果——“五菱首款超 A 级新能源家轿”五菱星光正式下线。五菱星光基于五菱全新原生新能源架构打造，搭载五菱灵犀混动和神炼电池等最新新能源技术，充分展现出五菱在新能源产业自主、技术自主、标准自主上的强大实力和自信。

65 年继往开来，新征程新号角已经吹响。“一二五”工程将进一步推动中国新能源产业全链条自主化，以科技创新、强链补链加速建设新能源产业生态。目前，滚动谋划产业链项目六十余个，总投资预计 275 亿元，已签约引进各类项目 16 个；中车 10 万套电驱、瑞浦赛克 20GWh 电芯、法恩赛克 10 万吨电解液等系列项目已经投产；移动机器人、工业及协作机器人两大产品矩阵共 27 款产品，专利 23 项，覆盖智造全场景，赋能智造转型。

新能源汽车是我国从汽车大国走向汽车强国的必由之路。65 载甲子征程，五菱从河西路 18 号，走到印尼、印度、北非、中南美；从燃油车赛道，到现在高速转型走向新能源汽车科技公司新赛道。65 载薪火相传，中国五菱风华正茂。秉承“人民需要什么、五菱就造什么”的初心，五菱将全速推进新能源汽车产业布局，为中国从汽车大国走向汽车强国贡献五菱智慧、五菱方案、五菱担当。

任务一　组织市场概述

在购买活动中，除了有消费者的参与，还有企业、社会团体及政府机构等组织的参与。换言之，与消费者市场相对应，存在着组织市场。事实上，即使是宝洁、华为等主要为最终消费者服务的企业，其产品不仅出现在消费品市场上，还出现在组织市场上。

一、组织市场的概念

组织市场

组织市场指的是与消费者市场相对应的概念。简而言之，组织市场包括所有为了生产、消费和加工而购买产品和服务的机构，这些机构可以是营利性企业、政府部门，或者事业机构如医院和学校等。组织市场的顾客特点在于其购买产品和服务的目的不是为了直接满足个人消费需求，而是为了满足组织自身的生产经营和服务提供的需求。

与消费者市场相比，组织市场的购买方式的特点主要体现在四个方面：第一，由于产品往往具有较明显的专业技术特征，组织市场中的购买活动多以产品详细说明书及技术数据为购买依据；第二，组织市场中的产品工艺复杂且价格高昂，多采用多重购买负责制，即由两个或两个以上的人员参与复杂产品或昂贵产品的购买决策；第三，在购买程序上大多要进行价值分析和卖主分析；第四，以租代购的情况比较普遍。

表 5-1 列出了消费者市场营销与组织市场营销的关键特征。相对于消费者市场而言，组织市场具有多种特点，如购买者少、顾客相对集中、购买量大及购买具有专业性等。应该指出，在组织市场中，虽然产品具有各自特点，但在某些情况下，同样的产品可能会同时出现在消费者市场和组织市场上。

表 5-1　消费者市场营销与组织市场营销的关键特征

关键特征		消费者市场营销	组织市场营销
买方特征	买方居住分散程度	高	低
	买方知识水平	低	高
	买方忠诚度	低	高
	买方购买参与度	低	高
	买方购买动因与技巧	感性/自我满足	理性/专业
	买方购买量	小	大
	购买中心复杂程度	低	高
	购买中心规模	个人	组织/集团
	买方市场人员基数	大	小
卖方特征	关键顾客管理	相对不太重要	很重要
	卖方市场人员基数	大	小
	卖方知识水平	低	高

续表

关键特征		消费者市场营销	组织市场营销
产品特征	产品种类	标准	个性化
	购买流程	简单	复杂
	购买风险度	低	高
	服务要求	低	高
	系统销售	偶尔	经常
	技术复杂度	低	高
交易特征	平均销售量	小	大
	买方对卖方的依存度	低	各异
	买方权力	低	高
	买方购买量与卖方销售量比	小	各异
	买卖方交易	交易型	关系型
	买卖方互惠度	低	高
	买方转换卖方难易度	容易	较难
	契约协定水平	低	高
	异质投资	低、策略性	高、战略性
	讨价还价水平	低	高
	买卖关系控制	卖方	各异
	购买频率	高	低
	卖方对买方的依赖度	低	各异

二、组织市场需求

虽然组织市场的生产者不直接面对消费者市场的最终用户，但组织市场的需求会受到消费者市场需求的直接影响。例如，许多企业从事轮胎、机械加工设备和计算机芯片等产品的生产，它们极少甚至从不直接面对消费者市场上的用户，但这些产品在组织市场上的需求由消费者市场上的需求决定。

（一）派生需求

最终消费者市场上的产品需求与组织市场需求存在直接联系，组织市场的需求取决于最终消费者市场的需求。例如，家电生产企业对显像管的需求取决于消费者市场上顾客对电视机的需求；个人对汽车的购买欲望和购买能力直接影响汽车厂商对发动机的需求。在某些情况下，组织市场通常是在消费者市场上展开经营活动的企业的上游价值链，组织市场向其所在产业价值链的下游交付价值，并受下游市场需求拉动的影响。因此，数据技术的发展为组织市场预测消费者市场需求、节约成本等提供了巨大的便利。

（二）波动需求

由于组织市场需求受到消费者市场需求的驱动，所以组织市场营销者必须仔细考察消费者市场需求及其购买趋势的变化。与某些消费者需求相比，许多组织产品需求的变动往往更大更迅速。例如，消费品需求的微小变动可能会引起下一轮组织市场需求100%的变动。

（三）刺激需求

在某些情况下，组织营销人员所要做的不仅仅是监测最终消费者市场，还必须同时实施面对最终消费者的市场战略。例如，金属铝常用于飞机制造企业，企业常常利用电视和其他媒体开展广告活动，宣传使用铝制品的便利性与环保性，希望以此来影响最终消费者的购买倾向，达到刺激消费者市场对铝制品需求的目的。与此类似，飞机制造企业一直致力于向大众宣传选择航空旅行方式的便利和优势，这有助于确保航空公司对飞机长期稳定的需求。

（四）价格弹性

价格弹性即价格敏感程度，是顾客对产品价格变化的反应程度。与消费品价格一样，组织市场上的产品同样存在价格弹性。由于组织市场需求会受到消费者市场需求的驱动，所以消费品价格弹性也会对组织市场需求的价格弹性产生普遍影响。在多数情况下，如果消费品对价格比较敏感，那么与消费品相联系的组织市场对价格也会较为敏感。例如，与汽车相比，快餐消费品的价格弹性更大。因此，在组织市场购买活动中，相比汽车生产企业，快餐企业对价格变化更为敏感。

三、组织购买品

通常，组织购买品是指出于生产加工、设备的使用消耗和维修、再销售以及为公众提供服务等目的，由营利性企业、政府部门或事业机构等组织采购的产品和服务。组织购买品与最终消费品主要存在以下区别

（一）购买者不同

在组织市场中，购买者是营利性企业、政府部门或事业机构等组织，而消费者市场中的购买者是个人消费者。

（二）购买目的不同

在组织市场中，购买者并不直接面对最终个体消费者，采购商品的目的是通过生产、加工和再销售以及提供服务等方式为消费者市场提供产品。与之相比，消费者在消费者市场中购买产品完全是为了满足个人需求。图5-2为组织市场购买者的不同购买目的。

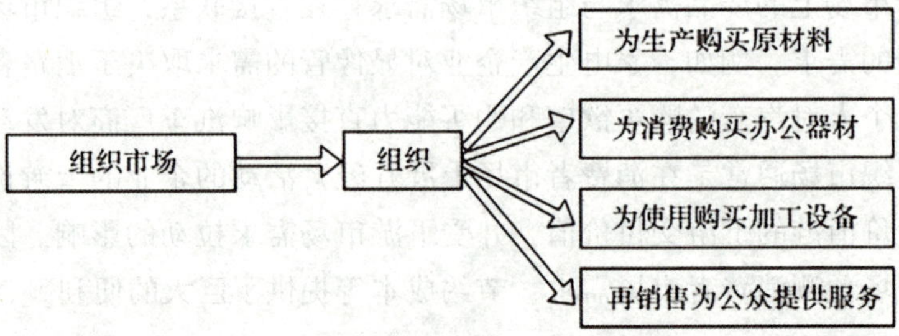

图5-2　组织市场购买者的不同购买目的

（三）产品不同

由于购买目的存在差异，组织市场中的购买品与消费者市场中的购买品相比，往往具有技术工艺复杂、使用要求严格、价格高昂及针对特定顾客专门定制等特点。可以看出，钢铁、矿石、生产设备和大型施工车辆等完全属于组织市场产品，是严格意义上的组织购买品。微型电子计算机、办公软件或其他一些小型办公品则有可能同时出现在组织市场和消费者市场上。当这些产品的购买者是实体组织时，可被视为组织购买品；而当这些产品的购买者是个体消费者时，它们就是最终消费品。

四、组织市场产品的类型

在识别出组织市场上的购买者之后，须明确这些组织需要什么样的产品以及不同种类购买者的采购行为存在哪些差异。为解决这个问题，一种行之有效的方法是对组织市场产品进行分类一般来说，可以将组织市场产品分为三种类型：生产性原料、基础设备和辅助产品。

（一）生产性原料

生产性原料是指将成为最终产品组成部分的产品。这一大类组织市场产品主要包括初级原材料、二级原材料和零部件。

1. 初级原材料

初级原材料是指处于未加工自然状态被出售的产品。初级原材料主要包括农业产品和自然资源。其中，农业产品包括大麦、玉米和棉花等，自然资源主要指各种矿产等。

2. 二级原材料

二级原材料是指经过初步加工的产品。例如，纺织原料在到达制衣工厂前已经经过初步加工，但必须经过进一步加工才能成为最终消费者所购买的成衣产品；钢铁在钢铁生产企业中已经经过加工，但购买钢铁的企业仍然需要通过各自的产品加工工艺对其进行处理，以最终形成在消费者市场上出售的产品，如不锈钢饭盒等钢铁用具制品。

3. 零部件

零部件行业包括齿轮、紧固件、链传动、弹簧、粉末冶金和传动联结件等子行业。消费者市场的需求可以直接拉动机械零部件组织市场的发展。

（二）基础设备

该类组织市场产品的最重要特征在于它们是企业的资产。在这些产品的使用过程中，其价值会损耗并通过折旧的方式转移到新产品中。这类产品主要包括生产设施和辅助设备。

1. 生产设施

生产设施是指构成生产和制造基础的长期投资项目，包括建筑物、土地使用权和固定资产等。生产设施往往决定了企业的生产规模，而企业对生产设施的需求与市场对产品的需求直接相关。例如，为巩固在全球市场的地位，壳牌计划在2025年前，将其在中国的加油站数量增至3500座；英国石油公司计划未来在中国新增1 000座加油站；中国舟山市相关机构透露，已经与石油巨头埃克森美孚公司进行洽谈，计划在舟山市建造一座价值70亿美元的乙烯工厂，年产能将达到150万~180万吨。

2. 辅助设备

辅助设备包括辅助生产设备（如轻型卡车）和办公用品（如个人电脑、办公桌）等。其中，辅助生产设备主要指动力、机修、供电等设备，与生产设施的区别在于不构成主要的生产要素，仅发挥辅助和服务作用。

（三）辅助产品

辅助产品包括支持组织正常运转的辅助材料和商业服务。辅助产品由于不直接参与生产过程，也不是成品的构成要素，常常被视为成本支出。

1. 辅助材料

每个组织的运转都需要运营型辅助材料，如打印机、纸张和各种表格等，同时需要维修、维护设备等。这类产品具有高度的相似性，不同厂商的产品基本上没有差异，因此，价格是决定组织市场中该类产品购买活动的关键因素。对于组织购买者来说，它们可以选择直接在仓库或者折扣商店中购买此类产品。

2. 服务

服务是由一系列或多或少具有无形特征的活动所构成的一种过程，发生在顾客与营销人员和有形资源的互动中。一方面，服务是指组织市场营销活动中为销售产品进行的活动，这有助于更好地满足顾客在购买过程中的要求；另一方面，有些服务是在产品之外提供的。如果产品价格同时包含了为产品和相关服务收取的溢价，那么厂商就应该努力确保顾客非常了解产品的真正价值。只有这样，才能够真正使包含附加服务的产品的价格更具有竞争力。

具体来说，营销人员面临三种有关顾客服务的决策：顾客服务组合应该包括什么样的顾客服务；应该达到什么样的服务水平；应该以什么形式提供服务。为此，负责服务组合决策的营销人员应对目标顾客进行调查，以便明确需要提供的主要服务要素及其各自的相对重要程度。例如，加拿大的工业设备购买者按照重要性次序，将服务要素分成13种：送货可靠性 、迅速报价、技术咨询、折扣、售后服务、销售代表、便于接触、更新保证、制造商广泛的经营范围、样式设计、信用、测试设施以及机械加工设施。这表明销售者至少要在送货可靠性、迅速报价、技术咨询及被顾客认为非常重要的其他服务要素方面具有竞争性，只有这样才有可能赢得顾客。

需要特别指出的是，许多看起来是个人消费品的产品在组织市场中同样有巨大的需求。比如，作为最普通的家庭消费品，食用油在组织市场中存在巨大需求。食品生产加工企业和餐馆每天都需要使用食用油来加工产品，该市场的总需求量极其巨大。除商业饮食企业外，学校、医院和医疗保健等机构同样对食用油有很大的需求。中国食用油目前主要消费品种主要是大豆油、菜籽油、棕榈油、花生油和葵花籽油。2022年，中国大豆油消费量占中国食用植物油消费量的29.6%；其次为菜籽油，占中国食用植物油消费量的

14.5%；棕榈油消费量占总消费量的8.8%。根据国家粮油信息中心数据，2018—2022年，中国豆油产量整体呈上升趋势。2022年，中国大豆油产量约1757.2万吨，较2021年有所下降。2018—2022年，中国豆油食用消费量整体呈上升趋势。2022年，中国豆油食用消费量约1 660万吨，较2021年基本持平。

课堂讨论

请各列举一例不同类型的组织市场。

知识拓展

组织市场的特点

1. 组织市场需求的特性

(1) 组织市场需求属于派生需求

组织需求是一种派生需求，即组织机构购买产品是为了满足其顾客的需求，也就是说，组织机构对产品的需求，归根结底是从顾客对消费品的需求中派生出来的。

(2) 组织市场需求缺乏弹性

组织市场对产品或服务的总需求量受价格波动影响较小。在短期内组织市场的需求基本无弹性，因为任何组织都不能随时对其生产方式或运营模式做大规模变动。

(3) 组织市场需求在地域上相对集中

组织市场的购买者往往集中在某些区域，以至于这些区域的业务用品购买量在全国市场中占据相当的比重。显然每个顾客对供应商都是十分重要的，失去任何一个顾客，都将严重影响供应企业的销售额。

2. 组织市场购买的特性

(1) 组织市场购买者数量较少，购买规模较大

组织市场上买方数量少，并且购买次数也较少，一些大型设备若干年买一次，原材料等也会定期购买。购买次数少决定了每次购买的量比较多，涉及金额较大。

(2) 购买具有复杂性，参与购买人数多

与消费者市场相比，通常组织购买的过程更复杂，影响组织购买决策的人更多。一些组织有专门的采购委员会，由技术专家、高层管理人员和一些相关人员组成。特别是在购买重要产品时，决策往往是由采购委员会中的成员共同做出的。

(3) 以直接销售为主，着重人员推销

由于是专业性采购，且交易涉及的金额较大，组织市场购买者通常直接从生产厂商那里购买产品，而不经过中间商，技术复杂和价格昂贵的项目更是如此。基于此，销售方需要雇用受过精良训练、有专业知识和人际交往能力的销售代表和销售队伍，与经过专业训练、具有丰富专业知识的采购人员打交道。

（4）销售方提供服务支持

一般来讲，物质产品本身并不能满足组织市场购买者的全部需求，销售方还必须为之提供技术支持、人员培训、及时交货、信贷优惠等服务与条件。

任务二　组织购买行为

一、组织购买行为的类型

根据菲利普·科特勒的观点，组织购买行为指的是一个组织购买产品或服务是为了将它们投入其他产品或服务的生产、销售、出租或应用。为更好地理解组织购买行为，需要对组织购买行为的类型、过程及影响因素等进行深入分析。

不同的组织存在不同的需求，并且需要不同的信息，这决定了不同的组织购买行为具有不同的特点。只有深入了解组织购买者的具体情况，供应商才能采用不同的营销战略，进而产生不同的效果。根据不同的标准，可以将组织购买行为分为不同的类型。20 世纪 60 年代，根据购买的新奇度，组织购买行为分为三种类型：全新购买、直接重购和更换重购。

（一）全新购买

当企业面临新需求而需要采购新的技术或零部件时，此时的采购行为就属于全新购买。由于企业之前毫无这方面的购买经验，所以更需要掌握全面的信息。与其他类型的购买者相比，全新购买型企业不仅注重产品性能、服务和供应商的信誉，而且希望得到供应商的真诚帮助，从而建立广泛持久的合作关系。针对这种情况，供应商应该积极投入组织购买者的采购活动，与其保持密切联系，了解它们的需求，在技术服务方面提供有效的帮助。同时，供应商必须注重产品质量的提升和媒体宣传，加强口碑传播。

（二）直接重购

直接重购也称直接再购，指组织购买者不改变现有的供应商而直接购买。进一步来说，不改变供应商的原因众多，如企业对供应商提供的产品、送货和服务等因素非常满意；企业的转移成本（组织购买者更换供应商所需的成本主要包括投资新关系所需的时间、精力、知识和金钱等）过高，不利于更换供应商；由于行业垄断，不能更换供应商等。这种类型的组织购买者不需要收集新信息，它们对产品价格、送货和库存等保持密切关注，希望以此降低成本。这时，供应商应该加强与购买者的合作，与它们一起重新设计、优化现有销售渠道和送货方式，以保证双方均能实现低成本。同时，供应商应努力适应购买者的新需求，加强与顾客的情感联系。对于以组织购买者为目标顾客的新供应商而言，应该明确组织采购者的需要，确定相对于竞争对手的优势，向采购者进行积极的信息传递，尽一切力量寻找可能的切入点。

直接重购类型所购买的多是低值易耗品，花费的人力较少，无需联合采购。面对这种类型，原有供应商不必重复推销，而应努力使产品的质量和服务保持一定的水平，减少购买者时间，争取稳定的关系。

（三）更换重购

更换重购也称修订重购，即组织市场的用户为了更好地完成采购任务，修订采购方案，适当改变产品的规格、型号、价格、数量和条款，或寻求更合适的供应商。在这种情况下，采购工作比较复杂，需要进行一些新的调查，收集一些新的信息，做一些新的决策，通常参与购买决策的人数也要增加。原来的供应商为了不失去顾客，必须采取有效措施改进工作。而新的供应商则有了比较多的竞争机会，应不失良机，扩大销售。

综上所述，三种不同类型的组织购买者有不同的关注点，见表5-2。

表5-2　不同类型组织购买者的关注点

	信息	价格	性能	技术	交货能力	服务（售前、售中、售后）	企业声誉	诚信合作	供应商的灵活性
全新购买	√		√	√		√	√	√	
直接重购		√			√	√		√	√
更换重购	√	√	√	√	√	√		√	

二、组织购买行为的过程

组织购买行为是一个收集、分析大量信息进而做出不同决策的复杂过程。云计算、大数据、移动终端等技术的发展帮助组织简化了这一复杂的购买过程。

（一）预测或认识需求

预测或认识需求是组织采购过程的开始阶段。需求一般由内部因素与外部因素的刺激产生。内部因素有产品落伍、原有的供应商在某些方面不尽如人意、设备报废或零部件损坏需要设备更新等。有些情况下，一些外部的刺激会引发客户对内在需求的认识。如电信运营商通过新业务演示会向客户推广新产品时，可能会激发客户的潜在购买欲望。

（二）确定需求的特征和数量

需求被确认后，采购者需要仔细研究项目的技术规格和要求，以便确定所需项目的总特征和需求的数量。对于标准项目，总特征的确定相对比较容易，因为这些项目通常有明确的规定和要求。然而，如果项目涉及较复杂的技术领域，那么确定总特征和需求数量就需要采购项目的使用人员、工程技术人员共同参与。在这种情况下，采购者需要与工程技术人员进行深入的讨论和交流，了解项目的具体细节和要求。在这个过程中，采购者还需要与供应商进行沟通，了解他们的生产能力和交货时间，以确保采购的物品能够按时交付并满足项目的要求。一旦总特征和需求数量确定下来，采购者还需要考虑如何进行分批采购和管理。在某些情况下，供应商可能无法一次提供所需的全部物品，因此采购者需要与供应商协商分批交货的时间和数量，以确保整个项目的进度不受影响。此外，采购者还需要考虑到项目的时间表和预算，以确保所有采购活动都符合公司的整体战略和财务目标。

（三）描述需求项目的特征和数量

描述需求项目的特征和数量在这一阶段，需要对需求项目的特征进行更为详细和准确的描述。这一步骤非常重要，因为它对后续供应商的选择有着非常关键的影响。不能有任何的疏忽，必须确保所描述的特征是真实、准确且全面的。一旦需求项目的特征确定后，也就意味着只有能够提供完全符合这些需求特征的产品的供应商才可能成为最终的供应商。同时，还需要考虑到市场需求的变化和竞争环境的变化。这些因素可能会影响对需求项目的特征描述，通过不断调整和优化，确保需求项目能够适应市场的变化。

（四）寻找供应商

采购者在进行供应商选择时，会从多方面着手，以确保能够找到符合自身需求的合格供应商。如咨询商业指导机构，了解市场行情、行业动态以及供应商的基本情况。这些商业指导机构通常拥有丰富的行业经验和专业知识，能够为采购者提供有价值的参考信息。通过查询计算机信息来获取供应商的更多信息，采购者可以通过搜索引擎或专业的商业网站来搜索供应商的相关资料。这些资料包括供应商的简介、营业执照、资质证明、生产能力等信息，可以帮助采购者评估供应商的合法性、合规性以及实力水平。

除了以上两种途径，采购者还会观看商业广告，特别是针对相关行业的广告宣传。这些广告通常会详细介绍供应商的产品、价格、服务等内容，为采购者提供了重要的参考依据。此外，参加各类展览会也是采购者寻找供应商的重要方式。在展览会上，供应商通常会设立展台，展示自己的产品、技术和服务。通过与供应商的现场交流和实地考察，采购者可以更加直观地了解供应商的实际情况，做出更加明智的决策。在收集了多处的信息之后，采购者会对这些信息进行整理和分析，最终归纳出一份合格供应商的名单。

（五）征求供应信息

征求供应信息，采购者会邀请合格的供应商提交申请书。如果采购的项目是标准项目，需要的信息比较少。但如果采购的是复杂的产品，需要供应商提供详尽的信息、建议，以免信息不全影响组织对供应商的判断导致供应商被提前淘汰。

（六）选择供应商

征求供应信息，组织的采购中心会根据明确规定的要求，对各潜在供应商提出的建议进行全面的评估。以确保最终选择的供应商能够满足组织的需求，并确保采购过程的公正性和透明度。评估的内容将涵盖供应商的建议书质量、供应商的财务状况、历史合作记录、服务水平等多个方面。

（七）发出正式订单

确定了供应商之后，组织的采购人员可以开始着手准备向供应商发出订单。首先，采购人员需要仔细核对供应商的资质和信誉，确保供应商能够按时按质交付产品。在制定订单时，采购人员需要准确地列出所需产品的数量、规格、技术要求等详细信息，以确保供应商能够准确理解并按照要求生产。同时，还需要明确产品的质量标准、交货时间、交货地点等重要信息。另外，付款方式和退货政策等也需要一并列明，以确保双方的权益不受损害。除了明确列明订单条款，采购人员还需要确保订单的发出方式能够准时、安全、无误。通常，可以通过电子邮件、传真、邮件等方式向供应商发送订单。在发送订单时，需要确保订单的准确性，并保留好相关记录，以便后续核对和跟进。在发出订单之后，采购人员还需要密切关注供应商的生产和发货情况，及时跟进和处理可能出现的问题和延误。同时，还需要与供应商保持密切沟通，确保双方能够及时了解和掌握订单的进展情况，以便及时调整和应对可能出现的问题。

（八）供应商执行情况反馈与评价

在此阶段，采购者对供应商的绩效进行评估。反馈与评价的结果对于供应商能否继续向组织供货具有决定性的影响，这是因为评价结果的好坏直接决定了供应商在未来是否能够持续向组织提供高质量的商品或服务。如果评价结果不佳，供应商可能面临着被淘汰的风险，同时也失去了与组织继续合作的机会。相反，如果评价结果良好，供应商不仅可以在这一合作关系中获得更多的商业机会，还能够借助组织的资源优势进一步提升自身的竞争力。供应商需要加强与组织的沟通与交流。良好的沟通能够加深双方的了解，增强信任，同时也能够及时发现并解决问题。

三、组织购买行为的影响因素

案例导入

“00后”消费的六大特点

如果说“95后”是一批在青春期时被互联网化的人，那么“00后”就是童年时期就被互联网化的一批人，所以他们的人生受到很多影响。《腾讯“00后”研究报告》显示，“00后”的世界观、人生观、价值观和消费观等属性都明显不同，呈现出更多元化、包容化、自主化的特点。

“80后”比较注重质量和价格，而“90后”“95后”则除好用的诉求之外，还有好玩有趣的心理诉求，而逐渐“接棒”的“00后”的消费态度存在以下六大特点。

① 更向往专注且有信念的品牌。

② 愿意为自己的兴趣付费。

③ 在自己的能力范围内付费。

④ 关键意见领袖（key opinion leader，KOL）的影响力在降低。他们认为KOL和忠实客户的关系偏向于功利化，KOL的可信度在降低。

⑤ 内容=社交工具。他们渴求和同辈做更多的互动，而内容是激发互动的工具，也是他们展示自己所长的方式。

⑥ 认为国产品牌不比国外品牌差。超过一半的“00后”认为国外品牌不是加分项。现在“00后”在学校更洋溢着民族自豪感和自尊心，支持国产是他们关心国家的一种方式。

（一）环境因素

组织的外部环境，会对组织购买产生影响。诸如一个国家的经济前景、市场需求变化，技术发展与创新、市场竞争、政治等情况，都会影响到组织购买。组织购买者必须密切关注经济环境因素，同时预测经济环境变化，包括经济状况、生产水平、投资、消费开支和利率等，从而在不同的经济发展状况下，能合理地安排投资结构，以及进行有效的存货管理。

（二）组织因素

组织因素是指与购买者自身有关的因素，包括采购组织的经营目标、战略、政策、程序、组织结构和制度等。各组织的经营目标和战略的差异，会使其对采购产品的款式、功效、质量和价格等因素的重视程度、衡量标准不同，从而导致其采购方案呈现差异化。供应商的营销人员必须尽量了解这些问题：采购组织的经营目标和战略是什么；需要采购什么；采购的方式和程序是什么；有哪些人参与采购或对采购产生影响；评价采购的标准是什么；该组织对采购人员有哪些政策和限制；等等。

（三）人际因素

组织的采购中心通常包括倡议者、使用者、影响者、决定者、购买者和控制者。这 6 种成员都参与购买决策过程，这些参与者在组织中的地位、职权、说服力以及相互之间的关系有所不同，这种人际关系也会影响购买决策和购买行为。

（四）个人因素

组织采购决策由采购中心的人员共同做出，个人的特征、背景与偏好等都会对采购决策产生影响。采购中心的不同成员有不同的经验 、背景及个性等，他们所处的部门不同、职位不同，具有不同的评价标准与目标追求，对采购决策的影响也不尽相同。个人从评价标准、信息选择过程、风险规避策略三方面对组织的购买行为产生影响。

四、数字化背景下组织购买行为的简化

以往，组织购买遵循上述采购流程及特点。近些年，随着云计算、大数据、人工智能、移动互联网以及网络电商平台的强势发展，在组织采购领域，电商化采购模式开始呈现出强势发展的趋势，使得组织购买由以往相对复杂的过程转化为如今利用数据分析技术背景下的较为简化的过程，如图 5-3 所示。

（一）组织购买行为模式的转变

电子商务和在线移动支付技术的发展使我国消费者逐步养成网络购物习惯。我国经济正处在一个高速发展期，消费者的消费能力不断提升，这对企业的采购规模和效率提出了更高的要求。

大数据、云计算和人工智能等技术的发展使企业依靠数字化进行自动分单、拆单、物流、仓储、配送、安装和售后等方面的工作，数字化驱动采购供应链体系（图 5-4）高度集成，从而将组织购买行为模式推向了一个新的阶段。

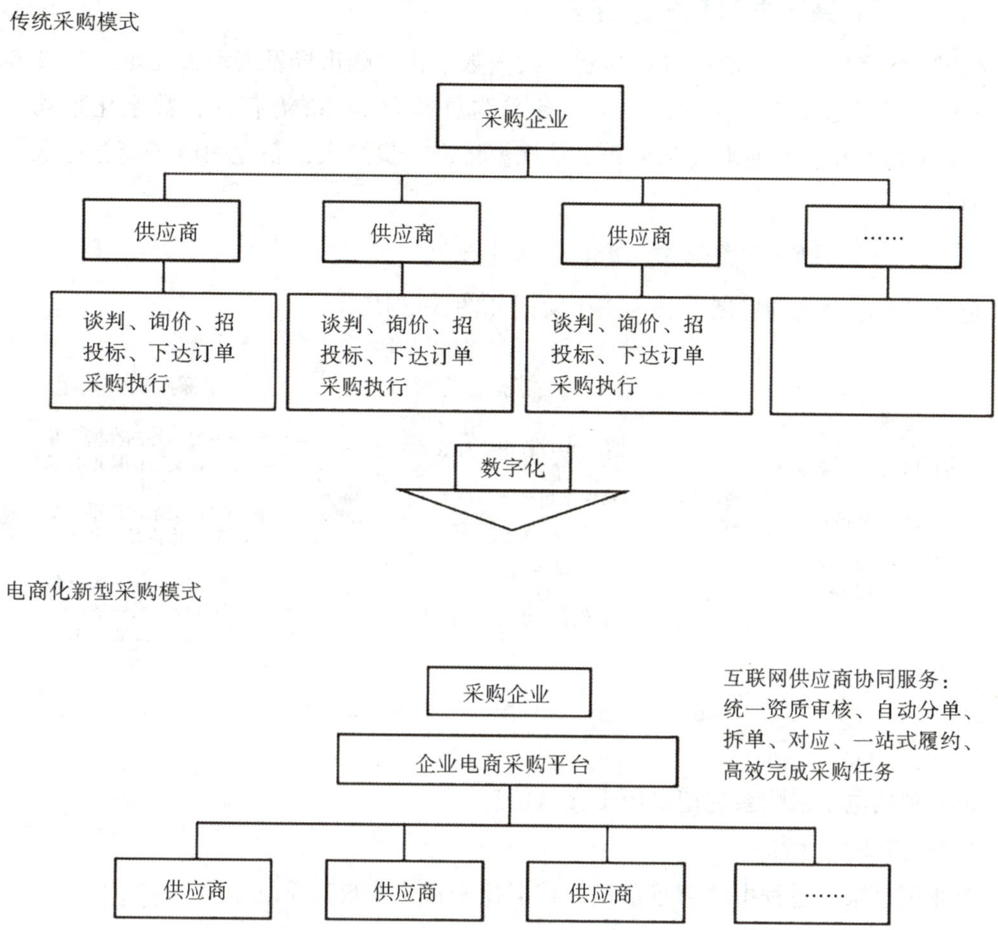

图 5-3　传统采购模式与电商化新型采购模式对比图

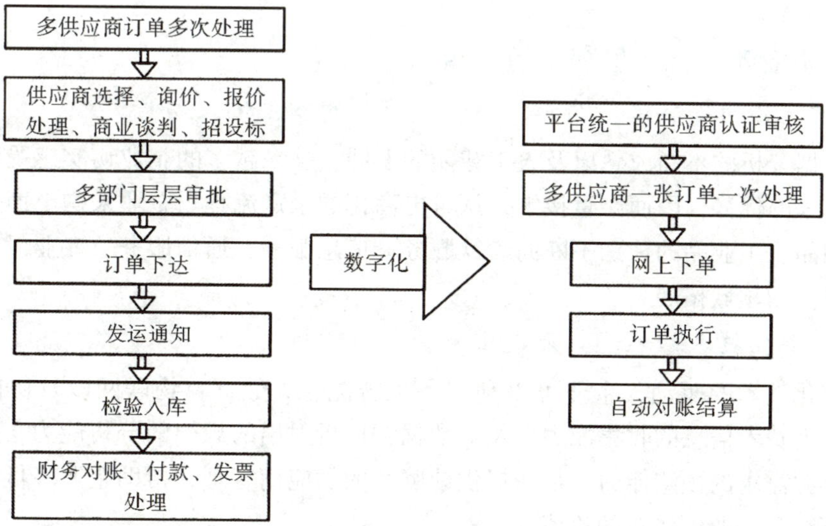

图 5-4　数字化驱动采购供应链体系

（二）企业采购电商化发展走势

《2023 数字化采购发展报告》显示，我国数字化采购市场发展动力充足，2022 年全国企业采购规模超过 173 万亿元，电子商务采购总额为 14.32 万亿元，数字化采购率升至 8.26%。未来几年，企业电商化采购交易规模将进一步扩大，企业间电子商务进入“全流程”时代。

（三）企业采购电商化发展的三个阶段

企业采购电商化的发展可分为三个阶段如图 5-5 所示。

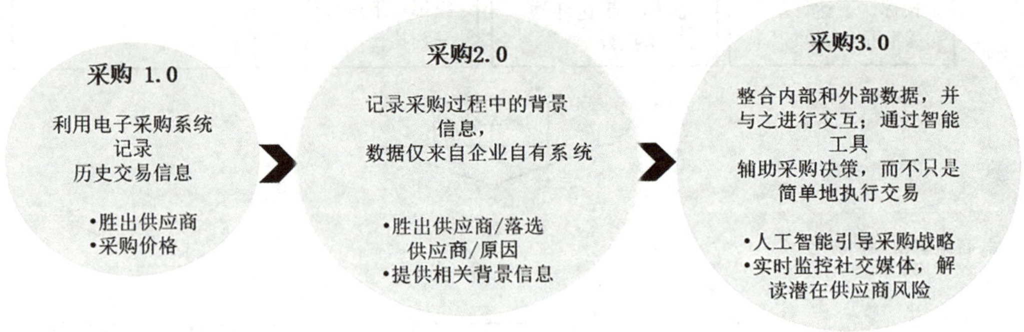

图 5-5　企业采购电商化发展的三个阶段

1. 采购 1.0 阶段

企业利用电子采购系统记录历史交易信息。

2. 采购 2.0 阶段

企业记录采购过程中的背景信息，数据仅来自企业自有系统。

3. 采购 3.0 阶段

企业整合内部和外部数据，并与之进行交互；通过智能工具辅助采购决策，而不只是简单地执行交易。

（四）企业购买行为呈现出的新特点

1. 特定产品的标准化采购向对多领域产品的多元化采购转变

随着数据分析的不断成熟以及人工智能的发展，越来越多的企业切实感受到了企业采购电商化带来的优势，因而愿意接纳并认可电商化的采购流程。企业采购电商化将由对礼品、办公用品、工业品的采购不断向餐饮服务、信息服务、通信服务、专业设备以及定制化物资等更多的领域拓展。

2. 受数字化技术的驱动，表现出极强的预测性

受数字化技术的驱动，企业可以利用人工智能、大数据、物联网以及协同网络等技术，加强对消费者信息的收集能力以及对数据背后折射出的规律的分析能力，进而提高企业对战略资源需求的预测能力，从而提供前瞻性的供应商管理，帮助企业降低采购成本和风险，并不断为企业创造新的价值。

3. 企业由单纯的产品采购者向“产品+服务”采购者转变

企业采购评价体系逐步成为采购管理者的核心管理理念，企业采购由单纯的产品采购

者向“产品+服务”采购者转变。未来能够获得企业采购者青睐的一定是能够提供一体化采购解决方案的产品和服务提供者。

任务三　组织市场购买行为分析

一、营利性企业及其购买行为

（一）营利性企业概述

营利性企业主要包括生产型企业、服务型企业、交通运输企业及建筑公司等。其中，生产型企业是组织市场中最主要的营利性企业。2023 年世界 500 强企业的营业收入总和约为 41 万亿美元，比上年上涨 8.4%，入围门槛（最低销售收入）从 286 亿美元跃升至 309 亿美元，不过，受全球经济下行影响，500 强企业的净利润总和同比减少 6.5%，约为 2.9 万亿美元。从地区分布来看，在 2023 年世界 500 强企业排行榜中，我国共有 142 家企业上榜，位居各国之首，其中，上榜企业数量比上年减少 1 家，为 135 家；美国有 136 家企业上榜，比上年增加 12 家，排名第二；日本有 41 家企业上榜，比上年减少 6 家，排名第三；中国、美国、日本合计上榜企业占据了世界 500 强榜单的一半以上，达 64%，占营收总额的 68%。从具体城市来看，来自北京、东京、纽约、首尔、上海的企业较多，占据上榜企业数量的 1/4（图 5-6）。

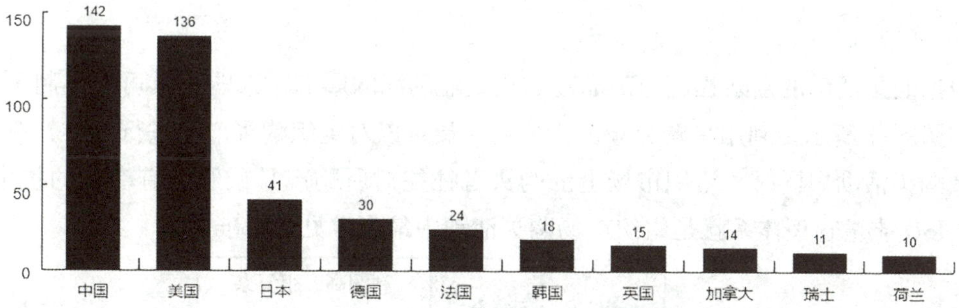

图 5-6　2023 年世界 500 强排名前十国家和地区排名示意图

在组织市场上，根据不同的购买目的，可以将营利性企业分为三种类型：使用者、原始设备制造商和分销商。具体而言，使用者购买工业产品和服务（如电子计算机和自动化机械设备等），并使用这些产品和服务来生产最终在消费者市场上出售的商品。相关设备参与生产流程，虽然不是企业产品的直接组成部分，但直接支持产品的生产过程。如果某企业从厂商那里购进生产设备，那么该企业就是使用者。原始设备制造又叫订牌生产或贴牌生产，是指由合作生产企业按照品牌企业技术、生产、质量和价格等方面的要求进行指定产品的生产。品牌企业对合作企业生产的指定产品进行验收，合格后全部收购并自行销售。分销商是指购买产品并在组织市场中将其再销售给使用者或原始设备制造商的企业。

（二）营利性企业的采购中心

所有的个人和团队共同承担采购决策的风险，并共享采购决策的一致目标（换言之，所有的个人和团队都应参与采购决策），采购中心应运而生。由于与采购状况相关的费用和复杂程度不同，营利性企业采购中心涉及的成员也不同。与消费者市场中消费者所承担的角色类似，营利性企业采购中心在其购买决策过程中承担六种角色：发起者（要求购买的人）、使用者（实际使用产品或服务的人）、影响者（影响企业内外决策的人）、决策者（决定企业采购项目和供应商的人）、购买者（管理与供应商的关系，并进行常规谈判的人）、控制者（企业中控制信息流的人）。一般情况下，他们可以控制外界与采购有关的信息流入企业。

（三）营利性企业的购买行为

营利性企业购买的显著特点是购买产品的种类少，但购买数量巨大。日趋复杂和专业化的采购活动对营利性企业的采购人员提出了新要求，营利性企业的采购人员必须具备特殊的专业采购技能。

1. 分析企业希望实现的目标

根据帕克森和贝克的观点，由于所要购买的产品和服务的种类、企业对成本的控制和经理人员对采购活动的控制程度不同，不同营利性企业购买产品的目的和评判标准也是不同的。通常，企业购买产品所要实现的目标涉及原材料供应、存货、质量、改善供应链关系、降低成本、改善企业竞争地位六个方面。数字技术的发展缩减了沟通时间和成本，节省了仓储空间，实现了产品质量的实时监测、监控与信息传达，重塑了产品供应渠道和模式，极大地节约了企业采购成本，从而提升了企业的竞争力，改善了企业竞争地位。

2. 编制采购目录图

根据购买活动的复杂程度与产品对购买企业利润的影响，采购人员可以编制采购目录图，如图 5-7 所示。利用采购目录图，采购人员可以对组织购买产品进行分类，有针对性地开展购买活动。同时，组织市场上的购买者往往对所购产品或服务有专业的技术要求。其中，ISO 质量管理体系就是组织市场购买活动中最为常见的标准体系。

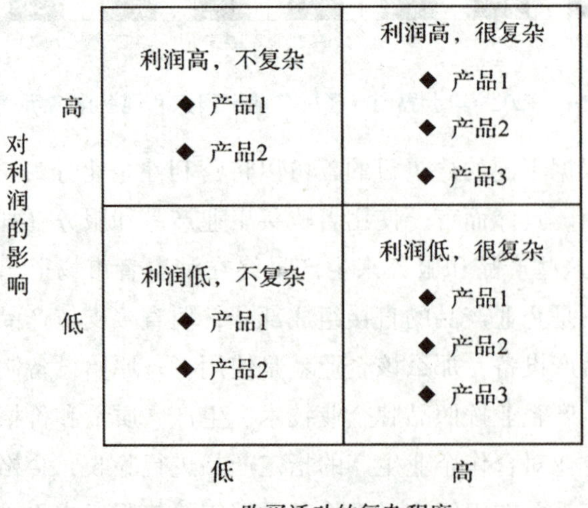

图 5-7　采购目录图

二、政府部门及其购买行为

政府市场由各种为执行政府主要职能而采购或租用商品的政府部门组成。在很多国家，政府部门是产品和服务的主要购买者。

（一）政府采购

最初，政府采购作为一种公共采购或集中采购的手段出现，是西方国家对政府购买行为进行法制化和规范化管理的产物。第二次世界大战后，政府采购受到许多国家的重视，建立了专门的采购部门，并制订了相应的政府采购法律法规。其中，四部关于政府采购的国际法律法规最具代表性，即世界银行的《采购指南》、世界贸易组织的《政府采购协定》、联合国的《贸易法委员会货物》《工程和服务采购示范法》以及欧盟的《采购指令》。政府采购 18 世纪末诞生于英国，已有 200 多年的历史，随着社会的不断发展，政府采购的实践活动也日趋成熟。通常，政府采购是指各级政府为开展日常政务活动或为公众提供公共服务，在政府财政的监督下，以法定的方式、方法和程序，从市场上为政府部门或所属公共部门采购商品和服务的行为。政府采购商品和服务的范围极其广泛，从塑料、黑板、家具到服装 、汽车、燃料、灭火器等，可谓一应俱全，应有尽有。必须指出的是，政府采购不是为了谋取商业利润，而是为了履行职能和实现公共利益。鉴于政府的特殊地位，与一般营利性组织和非营利性组织的采购行为相比，政府采购需要供应商提供大量书面材料，需要供应商竞价投标，往往照顾本国公司。

（二）政府采购的方式和影响因素

政府采购的方式包括公开招标采购、议价合同采购和日常性采购三种类型。其中，公开招标采购是最主要的采购方式。公开招标采购是指政府采购办事处邀请合格的供应商对政府所需商品品目进行投标，获得合同的通常是出价最低的供应商。这种方式适用于大众化、标准化产品的采购。在议价合同采购中，采购机构与一家或几家公司接触，就项目和交易条件与其中一家进行直接谈判。这种采购方式主要发生在与复杂项目有关的交易中，或发生在缺乏有效竞争的场合，经常涉及很高的研究与开发费用，且具有风险。应该明确，向政府部门出售产品与向营利性企业出售产品完全不同。如果营销人员的目标是向政府部门出售商品，应该注意以下问题：透彻理解复杂的政府采购制度，了解政府对采购产品的要求；建立有效的沟通渠道，保持与政府部门的良好联系并及时了解其采购计划；制订适应政府部门产品需求的研发、生产和管理战略；利用信息系统及时了解政府部门对产品的使用反馈；形成一套有效的议价策略以决定价格、折扣、支付方式及合同补充条款等。

三、事业机构及其购买行为

典型的事业机构包括学校、医院、疗养院、监狱及图书馆等，它们针对不同人群提供产品和服务，从而形成了一类特殊的组织需求。随着市场经济的不断深化和社会分工的日益细化，事业机构市场变得越来越庞大。

（一）事业机构的特点

与组织市场中的其他顾客相比，事业机构的特点有以下两个方面。一方面，它们需要接受政府部门的管理，受到政策条款和法律规定的制约，这使事业机构的采购活动与政府部门的采购活动有很多相似之处。例如，复杂的采购机制，事业机构通常有年度预算，其采购行为控制在一定范围内，受预算的制约和政府部门的控制。另一方面，很多事业机构独立运作。与营利性企业相比，它们甚至有更多的购买要求。例如，学校的某些培训部门或医院具有与营利性企业类似的特点。但是，由于预算的限制，事业机构对商品采购具有更强的价格敏感性。事业机构采购的一大特征是预算低。例如，当医院采购部门决定为病人购买食品时，往往倾向于选择专门向事业机构出售商品的供应商，这些供应商的商品质量满足或超过最低标准，但价格通常较低。

（二）事业机构的购买行为

总体来看，事业机构的购买决策往往在建立新机构或更换设备时集体做出，管理人员、专业人士甚至咨询顾问一起参与对供应商的评估。事业机构的采购活动通常采用联合采购的方式。联合采购是指两个或两个以上的购买者为充分利用规模经济优势和降低采购成本，共同从事采购活动。

1. 组建采购战略联盟

采购战略联盟是指两个或两个以上的组织出于对自身总体经营目标的考虑而采取的一种长期性联合与合作的采购方式。这种联合是自发的、非强制性的，联合方仍然保持本组织采购的独立性与自主权，依靠彼此达成的协议和共同的经济利益结成松散联盟。

2. 进行集体采购

为获得数量上的折扣，许多事业机构加入集体采购的行列。通常，集体采购是指具有相似需求的购买者组成更大的购买集体从事采购活动，集体采购可使成员获得更低的价格和管理成本、更高的产品质量、标准化的产品及更完整的交易记录。

3. 合并通用材料的采购

该采购方式存在于具有竞争关系的组织之间，可通过合并通用材料的采购数量和统一归口采购来获得大规模采购带来的低价优惠。这种合作方式遍布全世界，将每一项采购业务交给采购成本最低的一方去完成，从而使联合体的整体采购成本低于原来各方单独采购成本之和，是这些组织的联合准则。

在很多国家，事业机构正在迅速地发生变化，传统的国家所有的垄断模式正在被激烈的竞争及更加复杂的供应商与客户模式所替代。尽管事业机构具有某些结构上的相似性，但不同事业机构的演变过程存在巨大差异。正是由于有了新变化，所有竞争者都会获得重新洗牌的机会。在未来，所有的供应商都需随时关注事业机构的即时变化，并据此制订相应的战略规划。

项目小结

本项目涵盖了组织市场及其购买行为的全面内容。任务一从组织市场的概念、需求、购买品以及产品类型入手，全面介绍了组织市场的基本情况。任务二围绕组织购买行为展开，包括不同类型的组织购买行为、购买行为的过程、影响因素以及在数字化背景下的简化方式。任务三则深入分析了不同类型组织的购买行为，包括营利性企业、政府部门和事业机构，从而帮助学习者全面了解和分析不同组织在市场中的购买行为特点。通过本项目，学习者可以更好地理解组织市场的运作规律，掌握组织购买行为的关键要素，为制定针对性的营销策略提供基础支持。

课后实训

组织购买行为分析

一、实训目标

学生能够了解组织市场的特点、掌握两种市场的购买决策过程，能够识别购买决策参与者的角色。

二、实训开展

任务 1：组织市场的分类与特点

任务描述：现有 C、D、E 三家公司均要购买 A 产品，C 公司购买用于深加工后销售，D 公司通过低价大批量购买后分批低价销售，E 公司购买用于给员工发福利。判断 C、D、E 三家公司各属于哪种类型的组织市场；任选一家公司，分析公司在购买 A 产品过程中有哪些特点。将结果记录在表 5-3 和表 5-4 中。

表 5-3　判断组织市场类型

研究内容	研究结果
C 公司	
D 公司	
E 公司	

表 5-4　组织市场特点

研究内容	研究结果
所选择公司	
购买过程特点	
购买过程解析	

任务 2：组织购买决策过程

任务描述：分析所选公司在购买过程中会经历哪些决策阶段，每一阶段有哪些行为活动，营销者在各阶段采用何种营销策略影响购买。将结果记录在表 5-5 中。

表 5-5　组织购买决策过程

决策阶段	行为活动	营销策略
阶段 1	活动 1 活动 2	
阶段 2	活动 1 活动 2	
阶段 3	活动 1 活动 2	
阶段 4	活动 1 活动 2	

三、实训评价

展示任务完成情况，并完成考核评价表（表 5-6）。

表 5-6　考核评价表

评价项目	评价内容	分值	评分/分		
			自评	互评	师评
职业素养考核项目（40%）	考勤、仪容仪表	10 分			
	安全意识、责任意识及服从意识	10 分			
	团队合作、沟通交流能力	10 分			
	维护教学设备及工具等干净整洁	10 分			
专业能力考核项目（60%）	积极参与组织市场及其购买行为教学活动并理解活动要求	20 分			
	积极参与组织市场类型判断实践活动，并按要求完成任务	20 分			
	积极参与组织购买决策实践活动，并按要求完成任务	20 分			
综合分数	自评（20%）+互评（20%）+师评（60%）	100 分			
综合评语		指导教师（签名）：			

思考练习

1. 简述组织市场购买方式的特点。
2. 简述组织购买行为的过程。
3. 简述当前企业购买行为呈现出的新特点。

项目六

制定市场营销战略

项目导入

企业参与市场竞争，由于需求的复杂性、层次性、易变性，技术的快速发展和演进、产业的发展使得市场竞争中的企业面临复杂的竞争形势，制定营销战略可为企业明确市场定位和目标，有效规划资源和活动，提升市场竞争力和品牌影响力，促进长期稳定的业务增长和盈利能力。通过合理的营销战略，企业可以更好地满足客户需求，抓住市场机遇，应对竞争挑战，实现可持续发展。

学习目标

知识目标

（1）理解产品的概念及分类。

（2）熟悉产品组合的要素与策略。

（3）了解影响产品定价的因素。

（4）了解产品促销的内涵与作用。

技能目标

（1）能够设定合理的产品定价目标，利用各种定价方法进行产品定价。

（2）能够根据产品特性和目标市场选择适当的分销渠道，并进行渠道评估和管理。

（3）能够设计多元化的产品促销组合，包括人员推销、广告促销、营业推广和公共关系等手段。

素质目标

（1）培养学生市场洞察力和创新精神，能够根据市场反馈调整产品策略和促销组合。

（2）培养学生分析和解决问题的能力，能够在市场竞争激烈的环境下提出切实可行的营销方案。

思政目标

理解不同产品价格策略对组织运营的影响，强调产品质量和安全性对组织发展的重要性，培养学生的产品责任意识。

案例导入

滴滴出行的营销战略

滴滴出行是涵盖出租车、专车、快车、顺风车、代驾及大巴等多项业务在内的一站式出行平台，2015 年 9 月 9 日由“滴滴打车”更名而来。

滴滴打车于 2012 年 9 月 9 日正式上线，业务首先在北京展开，紧接着扩展至上海、深圳和广州。2014 年 5 月，产品正式更名为“滴滴打车”，寓意“滴水之恩，涌泉相报”；2014 年 8 月，滴滴专车上线，进军商务用车领域；2015 年 2 月 14 日，滴滴打车和快的打车进行战略合并；2016 年 8 月 1 日，滴滴出行宣布与 Uber 全球达成战略协议，滴滴出行将收购优步中国内地的品牌、业务、数据等全部资产。

“滴滴出行” App 改变了传统打车方式，建立并培养了大移动互联网时代下引领的用户现代化出行方式。与传统的电话召车与路边扬招相比，滴滴打车的诞生更是改变了传统打车市场格局，颠覆了路边拦车概念，利用移动互联网特点将线上与线下相融合，从打车初始阶段到下车使用线上支付车费，绘制出一个乘客与司机紧密相连的 O2O 完美闭环，最大限度地优化了乘客打车体验，改变了出租司机等客等传统方式，让司机师傅根据乘客目的地按意愿“接单”，节约了司机与乘客沟通成本，降低了空驶率，节省了司乘双方的资源与时间。

从“滴滴打车”到“滴滴出行”，那句“滴滴一下，马上出发”已经融入了越来越多用户的生活。很多人说，滴滴成功的关键是有资金支持，而当我们把目光转向资金如何有效转化为市场的时候，会惊喜地发现，滴滴成功的关键是不断创新。从营销的角度来看，滴滴出行的创新营销战略包括创新红包玩法、创新广告手法、创新跨界合作方式三个方面。

（1）创新红包手法，培育用户习惯

红包补贴一直是滴滴出行被讨论最多的话题。滴滴出行在市场开发初期，红包补贴的确为其赢得市场出力不少，因为相对于传统的出租车市场，快车、拼车及专车市场的市场接受度相对较低，用户还没有养成消费习惯，而用户对红包的天然敏感性使红包补贴成为市场拓展和用户习惯培育的最好角色。

细数滴滴出行的红包发放，不难发现，其红包策略随着市场的不断变化，补贴方式也在不断创新，从现金红包、折扣红包、节日红包再到跨界联合发红包。

（2）创新广告手法，引发持续传播

随着社会形态和消费模式的变革，广告的内涵甚至也随之发生改变，不再是传统意义上的广而告之，而是如何响应、点燃那些人们已经蕴含在内心、表达在口头、体现在生活细节中的需要。因此，与新的消费模式对应的广告创意也正在悄然发生变化。“互动”和“体验”成为广告创意的核心，对消费者“痛点”和“痒点”的准确把握成为广告创意的关键。

滴滴在上线顺风车业务时，推出“一分钱拯救地铁汪”的广告活动。广告以漫画的形式刻画了大城市上班族挤地铁的窘态，简洁的文案直戳消费者内心，通过让消费者参与测试并领取治疗金的形式与消费者互动，成功吸引了大量用户参与产品体验，打了一手漂亮的情感牌。

(3) 创新跨界合作方式，多元沟通链接

在碎片化的移动互联网时代，品牌与消费者的沟通链接越来越追求多元化和碎片化，追求整合营销传播，品牌在与消费者的多元沟通传播中成为消费者生活的一部分。

出行 O2O 对于大部分用户而言还是一个新鲜事物。滴滴出行要真正走进消费者的生活，成为消费者的自觉行为，除了红包策略和创新广告手法之外，还需要多角度、全方位地与消费者建立链接。滴滴的跨界合作方式主要有跨界营销、公益营销和联合促销三种形式。

从某种意义上来说，滴滴出行的成长路径是不可复制的——它的成功，必然是多种因素综合作用的结果，其中也包括运气的成分。但同时，它的成长路径和营销战略也一定是值得借鉴的，无论对于创业者，还是对于互联网行业的产品和运营从业者，我们都相信它可以带给你足够多的启发。

任务一　制定企业产品策略

一、产品概念及分类

（一）产品整体概念

在现代市场营销学中，产品概念是一个整体概念。产品的本质是企业在商品交换活动中，为消费者提供的能满足消费者需求的所有有形或无形因素的总和。市场营销界习惯于将产品整体概念概括为核心产品、形式产品和附加产品三个层次。近年来，菲利普·科特勒等学者进一步认为，产品整体概念可以概括为核心产品、形式产品、期望产品、附加产品、潜在产品五个层次，如图 6-1 所示。

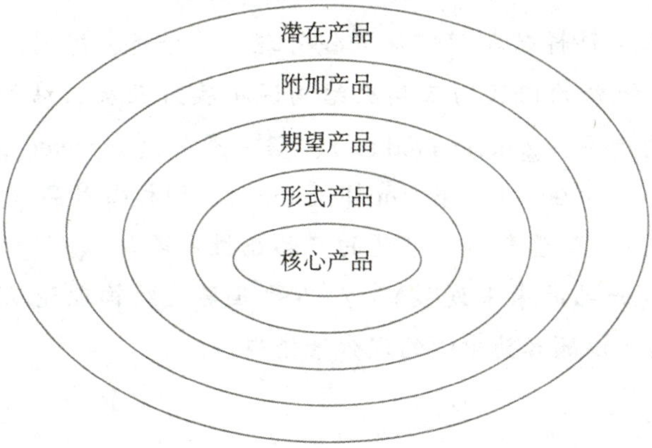

图 6-1　产品整体概念

1. 核心产品

核心产品，是指消费者希望通过交换活动得到的最为核心或最为基本的效用或利益，是产品整体概念中最基本、最主要的部分。

2. 形式产品

形式产品，是指核心产品价值借以存在并传递给消费者的具体形式或外在表现形式。具体来说包括品质、式样、特征、商标、包装等。

3. 期望产品

期望产品，是指购买者购买产品时期望得到的与核心产品密切相关的一整套属性和条件。例如，汽车消费者除了希望得到基本的交通工具功能外，还期望车辆具备安全性能、舒适的驾乘体验、良好的操控性、节能环保等特点。他们也会关注车辆的外观设计、内部空间舒适度、科技配置、售后服务等方面。

4. 附加产品

附加产品也称延伸产品，是指消费者购买前三个层次产品时，附带获得的各种利益的总和，它是生产者为了满足消费者因获得前三个层次产品利益而派生出的延伸性需求而提供的产品或服务的总称。它通常包括产品说明书、保证、安装、维修、配送、技术培训等内容。

5. 潜在产品

潜在产品，是指产品最终可能的所有增加和改变的利益。它是在核心产品、形式产品、期望产品、附加产品之外，能满足消费者潜在需求的、尚未被消费者意识到，或者已经被意识到但尚未被消费者重视或消费者不敢奢望的一些产品价值，是现有产品的演变趋势和前景。

课堂讨论

生活中哪些产品是形式产品？哪些产品是附加产品？

知识拓展

科特勒的产品五层次结构说

1994 年，菲利普·科特勒在《市场营销管理——分析、规划、执行和控制》专著的修订版中，将产品概念的内涵由三层次结构说扩展为五层次结构说，包括核心利益（core benefit）、一般产品（generic product）、期望产品（expected product）、扩大产品（augmented product）和潜在产品（potential product），即核心产品（基本功能）、一般产品（产品的基本形式）、期望产品（期望的产品属性和条件）、附加产品（附加利益和服务）和潜在产品（产品的未来发展）。产品的五层次结构理论从全新的角度分析产品，十分清晰地体现了以顾客为中心的现代营销观念。

（二）产品的分类

从营销管理的角度，常对产品进行以下分类。

1. 按照是否耐用，产品可分为非耐用品和耐用品

（1）非耐用品

非耐用品是指在正常情况下一次或几次使用就被消耗完的有形物品，如文具、牙膏等。非耐用品应当通过更多商业网点出售，方便消费者和用户随时随地购买；毛利要低些；大力开展广告活动，诱导消费者和用户喜爱和购买产品。

（2）耐用品

耐用品是指在正常情况下能多次使用的有形物品，如冰箱、机床等。耐用品通常需要人员推销和服务，毛利可定得高一些。

2. 按照用途不同，产品可分为消费品和产业用品

（1）消费品

消费品主要是家庭或个人消费的物品。消费品根据消费者的购物习惯，可分为便利品、选购品、特殊品和非渴求物品四类，见表 6-1。

表 6-1　消费品的分类

消费品类别	含义	举例
便利品	消费者购买前对便利品的品牌、价格、质量和出售地点等都很熟悉，只花较少的精力和时间去比较品牌、价格，通常购买频繁，希望在需要时立刻买到	食品、报纸、牙膏、电池等日用品
选购品	消费者购买前往往花较多的时间和精力了解与比较商品的花色、样式、质量、价格等；选购品挑选性强，因其耐用程度较高，不需要经常购买	流行时装、家具、耐用家电等
特殊品	特殊品是指在心理上和经济上均相当重要，消费者偏好特定品牌，并且愿意花费精力去搜寻的产品	摄影器材、新款汽车等
非渴求物品	顾客不知道的产品，或者虽然知道却没有兴趣购买的产品	刚上市的新产品、人寿保险等

（2）产业用品

产业用品是指那些购买者购买后以社会再生产为目的的产品，包括原材料、零部件、生产设备、供应品和服务等。

当然，还有其他一些产品分类方法。根据产品之间的销售关系，产品可分为独立品、互补品（如汽车和汽油）、替代品（如牛肉和羊肉）三种；根据需求量与收入关系，产品可分为高档品（需求量随收入增加而增加的产品，即收入弹性系数为正数的产品）和低档品（需求量随收入增加而减少的产品，即收入弹性系数为负数的产品）。

3. 按销售关系，产品分为独立产品、互补产品和替代产品

（1）独立产品

一种产品的销售不受其他产品销售的影响。如钢笔与手表、电视机与电冰箱互为独立产品。

（2）互补产品

一种产品与相关产品的销售相互依存、相互补充。一种产品销售量的增加（或减少）会引起相关产品销售量的增加（或减少）。

（3）替代产品

两种产品之间的销售存在竞争关系。也就是说，一种产品销售量的增加（减少）会引起另外一种产品潜在的销售量的减少（增加）。

产品组合概述

二、产品组合

（一）产品组合的概念

产品组合是指一个企业提供给市场的全部产品线和产品项目的组合。产品线即产品大类，是指具有密切关系、能满足同类需要、使用功能相近的一类产品。一个企业可以生产经营一条或几条不同的产品线。产品项目是指企业产品目录上列出的各种不同质量、品种、规格和价格的特定具体产品。企业在其产品目录上列出的每一个产品，都是一个产品项目。

（二）产品组合的要素

通常从产品组合的宽度、长度、深度和关联度四个要素来描述企业的产品组合情况。企业的产品组合决策应从这四个方面做出决策与规划。

1. 产品组合的宽度

产品组合的宽度，是指一个企业生产经营的产品大类的多少，即拥有的产品线的数量。产品组合的宽度主要反映企业营销活动中所涉及的产品或业务面的宽窄问题。多则称之为宽，少则称之为窄。例如，某企业共经营五大类产品（表 6-2），即有五条产品线。因此，该企业产品组合宽度为五。

表 6-2　产品组合举例

编号	产品线	产品项目	项目数
1	家电	电视、洗衣机、冰箱、空调、取暖器、空气净化器	6
2	数码	手机、数码相机、数码相框、录音笔、平板电脑	5
3	图书	文学、少儿、育儿、经济、计算机、外语、小说	7
4	服装	外套、风衣、针织衫、毛呢大衣、羽绒服、牛仔裤、西装、棉服	8
5	鞋类	皮鞋、雪地靴、凉鞋、运动鞋	4

2. 产品组合的长度

产品组合的长度，是指企业产品组合中包含在各条产品线中的所有产品项目的总数。产品组合的长度反映了企业营销活动中所经营的产品项目内容的多少。多则称之为长，少则称之为短。表中企业经营的五大类产品中，共有 6+5+7+8+4＝30 个具体产品项目。因此，该企业经营的产品组合总长度为 30。平均每条产品线包含 30/5＝6 个产品项目，因此，该企业经营的产品组合平均长度为 6。

3. 产品组合的深度

产品组合的深度，是指构成企业产品组合的产品线中每一产品项目所包含的不同花色、规格的产品品种数。如某种产品有两种花色、三种规格，那么这种产品的深度就是6。企业经营的某一大类产品的花色、品种、规格和款式越齐全，则开发的深度就越大。

4. 产品组合的关联度

产品组合的关联度，是指企业各条产品线之间在生产条件、目标市场、分销渠道、最终使用等方面的相似或相近程度。产品组合的关联度影响企业生产经营管理的复杂程度。一般而言，关联度越高，管理的复杂程度越低；反之，管理的复杂程度越高。

（三）产品组合策略

产品组合策略是指企业在产品组合的长度、宽度、深度和关联度等方面所采用的策略。产品组合策略一般有以下四类。

1. 单一产品策略

单一产品的生产过程简单，可以采用高效的技术装备和工艺方法，提高自动化程度，进而大批量生产，提高劳动生产率，技术上也易于精益求精，提高产品质量，降低成本，节省销售费用。该策略的缺点是企业对产品的依赖性太大，适应性较弱，风险较大。

2. 有限产品专业性策略

企业集中生产经营有限的产品，以适应和满足有限的市场需要。比如，有的企业只生产高档产品，满足对质量要求较高而不在乎价格的顾客的需要。

3. 产品系列专业性策略

企业重点生产经营某一类产品，围绕产品向上、向下、向前、向后延伸，开发出一系列类似但各不相同的产品，形成不同类型、不同规格、不同档次的产品系列。

由于系列化的产品能更好地满足不同顾客的不同需要，并利用企业原有的优势，节省企业的开发费用，从而扩大产品的市场占有率，增加销量，增强企业的竞争实力。

4. 全面型策略

在企业有能力满足整个市场需要的前提下，企业着眼于向顾客提供他们所需要的一切产品。一般来说，采用全面型策略的大多是大型或超大型企业，目标是推出尽可能多的产品，捕捉市场机会，促进企业发展、壮大。

（四）产品组合的调整和优化

市场环境和资源条件变动后，企业应该对产品组合作出相应的调整，适时增加新产品，淘汰部分滞销产品，以保持产品组合的竞争力。

常用波士顿矩阵和通用电气公司法对产品组合进行分类与评价，以确认应当发展、维持，或者缩减、淘汰的具体业务，由此科学地调整和优化产品组合。

三、产品生命周期

（一）产品生命周期概述

产品从投入市场到最终退出市场的全过程称为产品生命周期。产品生命周期是指产品的市场寿命，而不是产品的使用寿命。理解产品生命周期须明确四点：产品的生命是有限的；产品销售经过不同阶段，每个阶段有不同的销售要求；在产品生命周期的不同阶段，利润有升有降；在产品生命周期的不同阶段，产品需要不同的营销策略组合。

产品生命周期一般要经历导入期、成长期、成熟期、衰退期四个阶段，如图 6-2 所示。每个阶段的特点互不相同，见表 6-3。

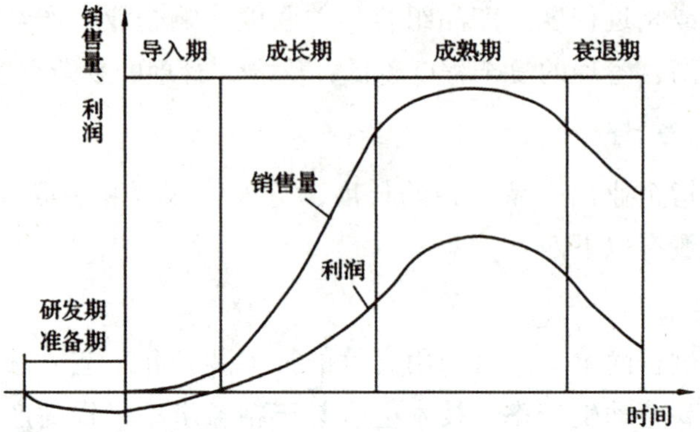

图 6-2　产品生命周期

表 6-3　产品生命周期不同阶段的特点

项目	导入期	成长期	成熟期	衰退期
含义	把产品引入市场，销售缓慢增长的时期	销售和利润快速增长的时期	市场增长趋势减缓或饱和的时期，产品已被大多数潜在购买者所接受	产品销售量显著下降，是退出市场前的那段时期
成本	最高	高	低	低
顾客	创新者	采用者	大众	滞后者
竞争者	没有或极少	少数	数量最多	数量减少
营销目标和战略	高产品认知和试销	在大量竞争者进入之前，最大化市场份额	利润最大化的同时保持市场份额	控制成本并榨取最后价值
产品	提供基本产品	扩展产品、服务和保障	提供系列化产品	淘汰劣势产品，通过新功能争取进入新的成长期、成熟期
价格（利润）	价格较高，可能会因为高投入而亏损	价格开始下降，利润随着销售量的增加而增加	匹配或击败竞争者的价格，利润到达顶点后逐渐下降	竞争价格，降价可能导致利润大幅度回落甚至亏损
渠道	排他性或选择性分销渠道	选择性分销渠道	广泛性分销渠道	淘汰不盈利的渠道商
促销	针对早期顾客和渠道商促销，加大促销力度成长期	针对大众顾客促销	强调产品的差异化	降低促销费用

（二）导入期的市场营销策略

导入期的市场营销一般有四种可供选择的策略。

1. 快速掠取策略

以高价格、高促销费用推出新产品。实行高价格是为了获取最大的利润，投入高促销费用是为了引起目标顾客的注意，加快市场渗透。如果企业成功实施这一策略，可以赚取较高的利润，尽快收回新产品的开发成本。

实施该策略的市场条件：市场上有较大的需求潜力；目标顾客具有求新心理，急于购买新产品，并愿意为此付出高价；企业面临潜在竞争者威胁，需要及早树立品牌。

2. 缓慢掠取策略

以高价格、低促销费用推出新产品。高价格和低促销水平结合可以使企业获得更多的利润。

实施该策略的市场条件：市场规模相对较小，竞争威胁不大；市场上大多数用户对该产品少有疑虑；适当的高价能为市场所接受。

3. 快速渗透策略

以低价格、高促销费用推出新产品，目的在于先发制人，以最快的速度打入市场。该策略可以给企业带来最快的市场渗透率和最高的市场占有率。

实施该策略的市场条件：产品市场容量很大；潜在消费者对产品不了解，并且对价格十分敏感；潜在竞争比较激烈；产品的规模经济效应明显。

4. 缓慢渗透策略

以低价格、低促销费用推出新品。低价是为了促使市场迅速地接受新产品，低促销费用则可以实现更多的利润。

实施该策略的市场条件：需求价格弹性较高、促销弹性较小。

（三）成长期的市场营销策略

产品进入成长期以后竞争加剧，企业为了维持市场增长率，延长获取最大利润的时间，在加强产品竞争能力的同时，也相应地加大营销成本。因此，在成长阶段，企业面临着“高市场占有率”或“高利润率”的选择。一般来说，实施市场扩张策略会减少企业当前的利润，但加强了企业的市场地位和竞争力，有利于维持和扩大企业的市场占有率，从长期利润观点看，更有利于企业的发展。

1. 改善产品品质

企业根据顾客需求和其他市场信息，不断改善产品品质，努力增加产品的款式和型号，增加产品的新用途，以提高竞争能力，吸引更多的顾客。

2. 寻找新的细分市场

通过市场细分，找到新的尚未满足的细分市场，企业根据其需要进入该市场，以争取更多顾客。

3. 改变营销策略

企业把广告重点从介绍产品转移到介绍产品的新功能上，在巩固原有渠道的基础上，增加新的销售渠道，在适当的时机选择降价策略。

4. 树立品牌形象

企业加强促销，重心从建立产品知名度转移到树立产品形象，主要目标是建立品牌偏好，争取新的顾客。

（四）成熟期的市场营销策略

产品进入成熟期以后，价格相对稳定，利润达到最高峰，开始出现产品过剩的情况。企业在稳住现有市场的同时，应尽力寻求新的增长点，延长成熟期，或使产品生命周期出现再循环。

1. 市场开拓策略

企业开拓新市场和扩大原有市场份额。

（1）外延型市场开拓

在现有市场外，通过地域上的外延寻找新的细分市场。一个产品在某一地区已进入成熟期，在另一地区可能刚进入导入期或成长期，企业可以在保持现有地域上的成熟期产品的销量和市场占有率的基础上，通过外延扩张到刚进入导入期或成长期的地区。

（2）内涵型市场开拓

在现有市场寻找新的顾客。处于成熟期的产品在现有市场内通过内涵细分可以扩展顾客范围，挖掘新的顾客。

2. 产品改良策略

以产品自身的改良来满足顾客的不同需要，吸引新的使用者，或使原有顾客增加购买量和购买的频率，从而使销量回升。

（1）设计改良

改善原有产品的设计，以提高处于成熟期产品的竞争能力，是产品改良的首要环节。即便只是一个很小的改进，也会使消费者更喜欢这个产品，从而使企业在竞争中领先。

（2）质量创新

质量创新是设计改良的直接结果，也是工艺改进和原材料改进的结果。通过质量创新来强化产品独特的功能，既可以更好地满足顾客的特定需要，为顾客带来更多的利益，又可以避免竞争者的模仿。

（3）发展新用途

不改变产品的设计、质量、功能特性等，而只是发掘现有产品的新用途。

3. 营销组合改良策略

企业通过改变定价、销售渠道及促销方式，与顾客建立新的联系，为顾客提供更完善的服务，从而在竞争中取得主动地位。

（五）衰退期的市场营销策略

1. 集中策略

集中策略把资源集中使用在最有利的细分市场、最有效的销售渠道和最畅销的品种与款式上。即缩短战线，在最有利的市场赢得尽可能多的利润。

2. 维持策略

维持策略保持原有的细分市场和营销组合策略，把销售维持在一个低水平，待到适当时机，便停止经营，退出市场。

3. 榨取策略

榨取策略大大降低销售费用，如将广告费用削减为零、大幅度精简推销人员等。虽然销售量有可能迅速下降，但是可以增加当前利润。

任何产品的市场生命周期都有结束之时，企业为了提高自身的竞争能力，应该未雨绸缪、高瞻远瞩，不断开发新产品，并及时将新产品投放市场。如果企业决定停止经营衰退期的产品，应在立即停产还是逐步停产问题上慎重考虑，并应处理好后续事宜，使企业有秩序地转向新产品的经营。

四、品牌策略

（一）品牌的含义

品牌是企业产品的牌子，用以区别产品或服务的名称、标记、符号、图案和颜色等要素或其组合。品牌主要包括品牌名称、品牌标志和商标。

品牌名称是指品牌中可用语言称呼的部分，如奔驰、海尔、长虹等。品牌标志是指品牌可以被识别、认识，但不能够用语言称呼表达的部分，包括独特的符号、图案或字体造型等，如奥迪的品牌标志就是四个互扣的环。商标是一个法律术语，品牌或品牌的一部分在政府有关部门依法注册后称为商标，在依法注册并取得专用权后受法律保护。

案例导入

品牌多程的形式有如下几种

①人名（公司名）作品牌名。如“张小泉”“李宁”“福特”。

②地名作品牌名。如“茅台”“青岛啤酒”“红塔山”。

③动物名作品牌名。如“小天鹅”“七匹狼”“白象”。

④花草树木名作品牌名。如“春兰”“水仙”“菊花”“椰树”。

⑤数字或数字与文字组合作品牌名。如“7-ELEVEN”“三枪”。

⑥“宝”字作品牌名。如“大宝”“健力宝”“青春宝”。

⑦产品的成分作品牌名。如“两面针”“黄芩”。

⑧能产生美好联想的词作品牌名。如“美的”“永芳”“美加净”。

⑨产品功能作品牌名。如“脑轻松”“保龄参”。

⑩ 象征地位的名称作品牌名。如“太太”“老板”“豪门”。

⑪ 无意义的创造性品牌名。如“Kodak”“Intel”“海尔”。

⑫ 组合字首作品牌名。如“NEC”“IBM”“3M”。

（二）品牌的作用

对企业而言，品牌形象是识别企业的核心，一个成功的品牌是企业最有价值的资产。品牌有助于树立产品和企业形象，保护产品的某些独特特征不被竞争者模仿，有助于产品的销售和占领市场；有助于吸引忠诚顾客；有助于稳定产品的价格，减少价格弹性，增强对动态市场的适应性，减少未来的经营风险；有助于市场细分，进而进行市场定位；有助于新产品开发，节约新产品投入市场的成本。

对消费者而言，品牌有助于消费者识别产品的来源或产品制造厂家，从而有利于消费者权益的保护；有助于消费者规避购买风险，降低消费者的购买成本，从而更有利于消费者选购商品；有利于消费者形成品牌偏好。

（三）确定品牌策略

品牌策略是企业营销策略的一项重要内容。企业围绕品牌问题，要作出一系列的决策。常用的品牌策略主要包括品牌设计策略、品牌保护策略、品牌有无策略、品牌使用者策略、品牌统分策略和品牌延伸策略等。

1. 品牌设计策略

品牌设计既是一门科学，又具有极强的艺术性。优秀的品牌设计应该遵循以下几个方面的基本要求。

（1）简洁醒目，易读易记

好的品牌具有自己的个性，能被消费者深深地记住和识别。

（2）构思巧妙，富有内涵

一个与众不同、富有感召力的品牌一定是构思巧妙、内涵深刻的设计，这样的品牌会使消费者产生美好的愿望，其个人价值、情感诉求等就会很自然地在该产品中体现出来。

（3）尊重习俗，规避禁忌

品牌设计必须考虑产品品牌的文化差异与文化适应性问题，并应符合目标市场相关的法律法规、条约惯例的制约与规定。

2. 品牌保护策略

（1）及时注册

国际上对商标权的认定有两个并行的原则，即注册在先和使用在先。注册在先，是指商标的专用权属于首先申请注册并获批准的企业或个人；使用在先，是指商标的专用权属于首先使用此商标的企业或个人。我国法律对商标权的认定坚持注册在先的原则。因此，我国企业确定商标后，应该及时进行国内和国际注册，取得法律保护。

（2）类似商标注册

类似商标注册，就是注册与使用相同或相似的一系列商标。具体而言，就是注册一系列文字、读音、图案相同或相近的商标，保护正在使用的商标。

（3）跨行业品类注册

目前，我国商标注册采用的是国际上通用的商标分类法，即把商品分成 34 个大类，服务行业分成 8 个大类。同一商标可以在 42 个类别上分别申请注册。因此，为了防止他人在不同种类的产品或行业使用企业的商标，企业需要把同一品牌在不同种类的产品或行业进行商标注册。

3. 品牌有无策略

企业实行品牌化策略，即为自己经营的产品设计品牌名称和商标。对企业而言，实行产品品牌化将带来诸多好处，有利于消费者识别产品，这对于提高企业形象、提高市场占有率、培养并建立稳定的顾客群等方面具有积极的作用。但在市场营销活动中，一些企业对有些产品则实行非品牌化策略，不对其进行品牌的设计。实行无品牌策略，主要目的是节省包装及广告费用、降低营销成本、增加销量。

4. 品牌使用者策略

（1）制造商品牌策略

制造商品牌即产品生产者自己设计、注册并使用的商标。使用制造商品牌，有利于生产者积累品牌资产，形成持续、稳定的市场竞争力。

（2）中间商品牌策略

中间商品牌策略就是谁经销使用谁的品牌。具体而言，就是生产者将自己的产品大批量销售给中间商，然后中间商使用自有品牌进行销售。

（3）制造商品牌与中间商品牌并存

有些生产者生产的产品一部分用于自有品牌销售，一部分则提供给中间商，使用中间商品牌进行销售。

（4）授权品牌

在营销实践中，有些生产者既不使用自己的品牌销售产品，也不使用中间商品牌销售产品，而是经过申请，获得一些知名品牌授权，用经过授权后的品牌进行销售。

5. 品牌统分策略

（1）统一品牌策略

即企业所有产品都统一使用同一个品牌的策略。例如，美国通用电气公司的产品都使用“GE”这个品牌。采用统一品牌策略有利于树立企业形象，节省品牌业务管理费用，同时也利于推广新产品。但该策略的使用风险较高，一旦某种产品出现问题，就会影响整个品牌形象，损害企业的信誉。

（2）分类品牌策略

即企业依据一定的标准将产品分类，同一类产品使用相同的品牌的策略。该策略便于企业实行差异化营销，避免个别品牌策略的成本过高问题，克服统一品牌高风险的缺点。

（3）个别品牌策略

即企业同一类产品中的各种产品分别使用不同的品牌的策略。例如，联合利华生产的牙膏品牌为“中华”、洗衣液品牌为“奥妙”等。个别品牌策略具有分散企业风险、促使企业拓展多种产品线和产品项目、开拓更广泛的市场的优势。但由于品牌众多，品牌设计与运营费用较大，不利于企业创立品牌。

（4）企业名称加个别品牌策略

即企业对其不同种类的产品分别使用不同的品牌，但在各种类产品品牌前仍冠以企业名称的策略。该品牌策略既有利于新产品借助企业声誉迅速占领市场，又可使各种产品品牌的新产品保持自己的相对独立性。

（5）多品牌策略

企业对同一种产品使用两个或两个以上的品牌的策略。多品牌策略的优点在于能使企业针对不同细分市场的需要，有针对性地开展营销活动；采用此策略，各品牌之间联系松散，不会因个别产品出现问题、声誉不佳而影响企业的其他产品。多品牌策略的缺点在于品牌较多会影响广告效果，易被遗忘。因此，多品牌策略一般适宜于实力雄厚的大中型企业。

6. 品牌延伸策略

品牌延伸策略是指企业利用其成功品牌的声誉来推出改进新产品或全新产品的策略。

（1）纵向延伸

纵向延伸是指企业先推出某一品牌，赢得一定的市场声誉后，逐步推出新一代经过改进的该品牌产品。例如，宝洁公司在中国市场推出“飘柔”洗发水后，为满足消费者的不同需求，逐步推出不同系列的全新升级产品；汽车行业和耐用消费品行业的企业也通常会不断推出标有“XX-308”“XX-408”“XX-508”等型号的产品。

（2）横向延伸

横向延伸是指企业把成功的品牌用于新开发的不同产品。例如，海尔集团先后向市场推出海尔品牌的冰箱、空调、电视机、热水器、洗衣机等系列产品。

品牌延伸策略有利于新产品借助原有品牌声誉被市场消费者快速认知与接受，迅速、顺利地进入市场，节省了市场推广费用。但品牌延伸可能淡化甚至损害品牌原有的形象，使品牌的独特性被逐步遗忘。因此，企业应谨慎地采用品牌延伸策略。

五、包装策略

（一）包装的概念

产品包装是形式产品的重要组成部分，通常是指产品的容器、包装物及其设计装潢。包装在营销活动中的作用表现为保护产品、方便使用、促进销售、方便储运。产品包装主要包括内包装、外包装和储运包装三个方面。

1. 内包装

内包装也称使用包装，是指包装产品的直接容器或器物。其作用主要是方便消费者的消费与使用。

2. 外包装

外包装，也称销售包装，是指能起到保护内包装、方便销售和促进销售作用的包装物，如酒瓶外的包装纸盒。这部分包装一般在消费者购买商品后、使用商品前随即被扔掉（图 6-3）。

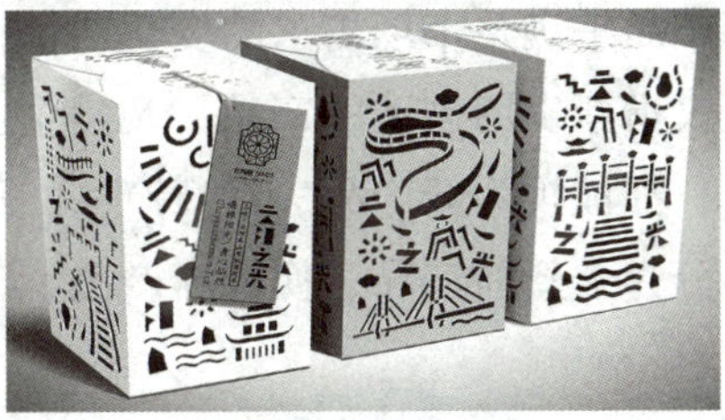

图 6-3 产品外包装

3. 储运包装

储运包装，是指产品储存和运输过程中所使用的包装物。

（二）包装策略选择

1. 类似包装策略

企业生产经营的所有产品，在包装外形上都采取相同或相近的图案、色彩等，使消费者通过类似的包装联想起这些商品是同一家企业的产品，具有同样的质量水平。类似包装策略不仅可以节省包装设计成本，树立企业整体形象，扩大企业影响，而且还可以充分利用企业已经拥有的良好声誉，消除消费者对新产品的不信任感，进而带动新产品的销售。

2. 等级包装策略

企业对不同质量等级的产品分别设计和使用不同的包装，使包装质量与产品质量等级相匹配。对高档产品采用精致包装，对低档产品采用简单包装。这种做法适应不同需求层次消费者的购买心理，便于消费者识别、选购商品。

3. 配套包装策略

企业将几种有关联性的产品组合在同一包装内。这种策略能够节约交易时间，便于消费者购买、携带与使用，有利于扩大产品销售。家庭小五金工具产品组合、女士化妆品盒就是典型的配套包装。

4. 再使用包装策略

包装在产品消费完后还能另做他用。这种包装策略符合当前的环保潮流，同时在包装物的再使用过程中，包装上的企业标志还能够继续宣传企业和产品。

5. 附赠品包装策略

附赠品包装策略是指在包装内附有赠品以刺激消费者重复购买的策略。包装物中的赠品可以是玩具、图片，也可以是奖券、小包装的商品。该包装策略对儿童和青少年及低收入者比较有效。这也是一种有效的营业推广手段。

此外，还有多种其他包装策略。一般而言，企业应保持包装设计的稳定，但也应该随着市场需求的变化而改变。企业在修正包装策略的同时，还要考虑包装的发展趋势，如新材料的应用、特殊形式的包装及包装密封方式等。

六、新产品开发

（一）新产品的分类

随着市场竞争的加剧和科学技术的进步，产品生命周期不断缩短，企业必须不断开发新产品来满足市场需求的变化，保证企业不断成长。市场营销中新产品的范畴很广泛，不仅仅指新发明创造的产品。凡是企业向市场提供的能给顾客带来新的满足、新的利益的产品，都被视为新产品。对新产品，可以从不同角度、用不同的标准进行分类。一般把新产品分为全新新产品、换代新产品、改进新产品和企业新产品四类，见表6-4。

表6-4　新产品的分类

分类	含义	特点	举例
全新新产品	新发明和创造，利用新原理、新结构、新技术、新材料制造的产品	从研究到生产，要花费很长的时间、巨大的人力和财力支出，绝大多数企业都很难提供这种全新的产品	电话、飞机、计算机等第一次进入市场
换代新产品	在原有产品的基础上，部分采用新技术、新材料制成的性能有显著提高的产品	多数换代新产品是老产品部分的质变，中小企业由于技术、财力等原因，对产品的更新换代投入也较少	从黑白电视机、彩色电视机到液晶电视机
改进新产品	对现有产品在质量、结构、品种、材料等方面做出改进的产品	改进新产品是老产品的一种量变，满足各种消费者的不同需要	新款式的服装，从普通牙膏到药物牙膏等
企业新产品	企业对国内外市场上销售的产品进行模仿生产的产品	中小企业引进和仿制国外的新产品，能大幅缩短和国际先进水平之间的差距，但是应符合专利法等法律法规的规定	中国企业模拟开发国外企业的沙滩电动车等

案例导入

告别千篇一律，设计自己的特色产品

智能手机对于现代人来说已经是一个再熟悉不过的产品，给我们的日常生活带来了颠覆性的改变，各种新型手机层出不穷。

2021年，各手机厂家不断更新技术，推出各具特色的新款手机。华为推出了折叠屏手机，实现了手机与平板电脑之间的转换，扩展了手机的用途。中兴在屏下摄像头技术上取得突破，中兴 Axon 30 Pro 采用屏下摄像头技术，引领全面屏时代新趋势。小米自主研发拥有17项技术专利的隔空充电系统，手机不插线、不用底座，支持边玩边充、多设备同时充，有遮挡也不影响，能远距离无线充电。“一加9”使用高端骁龙888芯片组，配备48MP（百万像素）主摄像头、超宽幅数码摄像头和第3支摄像头，配备更高的屏幕刷新率，具有超强的防水性能。OPPO Find X3 Pro 配备像显微镜一样的微距数码相机，具有25倍变焦和环形闪光照明，还具有高端音响等功能，手机的正面和背面都可以使用NFC（近场通信），可以将显示屏与终端相对，而不是仅能使用背面。

（二）新产品开发的内容和方式

1. 新产品开发的内容

企业新产品开发的内容非常广泛，既包括新产品的结构、功能、品种花色和使用方式的开发，又包括与新产品开发有关的科学研究、工艺设备、原材料及零部件的开发，还包括新产品销售中的商标、广告、销售渠道和技术服务等方面的开发。

企业新产品的开发可以概括为以下三方面的内容。

（1）产品整体性能的开发

整体性能开发是新产品开发活动中最重要、最基本的部分，直接决定着产品开发的成败。不断扩大产品整体性能开发的深度和广度，对新产品的开发具有十分重要的意义。

（2）产品技术条件的开发

技术条件的开发是新产品开发的基础性活动，为产品整体性能的开发提供了必要的条件和手段。

（3）产品市场条件的开发

产品市场条件的开发对于实现产品价值，提高产品的效益性、竞争性具有重要的作用。

2. 新产品开发的方式

企业根据自身的特点和条件可以选择不同的开发方式，一般有独立研制、联合研制、技术引进、独立研制与技术引进相结合、仿制五种方式。

不同企业或同一企业在开发不同的新产品时，可根据情况量力而行，分别采用不同的研制方式，以取得最好的经济效益。

（三）新产品开发的程序

企业新产品的开发过程是一个充满矛盾、风险和创新的工作过程，也可以说是一项十分复杂的系统工程。从新产品的构思、筛选、设计、试制、鉴定、试销、评价直到全面投产、上市，工作内容和环节相当多，涉及面非常广。

（四）新产品开发的策略

新产品开发贵在创新。企业在开发新产品时，应考虑、分析与其他同类产品的差异性，从而向消费者提供特色明显的新产品，以此增强产品的吸引力和竞争力。在营销活动中，新产品开发的策略主要有以下几种。

1. 领先开发策略

领先开发策略是指企业具备强烈的占据市场“第一”的意识，利用消费者先入为主的优势，率先推出新产品，最先建立品牌偏好，利用新产品的独特优点，占据市场上的有利地位，从而取得丰厚的利润。采用领先开发策略的企业必须实力相对雄厚，或者是科研实力，或者是经济实力，抑或是两者兼备。同时，具备对市场需求及其变动趋势的超前的、准确的调研与预测机制。

2. 模仿开发策略

模仿开发策略就是企业等市场上的其他企业推出新产品后，立即加以仿制和改进，然后推出自己的产品。这要求企业必须具有快速反应机制，不能失去“尾随”创新的机会。这种策略不需要企业投资研究新产品，绕过新产品开发这个环节，模仿市场上畅销的新产品，并加以许多建设性的改进。这样，既避免了市场风险，又可以借助竞争者领先开发新产品的声誉，顺利进入市场，以此分享市场收益，还有可能后来者居上。

3. 定制式开发策略

定制式开发策略是以消费者需要为中心，根据顾客个性化需求设计和研制满足每位顾客需要的新产品。采用这种策略的企业必须建立数据库，以便及时收集、分析顾客的各种需求信息，迅速地设计和生产顾客所需要的个性化新产品。

任务二　制定产品价格策略

一、企业的定价目标

在成熟的市场上，产品的价格对企业的销售额、市场占有率和利润有很大影响。因此，企业在定价之前，首先要考虑企业的定价目标，并把它作为确定价格策略和定价方法的依据。企业的定价目标可分为以下五类。

（一）以获取利润为定价目标

根据企业对利润期望水平的不同，利润定价目标又可分为获取适当利润定价（目标利润定价）和追求最大利润定价。

1. 适当利润定价

适当利润定价是企业对某一产品或服务的定价能保证其达到既定目标利润额或目标利润率。采用这种定价目标，一是要确定合理的利润率；二是企业的产品必须是畅销产品，同时不担心竞争对手。

2. 最大利润定价

最大利润定价就企业期望通过制订较高的价格，迅速获取最大利润。采用这种定价目标的企业，其产品多处于有利地位。例如，新产品刚上市时，企业希望快速收回投资、获取高额利润，则可采取此种定价目标。

（二）以扩大销售为定价目标

企业将定价目标主要着眼于产品销售量的扩大，如在新产品刚进入市场阶段，只有迅速扩大销售才能形成规模效应，降低产品成本。此时，企业不宜将利润目标定得太高，而应制订市场能够接受的价格，迅速打开市场。此外，在产品的成熟期或衰退期，为了迅速出清存货，进行产品结构调整，有时也会以较低价格来吸引消费者，促进销售。

（三）以提高市场占有率为定价目标

市场占有率是反映企业市场地位的重要指标，影响企业的市场形象和营利能力。与同类企业或产品比较，市场占有率高，表明在竞争过程中企业拥有一定优势，即使在单位利润水平不高的情况下，企业仍具有较强的盈利能力。因此，许多企业常以维持或扩大其市场占有率为定价目标。

（四）以改善企业形象为定价目标

价格是消费者判断企业形象及产品形象的一个重要因素。为优质、高档商品制定高价，有助于确立产品高端形象，吸引特定目标市场的顾客。适当运用低价或折扣价，则能帮助企业树立平价企业形象。激烈的价格竞争从短期看可能会给消费者带来一定好处，但是它破坏了市场的正常供求关系，长此以往终究不利于消费者。在此情况下，如果有企业为稳定市场价格做出努力并取得成效，就会在社会上树立良好的形象。

（五）以应对竞争为定价目标

企业根据竞争需要来确定定价目标。一般来说，企业对竞争者的行为都十分关注，尤其关注对方的价格策略。在市场竞争日趋激烈的形势下，企业在定价前都会仔细研究竞争对手的产品和价格情况，然后有意识地通过自己的定价去对付竞争对手。

在实际工作中，根据实际情况企业有时会单独选用以上一种定价目标，有时也会配合使用两种或两种以上定价目标。

二、影响产品定价的因素

案例导入

一只杯子，到底能卖多少钱

1. 卖产品本身的使用价值，可以卖 2 元/只

如果将它仅仅当一只普通的杯子，放在普通的商店里，用普通的销售方法，也许它最多只能卖 2 元/只。

2. 卖产品的文化价值，可以卖 5 元/只

如果将它设计成今年流行款式的杯子，可以卖 5 元/只，因为你的杯子“有文化”，冲着这文化，消费者愿意多花钱。这就是产品的文化价值创新。

3. 卖产品的品牌价值，可以卖 7 元/只

如果在杯子上贴上品牌的标签，它就能卖 7 元/只，因为你的杯子属于品牌的产品。这就是产品的品牌价值创新。

4. 卖产品的组合价值，可以卖 50 元/组

如果将三只杯子全部做成卡通造型，组合成套装杯，包装成温馨、精美的家庭装，起名叫“我爱我家”，一只叫父爱杯，一只叫母爱杯，还有一只叫童心杯，能卖 50 元/组。

这是产品的组合价值创新。

5. 卖产品的延伸价值，可以卖 80 元/只

如果发现这只杯子竟然是磁性材料做的，那就可以从中挖掘出它的磁疗、保健功能，这样就能卖 80 元/只。这是产品的延伸价值创新。

6. 卖产品的细分市场价值，可以卖 188 元/对

如果将具有磁疗、保健功能的杯子印上十二生肖，并且准备好时尚的情侣套装礼盒，取名“成双成对”，针对过生日的情侣，可以卖 188 元/对。这是产品的细分市场价值创新。

同样一只杯子，杯子里面的世界——功能、结构、作用等依然如故，但随着杯子外面的世界发生变化，它的价值也在不断地发生变化。

影响产品定价的因素主要有以下五个。

（一）产品成本因素

企业在制订产品价格时，考虑较多的是产品成本。产品成本是产品定价的基础，是企业盈亏临界点。定价大于成本，企业就能获得利润；反之则会亏本。

定价中考虑的成本主要有以下四种，如图 6-4 所示。

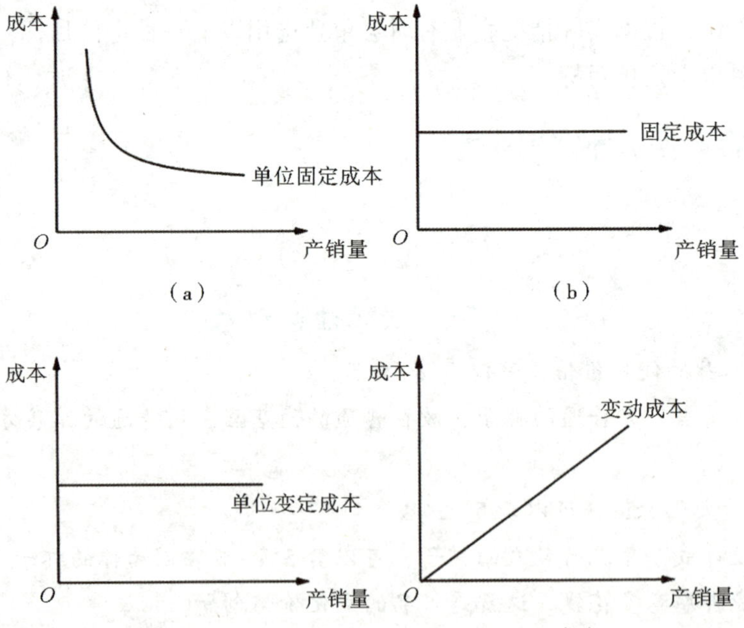

图 6-4　定价中考虑的成本

固定成本是指不随产量变化而变化的成本，如固定资产折旧、机器设备租金、管理人员费用等。变动成本是指随产量变化而变化的成本，如原材料、直接营销费用、生产经营人员的工资等。单位固定成本是指单位产品分摊固定成本，随着产销量的增加而相应减

少。单位变动成本是指单位产品的变动成本，在一定的经济技术条件下是不变的。

总成本、固定成本、变动成本的关系为

$$总成本=固定成本+变动成本$$

课堂讨论

产品价格一定不能低于总成本吗？产品定价的最低限度是什么？

（二）市场需求因素

市场需求主要包括市场商品供求状况和商品需求特性等。在正常情况下，市场需求会按照和价格相反的方向变动，价格提高，市场需求量就会减少；反之，市场需求量会增多。

（三）市场竞争因素

在市场竞争过程中，企业为产品定价或调价，必然会引起竞争对手的关注。为了使产品价格具有竞争力和营利能力，企业在产品定价或调价前，对竞争对手产品及其价格进行分析是十分必要的。对竞争者的分析，主要考虑同类市场中主要竞争者的产品特征、价格水平和竞争实力等。

（四）消费者心理因素与习惯

消费者心理上对价格的制订和变动的反应也会影响产品定价。在现实生活中，很多消费者存在“一分钱一分货”的观念。面对不太熟悉的商品，消费者常常从价格上判断商品的好坏，从经验上把价格同商品的使用价值挂钩。消费者心理和习惯上的反应是很复杂的，某些情况下会出现完全相反的反应。例如，在一般情况下，涨价会减少购买，但有时涨价会引起抢购，反而会增加购买。因此，在研究消费者心理对定价的影响时，要持谨慎态度，仔细了解消费者心理及其变化规律。

（五）政府的政策和法规

政府的相关政策和法规对企业定价也会产生约束作用。因此，企业在定价前一定要了解政府对商品定价方面的有关政策和法规。比如，在某些特殊时期，政府利用行政手段对某些特殊产品实行最高限价、最低保护价政策。

三、产品定价的基本方法

产品定价方法是在定价目标指导下，根据对成本、供求等一系列基本因素的研究，运用价格决策理论，对产品价格进行计算的具体方法。定价方法一般有以成本为导向、以需求为导向和以竞争为导向三种，企业应根据实际情况选择使用。

（一）成本导向定价法

成本导向定价法是以成本为中心，按卖方意图定价的方法。在定价时，先考虑收回企业在生产经营中投入的全部成本，再考虑获得一定的利润。

1. 成本加成定价法

在单位产品成本的基础上，加上一定比例的预期利润作为产品的售价，售价与成本（包含税金）之间的差额即利润。计算公式为

$$产品单价=单位产品总成本\times(1+加成率)$$

加成率为预期利润占产品成本的百分比。

【例】某种产品的单位产品成本为100元，加成率为20%，则产品单价 = 100×（1+20%）= 120（元）。

这种方法简便易行，可以保证企业取得正常的利润，保障企业生产经营的正常进行。这种方法不足之处在于从卖方利益角度出发进行定价，没有考虑市场需求和竞争因素的影响。企业在应用这种方法时，应当根据市场需求、竞争状况等变化来调整加成率。

2. 售价加成定价法

售价加成定价法是以产品的最后销售价为基数，按销售价的一定百分比来计算利润，最后得出产品的售价。其计算公式为

$$产品单价=单位产品总成本\div(1-加成率)$$

【例】某种产品的单位产品成本为100元，如果要获取售价的20%的利润，则产品单价 = 100÷（1−20%）= 125（元）。

对零售商来说，此种方法容易计算商品销售的毛利率。一般商业部门尤其是零售部门较多采用这种定价方法。由于需求弹性的变动，加成率也应随之调整。

3. 目标利润定价法

在企业投资额的基础上，根据企业投资总额、预期销售量、投资回收期等因素来计算价格的方法。计算公式为

$$产品单价=(总成本+目标利润)\div预计销售量$$

【例】某企业年生产能力为100万件甲产品，估计未来市场可接受60万件，其总成本为1 000万元，企业的目标利润率为20%。请问甲产品单价应为多少元？

解：目标利润 = 总成本×利润率 = 10 000 000×20% = 2 000 000（元）。

单位产品价格 =（总成本 + 目标利润）÷预计销售量 =（10 000 000 + 2 000 000）÷600 000 = 20（元）。

因此，该企业产品的定价应为20元。

目标利润定价法一般适用需求价格弹性较小的产品，适用于市场占有率较高或具有垄断性质的企业。政府通常为保证稳定的收益率，允许大型公用事业单位采用目标利润定价法进行定价。

4. 变动成本定价法

这是以变动成本为基础的定价方法，又称边际贡献定价法。边际成本是指每增加或减少一个单位生产量所引起总成本的变化量。计算公式为

$$边际贡献=价格-变动成本$$

$$利润=边际贡献-固定成本$$

单位产品价格=单位变动成本+单位边际贡献

单位产品价格大于单位变动成本的部分，称为单位边际贡献。当利润为零时，边际贡献等于固定成本。在市场竞争激烈，产品供过于求、订货不足时，企业为了生存和提高竞争能力，采用变动成本定价法是非常灵活有效的。

【例】某企业甲产品的生产能力为每年 1 000 台，全年固定成本总额为 500 000 元，单位变动成本为 1 000 元，单位成本为 1 500 元，每台售价为 2 000 元，已有订货量为 600 台，有 40%的闲置生产能力。现有一家外商提出订购 400 台，但每台出价只有 1 200 元。试分析外商的订购是否可以接受。

解：如果按照以往的定价方法，外商的出价低于成本，显然不能接受，但是，如果采用变动成本定价法的思想，这批订货就可完全接受。

如果不接受，企业的利润=销售收入−变动成本−固定成本=600×2 000−600×1 000−500 000=100 000（元）。

如果接受的话，企业的利润=600×2 000+1 200×400−600×1 000−400×1 000−500 000=180 000（元），即接受订货比不接受多挣 80 000 元。这时只要单位售价大于单位变动成本，新订单的边际贡献即企业的新增利润。

（二）需求导向定价法

这是一种以需求为中心、以顾客对商品价值的认知为依据的定价方法。

1. 认知价值定价法

认知价值定价法是企业根据购买者对产品的认知价值来制订价格的一种方法。随着科技的迅速发展，生产力得到了大幅度的提高，许多产品定价的关键，不再只是单纯地考虑卖方的成本，还要注重买方对所需产品的价值认知程度。

【例】假设甲、乙、丙三家企业制造同一种开关，抽样选出一组工业用户为对象，邀请这些用户的采购员来检查和评价这三家企业产品的价值。这里有三种可供选择的方法。

方法一：直接评议法。采用这种方法，采购员们为每种开关估计一个他们认定的能从这些企业购买这种开关的价格。评议的结果为：甲、乙、丙三家企业开关的价格分别为 2. 55 元、2. 00 元和 1. 52 元。

方法二：相对评分法。采用这种方法，采购员们给三家企业的产品以满分 100 分为标准分别进行打分，以此来反映购买每家企业开关的总价值。假设甲、乙、丙三家企业分别获得 42 分、33 分、24 分（平均分 33 分）。如果一个开关的平均市场价格为 2 元，三家企业的价格分别为（约为）2. 55 元（2×42/33）、2 元（2×33/33）和 1. 45 元（2×24/33），这反映了认知价值的变化。

方法三：诊断评议法。采用这种方法，采购员们对三家企业提供的一组产品属性进行评价。他们对每种属性，按 100 分标准给三家企业打分，产品的各属性分别占有不同的权重，结果见表 6-5。

表 6-5 产品属性评价表

权重	属性	产品		
		甲	乙	丙
25	产品耐用性	40	40	20
30	产品可靠性	33	33	34
30	交货可靠性	50	25	25
15	服务质量	45	35	20
100	认知价值	41.65	32.65	25.7

把对每家企业的评分乘以权重，然后加总，我们可以发现，甲开关的认知价值约为 42 分，高于平均分；乙开关的认知价值约等于平均分；丙开关的认知价值则低于平均分。

显然，在客户眼里，甲企业的产品具有更高的认知价值，可以定较高的价格。甲企业希望按其认知价值定价，可以将甲企业产品的认知价值与平均认知价值进行对比后定价，定价为 2.55 元（2×42/33，其中，“2” 元为平均价格，“33” 为平均认知价值）。

2. 反向定价法

反向定价法是指企业依据消费者能够接受的最终销售价格，逆向推算出产品的零售价和批发价，最终推算出企业产品的出厂价格。这种定价方法不以实际成本为主要依据，而是以市场需求为出发点，力求使价格被消费者所接受。分销渠道中的批发商和零售商多采用这种定价方法。

【例】消费者对某品牌电视机的可接受价格为 4 500 元，电视机零售商的经营毛利为 20%，批发商的批发毛利为 5%。计算该电视机的出厂价格。

解：零售商可接受价格 = 消费者可接受价格×（1−20%）= 4 500×（1−20%）= 3 600（元）。

批发商可接受价格 = 零售商可接受价格×（1−5%）= 3 600×（1−5%）= 3 420（元）。

因此，该品牌电视机的出厂价格为 3 420 元。

（三）竞争导向定价法

竞争导向定价法是以市场上相互竞争的同类产品或服务的价格为依据的产品定价方法。其目标是促使企业在市场上获得一定的优势地位或谋取一定的生存空间。竞争导向定价法主要包括随行就市定价法和密封投标定价法。

1. 随行就市定价法

在垄断竞争和完全竞争的市场结构条件下，任何一家企业都无法凭借自己的实力在市场上取得绝对优势，为了避免竞争特别是价格竞争带来的损失，大多数企业都采用随行就市定价法，即将本企业某产品价格保持在市场平均价格水平上，利用这样的价格来获得平均报酬。

2. 密封投标定价法

许多大宗商品、原材料、成套设备和建筑工程项目的买卖和承包以及小型企业的出售等，往往采用发包人招标、承包人投标的方式来选择承包者，并确定最终承包价格。一般来说，招标方只有一个，处于相对垄断地位，而投标方有多个，处于相互竞争地位。标物的价格由参与投标的各个企业在相互独立的条件下来确定。

此外，还有倾销定价法和拍卖定价法。倾销定价法是为了进入或占领某国市场，打击竞争对手，以低于国内市场价格，甚至低于生产成本的价格向国外市场抛售商品而制定的价格。倾销定价法容易引发贸易争端，往往被对方国家征收反倾销税，所以不建议采用该方法。

拍卖定价法常见于古董、珍品、高级艺术品或大宗商品的拍卖交易中。拍卖有经典拍卖和反向拍卖两种。经典拍卖是指买家通过提供最高价格来获得商品；反向拍卖是卖方在反向定价机制中决定是否接受买方设定的价格，形成反向定价机制。

四、产品定价策略

产品定价策略是指企业为实现其产品定价目标，在定价方面采取的谋略和措施。在确定定价的基本方法后，还必须对灵活多样的各种定价策略和技巧进行研究，灵活而巧妙地处理好在商品销售过程中出现的各种价格问题。这样才能保证企业产品定价目标的顺利实现。

（一）新产品定价策略

在激烈的市场竞争中，企业开发的新产品能否及时打开销路、占领市场并获得满意的利润，不仅取决于适宜的产品策略，还取决于价格策略等其他营销策略的协调配合。常用的新产品定价策略有以下三种。

1. 撇脂定价策略

撇脂定价策略是指企业在产品生命周期的引入期或成长期，利用消费者的求新、求奇心理，抓住激烈竞争尚未出现的有利时机，将价格定得很高，以便在短期内获取尽可能多的利润。

撇脂定价策略的优点：新产品初上市，竞争者还没有进入，利用顾客求新心理，以较高价格刺激消费，开拓早期市场；由于价格较高，因而可以在短期内取得较大利润。同时，由于定价较高，在竞争者大量进入市场时，便于主动降价，增强竞争能力，也符合顾客对价格由高到低的预期心理。

2. 渗透定价策略

在新产品投入市场时，价格定得较低，以便消费者容易接受，很快打开局面并占领市场。采用渗透定价策略，一方面，可以利用低价迅速打开产品销路，占领市场，从大的销量中增加利润；另一方面，低价可以阻止竞争者进入，有利于控制市场。但是这种策略的投资回收期较长，见效慢、风险大。

企业应根据市场需求、竞争情况、市场潜力、生产能力和成本等因素，综合考虑采用哪种策略更为合适。各影响因素及特性，见表 6-6。

表 6-6　新产品定价策略影响因素及特性

因素的特性	渗透定价策略	撇脂定价策略
市场需求水平	低	高
与竞争产品的差异性	不大	较大
价格需求弹性	大	小
生产能力扩大的可能性	大	小
消费者购买力水平	低	高
市场潜力	大	不大
仿制的难易程度	易	难
投资回收期长度	较长	较短

3. 满意定价策略

满意价格策略又称平价销售策略，是介于撇脂定价策略和渗透定价策略之间的一种定价策略。运用该策略时，企业对新产品既不定高价，也不定低价，而是确定一个中间价，这个中间价即为“满意价格”。

三种新产品定价策略的价格与销量的关系，如图 6-5 所示。

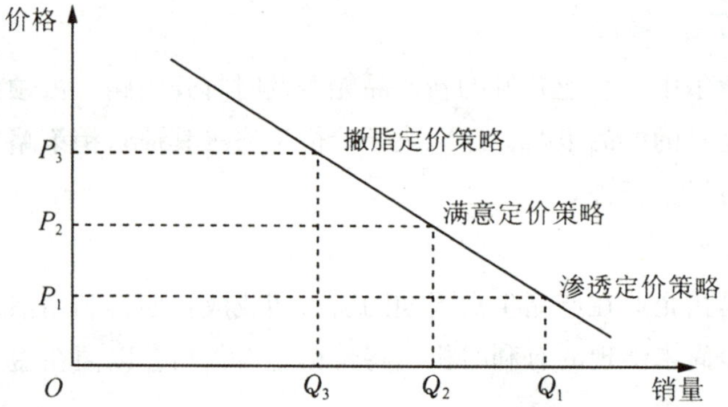

图 6-5　三种新产品定价策略的价格与销量的关系

（二）心理定价策略

这是运用心理学原理，依据消费者在购买商品时的不同心理来制定价格，以诱导消费者增加购买，扩大企业的销售量。常用的心理定价策略有以下几种。

1. 整数定价策略

企业有意将产品价格定为整数，以显示产品具有较高质量。整数定价多用于价格较贵的耐用品或礼品，以及消费者不太了解的产品，对于价格较贵的高档产品，消费者对质量较为重视，往往把价格作为衡量产品质量的标准之一，容易产生“一分钱一分货”的感觉，从而有利于销售。

2. 尾数定价策略

尾数定价也称零头定价，即给产品定一个零头数结尾的非整数价格，使消费者购买时在心理上产生较为便宜的感觉。大多数消费者在购买产品时，尤其是购买一般的日用消费品时，乐于接受尾数价格。如 9.9 元、19.8 元等。消费者会认为这种价格经过精确计算，购买不会吃亏，从而产生信任感。同时，价格虽离整数仅相差几分或几角，但给人一种低一位数的感觉，符合消费者求廉的心理需求。这种策略通常适用于基本生活用品。

3. 分级定价策略

在定价时，把同类商品分为几个等级，不同等级的商品价格不同。这种定价策略能使消费者产生货真价实、按质论价的感觉，因而容易被消费者接受。采用这种定价策略，等级的划分要适当，级差不能太大或太小，否则起不到应有的分级效果。

4. 声望定价策略

在定价时，把有声望的商店、企业的商品价格定得比一般商品高。在长期的市场经营中，有些商店、企业的商品在消费者心目中有了威望，产品质量好，服务态度好，不经营伪劣商品、不坑害顾客等。因此，这些企业经营的商品可以制定高价格。

5. 招徕定价策略

招徕定价又称特价商品定价，是一种有意将少数产品降价以招徕吸引消费者的定价策略。产品价格低于市场价格，一般都能引起消费者的注意，这满足了消费者的求廉心理。采用这种策略一般是对部分产品降价，从而带动其他产品的销售。

6. 习惯定价策略

有些商品在顾客心目中已经形成了一个习惯价格。这些商品的价格稍有变动，就会引起顾客不满。提价时，顾客容易产生抵触心理，降价会被认为降低了质量。因此，对于这类商品，企业可在商品的包装、容量等方面进行调整，而不采用调价的办法。

(三) 差别定价策略

差别定价策略是根据不同的顾客、产品、地点、时间等制定不同的价格，见表 6-7。

表 6-7　差别定价策略

类别	特点	具体形式
顾客不同	对不同的消费者，可以采用不同的价格	对老客户和新客户采用不同价格，对老客户给予一定的优惠
产品形式不同	不同花色品种之间的价格主要依据产品的市场形象和需求状况来定价	国外有的商人把同一种香水装在造型奇特的瓶子里，然后将价格提高 1~2 倍
地点不同	对质量相同、成本费用相等的同一商品按不同的地点制订不同的价格	影院、运动场、球场或游乐场等因地点或位置的不同，价格也不同
时间不同	对同一产品或服务，在不同的时间或不同季节制订不同的价格	宾馆、饭店在旅游旺季和淡季的收费标准不同请列举一些生活中常见的采用差别定价策略的产品

课堂讨论

请例举一些生活中常见的采用差别定价策略的产品。

（四）折扣与折让价格策略

价格折扣与折让就是企业为了更有效地吸引顾客、扩大销售，在价格方面给予顾客的优惠。

1. 现金折扣

现金折扣是对在规定的时间内提前付款或用现金付款者所给予的一种价格折扣，其目的是鼓励顾客尽早付款，加速资金周转，降低销售费用，减少财务风险。采用现金折扣一般要考虑3个因素：①折扣比例；②给予折扣的时间限制；③付清全部货款的期限。例如，某企业规定，提前10天付款的顾客，可享受2%的价格优惠；提前20天付款，可享受3%的价格优惠。

2. 数量折扣

企业给大量购买的顾客在价格方面的优惠。购买量越大，折扣越大，以鼓励顾客大量购买。数量折扣又分为以下两种形式，见表6-8。

表6-8　数量折扣

类型	概念	作用	适用产品	适用企业
累计折扣	在一定时期内，购买商品累计达到一定数量所给予的价格折扣	鼓励顾客经常购买，稳定顾客，建立与顾客的长期关系	适宜推销过时、滞销或易腐易坏的商品	批发业务中经常采用
非累计折扣	规定每次购买达到一定数量或一定金额所给予的价格折扣	鼓励顾客大量购买，扩大销售，减少交易次数和时间，节省人力、物力等方面的费用，增加利润	适宜日用品或流通成本较高的商品	零售业务中经常采用

3. 职能折扣

职能折扣又称同行折扣或贸易折扣，是指生产企业给予中间商或零售商的价格折扣。例如，某生产企业的产品报价为200元，按价目表给批发商和零售商的职能折扣分别为20%和15%，以鼓励他们经销自己的产品。

4. 季节折扣

有些商品的生产是连续的，而其消费却具有明显的季节性。为了调节供需矛盾，这些商品的生产企业便采用季节折扣的方式，对在淡季购买商品的顾客给予一定的优惠，使企业的生产和销售在一年四季都能保持相对稳定采取这种策略，减少企业的仓储费用，加速资金周转，使企业实现均衡生产和经营。

五、价格调整策略

（一）降价策略

1. 企业降价原因

企业降价受企业外部需求及竞争等因素的变化的影响，也受企业内部的战略转变、成本变化等因素影响。

（1）企业急需回笼大量现金，此时，企业可以通过对某些需求价格弹性大的产品予以大幅度降价，从而增加销售额，获取现金。一种产品的潜在顾客往往由于消费水平的限制而降低了转向现实顾客的可行性。在降价不会对原顾客产生影响的前提下，企业可以通过降价方式来扩大市场份额。

（2）企业生产能力过剩，产品供过于求，但是企业又无法通过产品改进和加强促销等工作来扩大销售。在这种情况下，企业必须考虑降价。企业决策者预期降价会扩大销售，由此可扩大生产规模。特别是进入成熟期的产品，降价可以大幅度增加销售，从而在价格和生产规模之间形成良性循环，为企业获取更多的市场份额奠定基础。

（3）成本降低，费用减少，使企业降价成为可能。随着科学技术的进步和企业经营管理水平的提高，许多产品的单位成本和费用在不断下降，因此企业有条件适当降价。

2. 企业降价策略

一般来说，企业降价策略分为以下几种。

（1）直接降价

如一件毛衣，原价 200 元，现价 158 元。

（2）折扣降价

通过数量折扣、现金折扣、回扣和津贴等形式，间接降低产品价格。如一件衣服 120 元，两件 200 元。

（3）变相降价

如通过送样品和优惠券，实行有奖销售；给中间商提取推销奖金；允许顾客分期付款；赊销等。

（4）增加产品质量或服务内容

例如手机增加新功能，虽然价格不变，但在消费者看来价值增加了，实际上这是一种隐性的降价。

（二）提价策略

1. 企业提价原因

提价有时候会引起竞争力下降、消费者不满、经销商抱怨等，但提价确实能够增加企业的利润率。企业调高价格的最主要原因是应对成本上涨。其他原因包括通货膨胀、货币贬值；企业通过技术革新，改进了产品性能，增加了产品功能；产品供不应求；竞争策略的需要，以产品的高价格来显示高品位。

2. 企业提价策略

（1）直接提价

针对消费者对其价格不敏感的产品，可以采用直接提价的方式。例如一台冰箱，原价3 500元，由于成本上涨，企业可以将产品价格直接调到3 800元。因为消费者对这类产品并不经常购买，直接提价对他们影响不大。

（2）间接提价

间接提价是指企业采取一定方法使产品价格表面保持不变但实际隐性上升。间接提价包括以下几种方法。

① 减少免费服务项目或增加收费项目。如企业产品价格不变，但是原来提供的免费维修改为收费。

② 原材料成本增加的情况下，企业可以使用便宜的材料或配件；或者使用低廉的包装材料或推销大容量包装的产品，以降低包装的相对成本。

③ 提价并同时提高产品质量，树立本企业产品的高品质形象。

一般而言，降价容易，提价难。调高产品价格往往会遭到消费者的反对。因此，在使用提价策略时必须慎重，尤其应掌握好提价幅度、提价时机，并注意与消费者及时进行沟通。

任务三　建立产品分销渠道

一、分销渠道概述

（一）分销渠道的概念

分销渠道，又称销售渠道、分配渠道、流通渠道，是指产品在其所有权转移的过程中从生产领域进入消费领域的途径。分销渠道一般是由处于渠道起点的制造商、处于渠道终点的消费者，以及处于制造商与消费者之间的经销商和代理商等营销中介构成的。

（二）分销渠道的作用

制造商通过分销渠道实现产品销售。这个销售过程消除了产品与消费者之间在时间、地点和方式等方面的缺口。分销渠道发挥的主要作用，见表6-9。

表6-9　分销渠道的主要作用

作用	具体内容
信息沟通	收集、分析和发布有关消费者、竞争对手等相关的调研信息
订货联系	渠道成员同制造商进行有购买意向的沟通
促销激励	传播促销信息和产品信息，鼓励消费者购买

续表

作用	具体内容
分类匹配	供应的货物符合购买者需要，包括制造、装配、包装等活动
谈判协商	达成有关价格及其他条件的最后协议，实现所有权或持有权转移
实体分销	从事商品的运输、储存等
财务融资	获得和使用资金，弥补分销渠道的成本费用
风险承担	承担与渠道工作有关的各种风险

分销渠道的作用通过渠道流程来完成，流程将所有的渠道成员联系起来。分销渠道的作用可以由不同成员承担，渠道流程协调的关键是渠道成员信息共享。分销渠道是一个大规模劳动分工系统。图 6-6 为分销渠道系统流程。

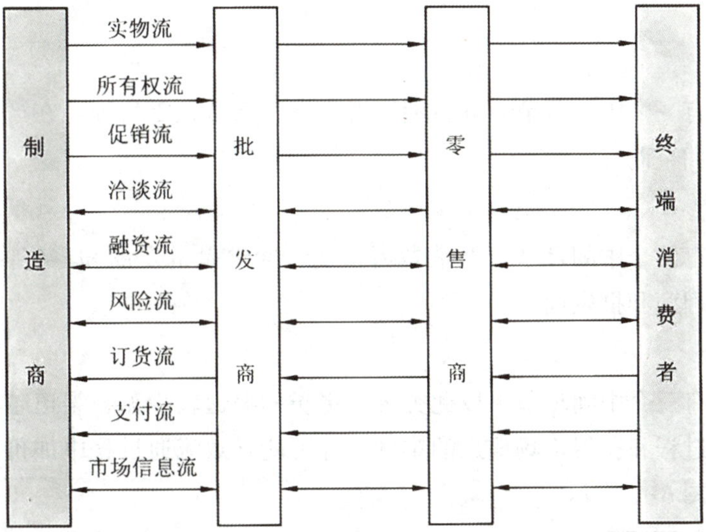

图 6-6 分销渠道系统流程

二、分销渠道的类型

（一）根据有无中间商参与交换活动划分

根据有无中间商参与交换活动划分，分销渠道分为直接分销渠道和间接分销渠道。

1. 直接分销渠道

直接分销渠道是工业品分销的主要类型，指生产者将产品直接供应给消费者或用户，没有中间商介入。例如，大型设备、专用工具及技术复杂等需要提供专门服务的产品，都采用直接分销渠道。消费品中有部分也采用直接分销渠道，例如，生鲜食品。

2. 间接分销渠道

间接渠道是指生产者利用各种不同类型的中间商，包括代理商、批发商、零售商等把产品销售给消费者或用户的分销渠道。现阶段，我国消费品需求总量和市场潜力很大，且多数商品的市场正逐渐由卖方市场向买方市场转化。与此同时，对于生活资料商品的销售，市场调节的比重已显著增加，企业之间的协作已日趋广泛、密切。因此，如何利用间接分销渠道使自己的商品广泛分销，已成为现代企业进行市场营销时所研究的重要课题之一。

（二）根据中间环节的多少划分

根据中间环节的多少划分，分销渠道分为长渠道和短渠道。商品从生产者向消费者或用户转移的过程中，商品每经过的一个直接或间接转移商品所有权的营销机构，就是一个中间环节。在商品分销过程中，经过的环节越多，渠道越长；反之，渠道越短。根据所经中间商的数量多少，分销渠道可以分为以下四类。

1. 零级渠道

零级渠道也称直接分销渠道，是指商品由生产者向消费者或用户转移过程中不经过任何中间环节。

2. 一级渠道

一级渠道含有一个中间环节。如在消费者市场，通常是零售商；在产业市场，则通常是销售代理商或佣金商。

3. 二级渠道

二级渠道含有两个中间环节。在消费者市场，通常是批发商和零售商；在产业市场，则通常是销售代理商和批发商。

4. 三级渠道

三级渠道含有三个中间环节，以此类推。更长的渠道较少见，渠道越长，将大大增加生产者控制分销过程和获得市场信息的难度，并可能导致流通过程中加价过高。四类分销渠道及其关系如图 6-7 所示。

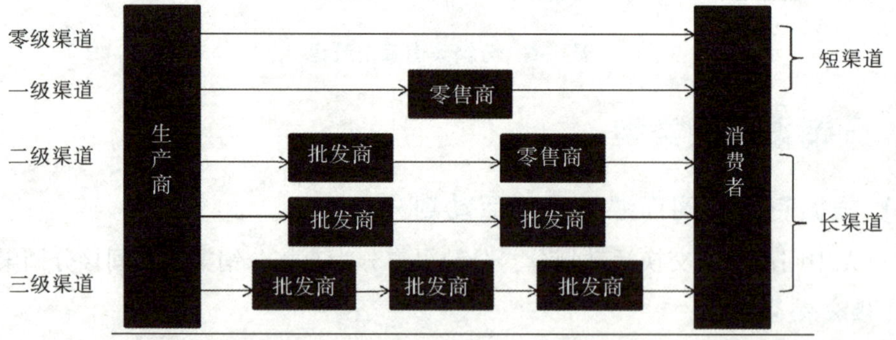

图 6-7　四类分销渠道及其关系

（三）根据同层次中间商数量的多少划分

根据同层次中间商数量的多少划分，分销渠道分为宽渠道和窄渠道。企业使用的同类中间商多，分销渠道宽，称为宽渠道，例如，矿泉水，在零售这一层级，可以通过超市、小卖店、饭店、加油站、食堂等多种零售点销售，该产品的分销渠道比较宽，能大量接触消费者，大批量地销售产品。企业使用的同类中间商少，分销渠道窄，称为窄渠道，它一般适用于专业性强的产品或贵重耐用的消费品，由一家中间商统包，几家中间商经销。它使生产企业容易控制分销，但市场分销面受到限制。有关企业分销渠道的宽度策略通常有三种：密集分销、选择分销和独家分销。

1. 密集分销策略

企业尽可能多地增加批发商、零售商的数量，以密集的销售网点推销其产品，以扩大市场覆盖面或快速进入并覆盖一个新市场。这种策略比较适合于便利品（如日用品、低值易耗品等）的销售。

2. 选择分销策略

企业在某一地区仅仅选择少数几个有实力的、有信誉的、最合适的中间商推销其产品。目的在于维护产品的品牌信誉，建立稳固的市场，形成比较固定的消费群体。这种策略比较适合于消费品中的选购品（如时装、家用电器等）的销售，尤其是一些新产品在试销阶段适合采用这种策略。

3. 独家分销策略

企业在某一地区仅仅选择一家中间商推销其产品，通常双方协商签订独家经销合同来确定各自的权利与义务，以达到调动中间商积极性、扩大经营规模、充分利用中间商的信誉和经营能力、有效控制市场的目的。这种策略比较适合于特殊品（如专利产品、具有品牌优势的产品以及面向专门用户的产品等）的销售。

（四）根据企业营销中采用渠道的多少划分

根据企业营销中采用渠道的多少划分，分销渠道分为单渠道和多渠道。企业只选择一种渠道进行分销，称为单渠道分销；企业采取多种渠道开展营销，例如在本地区采用直接渠道，在外地采用间接渠道，或在有些地区独家经销，在另一些地区多家分销等，称为多渠道分销。单渠道与多渠道如图 6-8 所示。

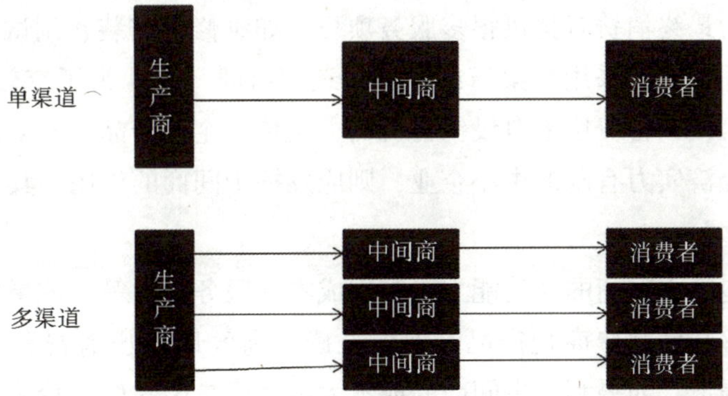

图 6-8 单渠道与多渠道

三、分销渠道的选择与评估

分销渠道的选择与评估是在考虑影响分销渠道选择的因素和对中间商等渠道成员分析

的基础上，确定分销渠道的长度和宽度，并按一定的标准对分销渠道实施评估，以达到企业的营销目标。

（一）影响分销渠道选择的因素

企业选择分销渠道考虑的主要因素有产品因素、市场因素、企业因素、中间商因素和环境因素等。

1. 产品因素

产品的价格、款式、体积、质量等因素直接影响着分销渠道的选择。通常情况下，产品价格越低，采用的渠道越长；而价格越高，则采用的渠道越短。因此，价格昂贵的工业品、耐用消费品以及奢侈品通常采用短渠道；而价格较低的日用品和一般选购品则倾向于选择长渠道。对于易损坏和易过时的新鲜食品，技术性强的产品，以及体积庞大、笨重的大型机械设备，或者需要特殊要求的定制产品和非标准化的专用产品，则更适合选择短渠道或直销渠道。在新产品试销阶段，许多中间商可能不愿或无法提供相应服务，企业因此会采取直接分销渠道以快速探索市场需求，打开新产品的销路；而随着产品进入成长期和成熟期，销量增加、市场范围扩大以及竞争加剧，则应考虑采用长渠道。当产品进入衰退期时，则需要压缩分销渠道，以减少经营损失。

2. 市场因素

市场因素包括潜在市场规模、目标市场分布、消费者购买习惯等。潜在顾客数量多，顾客分布范围广而密，消费者购买频率高、每次购买数量小，需要较多的中间商转售，选择长而宽的渠道策略；顾客分布少数几个地区，消费者愿花时间和精力去大型商场购买，购买次数也较少，则可选择短而窄的渠道。

3. 企业因素

企业因素包括企业的规模和声誉、营销能力和经验、服务能力、控制渠道的愿望等。企业的规模大、声誉高、资金雄厚，具有较丰富的市场销售知识与经验，渠道可长可短。如果企业有能力为最终消费者提供很多服务项目，如维修、安装、调试、广告宣传等，则可以取消一些中间环节，采用短渠道或直接渠道。有时，企业为了有效地控制分销渠道，宁愿花费较高的直接销售费用来自设销售机构，宣传本企业产品，有效地控制产品零售价格和服务质量。经济实力有限的中小企业，则应发挥中间商的作用，其渠道一般较长。

4. 中间商因素

中间商因素包括中间商的经营能力、利用成本、服务能力等。如果中间商经营能力与服务能力强，能够帮助制造商把产品及时、准确、高效地送达消费者手中，则可选择较长、较宽的分销渠道；如果利用中间商的成本太高，或是中间商压价采购，或是中间商要求的上架费用太高，就可以考虑较短、较窄的渠道。

5. 环境因素

环境因素极其广泛，如一个国家的政治、法律、经济、人口、技术、社会文化等环境因素及其变化，都会不同程度地影响分销渠道的选择。

除了上述因素之外，制造商在选择分销渠道时，还必须根据企业的营销战略，进行统筹兼顾，综合评价。选择分销渠道时应考虑的影响因素，见表6-10。

表6-10 选择分销渠道时应考虑的影响因素

选择因素		渠道长度		渠道宽度	
		长	短	宽	窄
产品	价格	低	高	低	高
	属性	稳定	不稳定	稳定	不稳定
	体积重量	小	大	小	大
	技术性	弱	强	弱	强
	通用性	高	低	高	低
	产品生命周期	后期	前期	后期	前期
市场	市场规模	大	小	大	小
	市场分布	分散	集中	分散	集中
	购买习惯	便利	选购	便利	选购

选择因素		渠道长度		渠道宽度	
		长	短	宽	窄
企业	企业规模	小	大	大	小
	营销能力	弱	强	强	弱
	控制愿望	小	强	小	强
中间商	经营能力	高	低	高	低
	渠道成本	低	高	低	高
	服务能力	强	弱	弱	强
环境	经济形势	好	差	好	差
	国家政策	依法选择分销渠道			

（二）选择分销渠道方案

选择分销渠道方案是在明确分销渠道目标的基础上，确定分销渠道的长度、分销渠道的宽度、渠道成员的权利和责任三个方面的内容。

1. 确定分销渠道的长度

分销渠道越短，制造商承担的营销职能就越多，但容易控制和管理，有利于信息传递和提高营销效率；反之，分销渠道越长，制造商可以越充分地利用中间商的优势，但管理难度加大，信息传递慢，产品流通时间长。制造商可以采用本行业传统分销渠道和中间商，也可以开辟新渠道，采用网络代理商、网络批发商等新型中间商。

2. 确定分销渠道的宽度

人们以制造商在分销渠道的同一层级上使用中间商的数量多少来表示渠道的宽度。中间商数量越多，渠道越宽，市场覆盖面越广；中间商数量越少，渠道越窄，市场覆盖面越小。确定渠道中间商的数量，应该考虑产品、市场、中间商、企业情况等。

3. 确定渠道成员的权利和责任

制造商在确定了分销渠道的长度和宽度之后，还要进一步规定渠道成员彼此之间的权利和责任。比如，对不同地区、不同类型的中间商和不同规模的购买量给予不同的价格折扣，提供质量保证和跌价保证，规定交货、结算条件及彼此为对方提供的服务等。

（三）评估分销渠道方案

分销渠道的基本方案确定之后，需要对渠道结构进行评价，找出最优的渠道线路。通常评估分销渠道方案的标准有经济性、可控性和适应性三个，见表6-11。

表 6-11　分销渠道评估标准

标准	具体内容
经济性	最重要的评估标准。通过每个渠道方案实现的销售额、渠道的成本费用和实现的利润来衡量渠道方案的价值。首先评估不同方案实现的销售量，其次评估不同方案在不同销售量下的成本费用，最后通过比较销售量和成本费用，得到不同渠道可能的利润，以利润作为最终选择标准
可控性	企业对渠道控制能力的评估
适应性	渠道对环境变化的适应性评估。一般来说，企业应选择适应性强的或比较容易调整的分销渠道

四、分销渠道的管理

营销人员在进行渠道设计之后，还必须对中间商进行选择、激励、评估以及对分销渠道进行调整。

（一）选择中间商

总的来说，知名度高、实力雄厚的企业通常能够轻松找到合适的中间商；而知名度低、新兴或中小企业则较难找到适合的中间商。企业在选择中间商时需要注意：中间商是否能够接近企业的目标市场；地理位置是否有利于分销；中间商的市场覆盖面是否广泛；中间商是否熟悉产品的销售对象和使用对象；中间商经营的商品大类中是否存在与企业产品相互促进或竞争的情况；中间商的资金实力、信誉、经营历史以及经验是否丰富；中间商拥有的业务设施，如交通运输、仓储条件和样品陈列设备等情况如何；从业人员数量和素质如何；中间商的销售能力、售后服务能力以及信息反馈能力如何。

（二）激励中间商

为使渠道高效运作，在管理中必须注重对中间商的激励，不断正向强化双方的合作关系。激励中间商有直接激励和间接激励两种方式。

1. 直接激励

通过提供物质或金钱奖励来表彰经销商在销售量和市场规范操作方面的成绩。在实际操作中，通常采用返利的方式来激励制造商。

2. 间接激励

通过帮助中间商进行销售管理，以提高销售的效率和效果来激发中间商的积极性和销售热情的一种激励手段。

（三）评估中间商

企业需要定期、客观地评估中间商的绩效。评估标准主要包括以下内容。

1. 销售指标完成情况

中间商所实现的商品销售量、销售额直接表明了中间商的实力，这是检查、评估的首要指标。

2. 平均存货情况

中间商具备仓储功能，有助于一定程度上减轻生产企业的库存压力。然而，若中间商的库存过多，会导致商品流通速度减缓，从而影响其经济效益。因此，维持能够正常周转的最低存货量才是最理想的情况。

3. 产品市场占有率

衡量中间商营销能力的另外一个重要指标是产品市场占有率。中间商所销售产品的市场占有率，直接影响着生产企业的市场发展状况。一般情况下，较高的市场占有率可以给企业带来丰厚的利润。

其他如支付货款的情况、中间商的利润及发展趋势、中间商与生产企业的配合程度、中间商的管理水平与管理能力等，也是评估中间商的有效标准。

（四）调整分销渠道

根据实际情况、中间商的实绩，对渠道结构加以调整：增减中间商；增减销售渠道；变动分销系统。为了适应多变的市场需求，根据企业本身的要求以及中间商的表现，企业往往需对分销渠道进行调整。调整分销渠道，主要有以下三种方式。

1. 增减分销渠道对象

在某一分销渠道模式中，对于增减个别中间商而言，这并不意味着对整个渠道模式进行调整。相反，这种做法更注重对特定中间商的调整和优化，以满足市场需求的变化或企业战略的调整。通过对中间商的增减或替换，企业可以更灵活地适应市场变化，优化供应链效率，并提升整体分销效果，而无需彻底改变已有的渠道模式。

2. 增减某一种分销渠道

增减某一渠道模式，而不是增减渠道里的个别中间商。某种分销渠道出售本企业的某种产品，其营业额一直不够理想，企业可以考虑在全部目标市场上或某个区域内撤销这种渠道模式，而另外增设一种其他渠道模式。

3. 调整现有分销渠道

调整分销渠道决策中比较困难的一种，因为不仅要改变整个已经习惯的分销渠道，而且要调整企业已经习惯的市场营销组合策略，并要制订相应的政策。

知识拓展

互联网时代下分销渠道的创新

渠道观念的更新和渠道模式的变革已经成为企业必须解决的问题。渠道创新的速度越来越快，营销渠道出现了很多新的发展趋势。

1. 渠道扁平化

渠道扁平化就是分销渠道的长度越来越短，销售网点越来越多。扁平化的实质并非简单地减少某一个中间环节，而是对原有的渠道系统进行优化，剔除其中没有增值的环节，使渠道系统从供应链向价值链转变。实行渠道扁平化可以及时了解市场信息，更好地满足消费者的需求；有利于对渠道的控制和与中间商的合作；有利于终端促销活动，开展深度分销，建立品牌，提高市场占有率。

2. 渠道网络化

网络既是构建营销渠道的工具，同时本身也构成渠道。与传统渠道方式比较，网络营销渠道具有营销市场广、效率高、费用低、环境开放，以及营销方式方法的多样性、交互性等诸多优势。为解决线上和线下渠道冲突应做好渠道优化，提升运作管理水平，避免主体利益不明确，分配机制不合理，分工协作体系混乱；做好产品区隔与价格管理，设定最低价格；做好市场推广和促销活动的协调配合；做好客户服务策略优化与协同实施，提供一致的服务内容和标准，优化服务的方式与手段，降低服务成本；做好线上和线下服务的维护与管理。

3. 渠道一体化

渠道一体化是制造商和中间商开展渠道战略合作的运作方法。制造商和中间商不以短期利益为中心，而是通过渠道体制变革，建立战略合作伙伴关系，追求共同成长、永续发展，强调双方相互融合、渗透和职能的协调。渠道一体化促使制造商整合资源、降低成本、提高效率。

4. 渠道品牌化

产品、服务需要品牌，分销渠道同样需要品牌。特许专卖店作为渠道品牌化的重要方式正在迅速扩张。特许专卖店实际上就是渠道建设品牌化、一体化和专业化结合的产物。这种形式在IT企业的销售中非常多。通过设立特许专卖店，企业可以建设统一、有个性的品牌文化，实现渠道增值。特许专卖店可以作为一个产品的展示中心，提升品牌形象，促进销售；可以作为一个推广中心，使消费者对产品有更多的了解；可以作为培训中心，对客户进行讲解和培训；当然也是销售中心。

5. 渠道终端化

产品（服务）最终需要通过消费者来实现其价值，因而渠道体系中最能体现价值的部分是“终端”。渠道的中间组成从某种意义上讲是为渠道终端服务的。拥有渠道的终端，就意味着能够拥有更大的市场份额，渠道终端的高效管理可能会使企业形成独特的竞争优势。

任务四　设计产品促销组合

一、促销内涵与作用

（一）促销的内涵

促销即促进销售，是营销者向消费者传递有关本企业及产品的各种信息，说服或吸引消费者购买其产品，以达到提高销售量的一种活动。

促销实质上是一种信息沟通活动，即营销者发出刺激消费的各种信息，把信息传递到一个或更多的目标对象，以影响其态度和行为。常用的促销手段有人员推销、广告、营业推广和公共关系。

（二）促销的作用

促销的作用可以概括为以下四点。

1. 传递信息

把有关产品和生产者的信息，例如，价格、品种、规格、服务等传递给消费者，让消费者了解该产品。

2. 突出产品特点

宣传产品的独到之处，突出产品能带给消费者什么特殊利益，使消费者对产品“情有独钟”，产生购买欲望。

3. 引导需求

促销宣传让消费者关注自身需要，或者改变消费者的消费习惯、消费观念和购买行为，使其产生对本企业产品的需求，并购买本企业产品。

4. 稳定市场

长期的促销宣传，使消费者对企业的产品的认识不断巩固和加深，成为企业稳定的消费群体。

知识拓展

影响促销组合选择的因素

企业制订促销组合和促销策略时的影响因素较多，可考虑以下几个因素。

1. 促销目标

在企业营销的不同阶段，为适应市场营销活动的不断变化，要求有不同的促销目标。因此，企业制订的促销组合和促销策略要符合促销目标，根据不同的促销目标，采用不同的促销组合和促销策略。

2. 产品类型

对于不同类型和性质的产品，购买者和购买目的各不相同，因此必须采用不同的促销组台和促销策略。一般而言，在消费者市场，因市场范围广而更多地采用拉式策略，以广告和营业推广方式居多；在生产者市场，因购买者购买批量较大，市场相对集中，技术性强，需要专人操作示范及讲解，则一般以人员推销为主要形式。

3. 产品的市场生命周期

促销目标在产品市场生命周期的不同阶段是不同的，这决定了在市场生命周期各阶段要相应选择不同的促销组合，采用不同的促销策略。各阶段的促销目标及促销组合可见表6-12。

表6-12 生命周期各阶段的促销目标及促销组合一览表

产品生命周期	促销目标重点	促销组合
投入期	使消费者认识和了解商品	介绍性广告为主，营业推广和人员推销为辅
成长期	宣传产品特色，进一步引起消费者的购买	形象广告为主，公共关系为辅
成熟期	增强消费者购买兴趣，引发其偏爱	形象广告、营业推广为主，人员推销为辅
衰退期	维持消费者信任、偏爱，尽量稳定销售	营业推广为主，提醒性广告为辅

4. 市场特点

针对目标市场的不同特点，也需要采取不同的促销策略。如果目标市场地域范围大，应多采用广告进行促销；如果在小规模的本地市场销售，则应以人员推销或商品陈列为主。同时，企业也应考虑目标顾客的年龄、性别、文化程度、价值观念、风俗习惯等，选择适当的促销策略。例如：如果目标顾客的文化水平较高，应较多运用广告和公共关系；反之，应多运用人员推销和营业推广。此外，企业制订促销组合和促销策略时，还应考虑竞争者的促销形式和策略，要有针对性地不断变换自己的促销组合及促销策略。

二、人员推销

人员推销是指企业的推销人员与目标消费者进行面对面的接触交流，将产品或服务的信息传递给消费者，使消费者了解、偏爱企业的产品或服务，进而采取购买行动的一种促销方式。

（一）人员推销的特点

1. 针对性强

人员推销是推销人员与顾客的直接沟通。推销人员可以根据顾客的实际需求，有针对性地从某个侧面介绍商品的特点及功能，抓住有利时机促成交易。

2. 适应性强

推销人员在推销过程中，可以直接观察和感受到顾客的反应，揣摩顾客的心理变化，适应顾客的情绪表现，及时地调整和改进促销方式，促成交易。

3. 双向信息传递性

在推销过程中，推销人员一方面可以把企业信息及时、准确地传递给目标顾客，另一方面还可以把市场信息，顾客的要求、意见、建议反馈给企业，为企业调整营销方针和政策提供依据。

4. 容易建立长期稳定的关系

满足顾客需要是推销成功的关键。推销人员帮助顾客解决困难、提供服务、建立信誉，这一过程使推销人员与顾客之间容易建立起长期稳定的关系。

（二）人员推销的基本形式

人员推销的基本形式有以下三种。

1. 上门推销

上门推销是指由推销员携带产品样品、说明书、订货单等走访顾客，推销产品。上门推销是最常见、最典型的推销形式。这种推销方式可以针对顾客的需要提供有效的服务，方便顾客，容易被顾客广泛认可和接受。

2. 柜台推销

柜台推销是指企业在适当地点设置固定门市，由营业员接待进入门店的顾客，推销产品。门店的营业员是广义的推销人员。柜台推销与上门推销正好相反，是等客上门式的推销方式。

3. 会议推销

会议推销是指利用各种形式的会议，如展销会、洽谈会、交易会、订货会等宣传介绍企业产品，开展销售活动。譬如，在订货会、交易会、展览会、物资交流会等会议上推销产品。这种推销方式接触面广、推销集中，可以同时向多个推销对象推销产品，成交额较大，推销效果较好。

（三）人员推销的工作步骤

1. 识别潜在顾客

推销人员首先要寻找机会，发现潜在顾客，创造需求，开拓市场。潜在顾客既可以获益于某种推销的产品，又有能力购买这种产品的个人或组织。

2. 前期准备

在确定访问对象后，推销人员应先邀约并做好相关资料的准备，重点要熟知产品知识，如该产品能给顾客带来什么好处、它的用途和使用方法、以及与其他同类产品之间的比较、有哪些售后服务及如何进行财务结算等。

3. 接近顾客

在接近顾客环节，第一印象非常重要。推销人员一定要选择合适的接近方式，以获取信任。与顾客见面时可以采取下列方法。

（1）产品接近法

推销人员直接利用推销的产品引起顾客注意，这种方式适用于推销本身有吸引力、轻巧、质地优良的产品。

（2）利益接近法

利用产品的实惠引起顾客的注意和兴趣。

（3）馈赠接近法

推销人员利用赠礼品来引起顾客兴趣，从而进行交谈。

（4）介绍示范接近法

运用恰当的方式介绍演示产品，突出产品优势，刺激顾客的购买欲望。

4. 介绍产品

在介绍产品阶段，推销人员要设计吸引顾客注意的销售展示活动。介绍产品时要有条理，可以从产品的功能、性能、价格、特色等方面介绍。介绍过程要抓住重点、差异点，语言尽量简洁易懂。

5. 应对异议

应对异议是购买双方对某些问题有不同的意见。交谈中顾客往往会提出各种购买异议。推销人员在处理购买异议时应注意语言技巧，耐心细致地将顾客的异议当面解决。

6. 达成交易

达成交易即推销人员要求对方采取订货购买行动的阶段。推销人员一旦发现对方有购买意愿，应立即抓住时机成交，不失时机地为顾客办理成交手续。此时，推销人员为促成交易，还可以提供一些最后保留的优惠条件，以达到双赢的目的。

7. 跟踪服务

交易达成并非推销的结束。如果推销人员希望顾客满意并重复购买其产品，需要做好顾客维护工作，如帮助顾客解决产品使用问题、收集顾客的意见和建议、深入满足顾客个性化需求、建立顾客数据库、培养忠诚客户资源等。

课堂讨论

互联网时代下，如何利用互联网寻找顾客？

三、广告促销

在营销学中，广告是以付费方式，通过一定的媒介，向一定的人传达一定的信息，以期达到一定目的的信息传播过程。根据《中华人民共和国广告法》，广告是指商品经营者或服务提供者承担费用，通过一定媒体和形式直接或间接地介绍自己所推销的商品或所提供的服务。借助广告，企业将产品或服务信息向消费者进行大范围、迅速的传播。广告是促销组合中用来传播产品信息、树立企业形象、激发消费者需求的重要工具，是促销组合中的主要手段。

（一）广告媒体

1. 广告媒体的种类

广告媒体的种类繁多，可以根据其不同的物质属性进行分类：①媒体印刷，如报纸、杂志、电话号码簿、画册、商品目录等；②电子媒体，如广播、电视、电影、互联网等；③邮寄媒体，如函件、订购单等；④交通工具媒体，如火车、汽车、轮船等；⑤店堂媒体，常称为 POP 媒体，即以商店营业现场为布置广告的媒体，如橱窗、柜台、模特、悬挂旗帜、招贴等；⑥户外媒体，如路牌、招贴、灯箱、气球、汽艇、充气物等；⑦其他，如包装袋、样本等。

课堂讨论

除了以上提到的媒体形式，还有哪些新型的媒体形式？

2. 媒体选择

企业在选择媒体时要考虑以下几个因素。

(1) 目标顾客的媒体习惯

人们在接收信息时，一般是根据自己的需要和喜好来选择媒体。比如，受教育程度高的人，接收信息的来源往往偏重互联网和印刷媒体；老年人则有更多的闲暇时间用于看电视和听广播；在校大学生偏爱上网。分析目标顾客的媒体习惯，能够使企业更有针对性地选择广告媒体，增强广告效果。

(2) 媒体特点

不同媒体的市场覆盖面、市场反应程度、可信性等均有不同的特点。

传统四大媒体中的报纸、广播的影响力正在下降，同时互联网和移动互联网的影响力持续上升，未来将超过电视媒体成为第一大媒体。

大数据技术已经深刻影响到互联网广告。互联网的技术性特征使得网络广告具备了实时投放、管理优化及针对海量数据挖掘的基础。精准广告营销正成为主流的促销手段。广告精准程度、受众覆盖规模和广告平台拥有的媒体资源是广告主考量广告媒体的三大关键要素，而广告精准程度以69%的比例排在广告主选择广告媒体的首位。

(3) 产品特性

不同产品在展示形象时对媒体有不同的要求。比如，性能较为复杂的技术产品，需要一定的文字说明，比较适合印刷媒体；服装类的产品，最好通过有色彩的媒体做广告，如电视、杂志等。

(4) 媒体费用

在不同媒体上做广告，其费用差异很大。考虑媒体费用不能只分析绝对费用（如电视媒体的费用高、报纸媒体的费用低等），更要研究相对费用，即沟通对象的人数构成与费用之间的相对关系。

(二) 广告费用预算

广告费用预算是指企业根据营销目标和广告目标，经过详细周密的策划，规划出未来一定时间内（通常是一年）开展广告促销活动的总费用和分类费用。一般情况下，广告费用由两部分组成：一是直接为开展广告活动而付出的费用，如广告调查费用、广告设计制作费用和广告媒体使用费用等，其中，广告媒体使用费用是主体，占80%左右；二是间接广告费用，包括企业广告人员的工资、办公费、管理费等。确定广告预算总费用的常用方法有以下四种，企业应根据不同的情况进行选择。

1. 广告目标法

广告目标法又称任务法，是先确定销售目标和广告目标，然后决定为了达到目标所必需的广告活动的规模和范围，据此估算出广告费用预算。采用这种方法的前提是必须清楚地知道各种媒体广告所能产生的效果。

2. 销售比例法

销售比例法是指根据往年销售额的实际值或本年销售额的预测值，从中提取一定比例作为广告总费用的方法。使用这种方法有助于确定价格、利润和广告费用之间的比例关系，保证企业利润的实现。这种方法计算简单、实用，故采用此法的企业很多。广告费用百分比的大小依行业不同而不同，相对而言，药品、化妆品、营养品等行业的广告费用百分比较高。

3. 竞争对抗法

竞争对抗法是指根据竞争对手的广告费用预算决定本企业的广告预算，以保持企业有利的竞争地位。使用这种方法要考虑企业的竞争性目标、竞争对手的广告费用和本企业的财力及销售能力等因素。这种方法对抗性强、风险较大，极易引发广告大战，造成两败俱伤。

4. 尽力而为法

尽力而为法也称量力而行法，是指企业根据财务能力而决定广告预算的方法。这种“有多少钱就做多少广告”的方法最简单，但由于缺乏计划性，广告活动很难做长期安排，广告效果也不一定好。

广告费用总额确定以后，下一步的工作便是在广告费用总额的范围之内，将其按一定的目的、要求进行合理的分配。一般可以按广告活动的内容、广告媒介、广告的产品和服务、广告的地区、广告的时间、广告的对象等进行分配。

（三）广告文案写作

广告文案写作是以语词进行广告信息内容表现的形式。广告文案由广告标题、广告正文、广告标语和广告附文四个部分构成。

1. 广告标题

广告标题是整个广告文案乃至整个广告作品的总题目，反映广告的主题。标题是广告内容和属性的高度浓缩和概括，是整个广告内容的引领，告诉受众广告中最重要的、最吸引人的信息以吸引受众对广告的注意力。人们在阅读和收看广告时，通常首先关注的是广告标题。广告标题的成功与否直接影响着广告的效果好坏，在整则广告中具有重要的地位。广告标题的设计形式有多种，例如，情报式、问答式、祈使式、新闻式、口号式、暗示式、提醒式等。

2. 广告正文

广告正文是广告文案的主体，是对广告标题的延伸以及对广告主题的详细阐释。广告内容的详细解析都在正文部分进行展示，满足公众对广告信息进一步知情的需求。广告正文通常呈现产品与服务的具体信息，包含性能、规格、特色功能、价格渠道、促销政策、附加值、认证与荣誉等信息。

3. 广告标语

广告标语也被称为广告口号，它是广告主在一定时期内反复使用的特定宣传语句。一般来说，广告标语是相对稳定的，其功能是让广告受众容易识记和保留印象。好的广告标语能够打动消费者，让人在情感上产生共鸣，从而认同它、接受甚至主动传播。

4. 广告附文

广告附文是在广告正文之后向受众传达企业名称、地址、购买产品或接受服务的方法的附加性文字。因为是附加性文字，它在广告作品中的位置一般是居于广告正文之后，因此，也称随文、尾文。广告附文是对广告正文的补充，主要是对在广告正文的完整结构中无法进行表现的有关问题做一个必要的交代。广告附文对广告正文起补充和辅助的作用，促进销售行为的实施，可使受众产生固定性记忆和对其进行认知铺垫。

四、营业推广

营业推广又称销售促进，是指企业为刺激消费者需求、鼓励购买行为而采取的各种促销形式。典型的营业推广活动一般用于短期的促销工作，采用的手段往往具有强烈的刺激性，是短期促销的有效工具。

（一）营业推广的特点

1. 直观的表现形式

许多营业推广工具具有吸引注意力的特征，可以打破顾客购买某一特殊产品的惰性，对那些精打细算的人具有很强的吸引力。

2. 灵活多样，适应性强

企业可根据顾客心理和市场营销环境等因素，采取针对性很强的营业推广方法，向顾客提供特殊的购买机会，具有强烈的吸引力和诱惑力，能够唤起顾客的广泛关注，立即促成购买行为，在较大范围内收到立竿见影的效果。

3. 有一定的局限性和副作用

有些方式显现出卖者急于出售的意图，容易造成顾客的逆反心理。如果使用太多或使用不当，顾客会怀疑此产品的品质及产品的品牌，或产品价格是否合理，给人推销的是劣质产品的错误感觉。

（二）营业推广的形式

营业推广的形式多样，依据对象不同可以分为三种类型，即面向消费者的营业推广、面向中间商的营业推广、面向本企业推销员的营业推广，见表6-13。

表6-13　营业推广的形式

对象	具体形式	方法
消费者	赠送样品	上门赠送、邮局寄送、购物场所发放，或附在其他商品上赠送
	有奖销售	奖项设置可以是实物，也可以是现金
	现场示范	在销售现场进行商品操作表演，适用于新产品推出，也适用于使用起来比较复杂的商品
	特殊包装	减价包装、组合型减价包装，或在包装内附优惠券、抽奖券
	折扣券	邮寄、附在其他商品中，或在广告中附送，如今多采用电子折扣券的形式

续表

对象	具体形式	方法
中间商	销售津贴	广告津贴、展销津贴、陈列津贴、宣传津贴
	合作广告	按销售额比例提取或报销，赠送广告底片、录像或招贴、小册子等
	赠品	赠送陈列商品、销售商品、储存商品或计量商品所需要的设备（如货柜、冰柜、容器、电子秤等）、广告赠品（印有企业的品牌或标志的日常办公用品或生活用品）
	销售竞赛	中间商完成一定的推销任务可以获得现金或实物奖励
	培训和展销会	介绍商品知识，现场演示操作
	节日公关	节日或周年纪念等重要日子举办各种招待会
本企业推销员	销售提成	按事先约定，从销售额中提取
	销售竞赛	对销售业绩好的销售员进行奖励，奖励的形式包括物质奖励和精神奖励；对销售业绩持续不佳的销售员进行惩罚

（三）营业推广方案

营业推广方案一般包括以下几个方面的内容。

1. 营业推广规模

根据费用与效果的最优比例，找出最佳的营业推广规模。最佳规模要依据费用最低、效率最高的原则来确定。一般来说，一定规模的激励足以使销售促进活动引起足够的注意；当超过一定规模时，激励规模与销售成反比关系。

2. 参与对象

营业推广活动是面向目标市场的每一个人还是有选择地针对某一部分人，营业推广范围的大小，会直接影响最终的效果。企业在选择对象时，要尽量限制那些不可能成为长期顾客的人参加。比如，发放以购物凭证为依据的奖券就是鼓励已经购买这种商品的顾客，限制没有买过此商品的人。当然，限制面不能太宽，否则将会导致只有大部分品牌忠诚者或喜好优惠的消费者才有可能参与，不利于目标顾客范围的扩大。

3. 送达方式

选择最佳的送达方式让推广对象来参与，以达到理想的效果。企业要根据推广对象，以及每一种渠道的成本和效率来选择送达方式。比如，赠券这种促销工具就可以通过附在包装内、零售点、企业或产品公众号等途径发放。每一种途径的送达率和费用都不相同，各有其优缺点。企业应根据费用与效果的关系，仔细斟酌、反复权衡，选择最佳的送达方式。

4. 活动期限

任何营业推广方式在实行时都必须规定一定的期限，期限不宜过长或过短。如果营业推广活动的期限过短，可能使一些潜在顾客因错过机会而无法获得这项利益，达不到预期的效果。如果持续时间过长，会导致促销费用增加，并容易使企业产品在顾客心目中“降价”。具体的活动期限应综合考虑产品的特点、消费者的购买习惯、促销目标、竞争者策略及其他因素，按照实际需求确定。

5. 时机选择

营业推广时机的选择应根据消费需求时间的特点并结合市场营销总体战略来定，日程的安排应注意与生产、分销、促销的时机和日程协调一致。在不同地区开展营业推广活动应与地区营销管理人员一起，根据整个地区的营销战略来研究与决定。

6. 费用预算

营业推广活动费用支出较大，必须事先进行认真的筹划预算。营业推广费用预算既可以采取自下而上的方式，按照全年营业推广的各种方式及相应的成本来预算全年费用支出；也可以按照历年习惯比例，根据各项营业推广预算占总预算的比率来确定全年费用支出。

五、公共关系

公共关系是指企业在经营活动中，妥善处理企业与内外部公众的关系，以树立良好的企业形象的促销活动。公共关系活动的主要目的在于提高企业的知名度和美誉度。知名度是指公众对企业的知晓情况；美誉度是指公众对企业形象的正面支持情况。

（一）公共关系活动的对象

公共关系的工作职能是正确处理企业内外公众的关系，其工作对象主要有以下几种。

1. 消费者

消费者需求是企业一切营销的出发点，也是企业生存和发展的前提。企业公关工作要树立“一切以消费者为中心”的思想。一方面，要主动加强与消费者的沟通，有计划地收集消费者的各种信息，切实把握消费需求动向，通过公关广告和宣传，帮助消费者充分了解企业的宗旨、政策，以及产品的性能、规格等信息；另一方面，要重视消费者投诉和消费者的困难，消除消费者对企业的误会和不满，增进相互了解，建立长期合作关系。

2. 中间商

企业与中间商的关系不是谁依靠谁的关系，而是相互合作、相互依存的伙伴关系。企业应向中间商提供质量好、价格优的产品及尽可能多的销售便利和服务，保持与中间商的信息交流，分享各自获得的有关市场、竞争等方面的信息资源。

3. 供应商

企业的正常生产和商品流通必须依靠供应商及时按质、按量供应原材料、零部件、工具、能源等各种物资。企业必须妥善处理与供应商的关系，以获得高质、高效、低成本的商品和服务。

4. 政府

企业要及时了解国家的方针、政策、法令和法规，服从政府有关部门的行政管理。在必要且可能的情况下，运用合法的公关手段，说服有关部门改进不利于企业的某些政策规定等。同时，企业要按时缴纳各项税费，主动与有关部门沟通信息，取得相关政府部门的信赖和支持。

5. 社区

社区是指与企业相关的周围工厂、机关、医院、学校等企事业单位和居民群体。

6. 新闻媒介

报纸、杂志、电视、网站等新闻媒介可以主导社会舆论，影响并引导民意，间接且有力地调控企业行为。因此，它是企业公共关系的重要渠道，是企业争取社会公众支持、实现自身目标的重要对象。企业应同新闻界保持经常的、广泛的联系，积极投送稿件，介绍企业的发展状况，重大活动时可召开发布会并邀请新闻媒介出席。

7. 企业内部公众

企业内部公众包括职工和股东等。企业内部员工之间、员工与高层管理人员之间、部门与部门之间的关系是否融洽，直接关系企业的经营方针能否得到彻底贯彻，正常的生产经营工作能否顺利开展。

企业内部关系的沟通可通过举办文娱体育活动、印刷企业报刊、建设企业内网等方式来进行。加强企业内部的信息交流，增进相互了解，协调各方利益，解决各种矛盾，倡导健康向上的企业文化，从而增强企业的凝聚力。

（二）公共关系活动的内容

通过开展公共关系活动来提高企业的知名度和美誉度。根据公共关系活动的对象及事先是否有安排，公共关系活动可分为常规公关活动和特殊公关活动（危机公关），见表 6-14。

表 6-14　公共关系活动的内容

分类	活动名称	具体活动内容
常规公共关系活动	处理与新闻媒介的关系	与新闻媒介沟通，发布企业的信息，召开新闻发布会，邀请新闻媒介参加企业的活动并进行相关的新闻报道
	产品公共宣传	通过公关活动，向公关对象传递企业产品的信息，增加公关对象对企业产品的了解
	公司信息传播	通过社会公益活动、举办庆典、企业赞助等方式宣传企业
	处理与政府部门的关系	与政府职能部门进行沟通，争取政府部门的信赖与支持
	内部公关活动	通过举办文娱体育活动、印刷企业报刊等方式加强企业内部的信息交流，增强企业的凝聚力
特殊公共关系活动	危机公关	针对突发的危机事件进行处理，减少危机对企业生产经营活动产生的负面影响，重新赢得公关对象的信任

（三）公共关系活动方式

常见的公共关系活动方式有以下几种。

1. 记者招待会

记者招待会也称新闻发布会，是企业与新闻界建立和保持联系的一种较正规的方式。以这种方式发布信息，比较正规、隆重、规格较高，易于引起社会广泛的关注；在这种方式下的双向沟通，无论在广度上和深度上都较其他方式更为优越；此种方式占用较多的时间，经费支出较多，因此其成本较高；记者招待会对于发言人和会议主持人要求很高。

2. 展览会

展览会是通过实物的展示和示范表演来展示企业的成果和风貌的公共关系宣传活动。由于它图文并茂、直观形象，往往会给公众留下深刻印象，因此是企业塑造良好公共形象的重要手段之一。

3. 对外开放参观

对外开放参观是企业为了让公众更好地了解自己，面向社会各界开放，及时组织和安排广大公众到企业内部来参观、考察，以提高组织的透明度，争取公众了解和支持的重要手段。

4. 组织开幕（开业、开工）典礼

开幕（开业、开工）典礼是企业向社会公众的第一次形象亮相，体现了企业领导人的组织能力、社交水平以及企业的文化素养和内涵，往往成为公众亲疏取舍的重要标准，并成为企业发展的里程碑。因此，企业必须精心策划和组织开幕（开业、开工）典礼。

5. 社会赞助活动

赞助是企业以捐赠方式，向某一社会事业或社会活动提供资金或物质的一种公关专题活动。赞助活动是企业对社会的贡献行为，是一种信誉投资和感情投资，是企业改善社会环境和社会关系最有效的方式之一。赞助的目的有四种：追求新闻效应，扩大社会影响；增强广告效果，提高经济效益；联络公众感情，改善社会关系；提高社会效益，树立良好形象。

6. 演讲

演讲可以提高企业知名度。企业负责人经常利用电视、网络等宣传工具回答公众的问题，或在行业协会和销售会议中进行成功的演说，可以向公众介绍企业的有关信息，对树立企业形象有很大的帮助。但演讲这种方式也有可能损害企业形象，因此，挑选企业发言人时一定要慎重，发言人要充分准备演讲稿，以确保效果。

7. 处理危机公关

危机公关又称危机管理，是指企业在自身运作中对发生的具有重大破坏性影响、造成组织形象受到损害的意外事件进行全面处理，并使其转危为安的一整套工作过程。危机公关是公共关系最重要的工作之一，也是公共关系的最大价值所在。

（四）公共关系活动的策划

1. 确定公共关系活动的目标

企业根据自己产品的特点及不同时期的宣传重点来确定企业的公关活动目标。比如，一葡萄酒制造商曾委托一家公共关系公司为其进行公关宣传，以使国人确信“喝葡萄酒是快乐生活的一部分”，同时提高本区域葡萄酒的形象，增加其市场份额。

2. 选择公共关系活动的宣传媒体

企业应根据宣传目标来选择合适的媒体。媒体的选择要切合实际，避免贪大、求高。

3. 拟订公共关系活动的方案

企业在组织公关宣传活动时，必须拟订周密的公关宣传活动方案，确保公关宣传活动的顺利进行。

4. 实施公共关系活动方案

在实施公关活动方案的过程中，一定要通过新闻媒体进行跟踪报道。由于新闻媒体工作的政策性很强，尽力争取媒体从业人员对企业公关活动的理解和重视，才能确保公关活动获得预期的宣传效果。

5. 评估公共关系活动的效果

测定公关活动的效果是一件比较困难的事情，因为公关活动通常与其他促销工具一起使用，很难分清哪些是公关的贡献。公关活动是根据某些沟通对象的反应目标而设计的，所以这些目标可以作为测量公关活动效果的基础。一般来说，企业可根据展露次数，公众在知晓、理解、态度方面的变化，以及销售额和利润额的变化等来测定公关活动的效果。

项目小结

本项目主要围绕制订市场营销战略展开，在任务一中，学习者通过学习产品的概念及分类、产品组合、产品生命周期、品牌策略、包装策略和新产品开发，能够全面了解和规划企业的产品策略。任务二则帮助学习者制订产品价格策略，包括设定企业的定价目标、分析影响产品定价的因素、掌握产品定价的基本方法、制定产品定价策略以及价格调整策略的制定。任务三关注于建立产品分销渠道，学习者将了解分销渠道的概述、不同类型的分销渠道、如何选择和评估分销渠道以及有效进行分销渠道管理。任务四涵盖了设计产品促销组合的内容，包括促销内涵与作用、人员推销、广告促销、营业推广和公共关系等，帮助学习者制定全面的产品促销策略。通过本项目，学习者能够全面了解市场营销中的产品策略、定价策略、分销渠道建立和产品促销组合设计等方面的知识和技巧，为制定和执行综合的市场营销战略奠定基础。

课后实训

产品与产品组合

一、实训目标

学生能掌握产品的概念与分类，能根据产品组合的要素，正确判断产品组合的宽度、长度、深度和关联度，最终能按照市场需求选择恰当的产品组合策略。

二、实训开展

任务 1：产品整体概念

任务描述：学生以小组为单位，选择任一熟悉产品，指出该产品的五个层次，并将结果记录在表 6-15 中。

表 6-15 产品整体概念

产品名称	核心产品	有形产品	期望产品	附加产品	潜在产品
名称 1					
名称 2					
名称 3					
名称 4					
名称 5					
……					

任务 2：产品类型

任务描述：分析产品属于哪种产品类型，应采用何种营销策略，将结果记录在表 6-16 中。

表 6-16 产品类型

研究内容		研究结果
以购买习惯分类	产品类型	
	营销策略	
以耐用性和有形性分类	产品类型	
	营销策略	

任务 3：产品组合策略

任务描述：分析产品组合的现状及优劣势，帮助其规划新的产品组合策略，并将结果记录在表 6-17 中。

表 6-17　产品组合策略

研究内容	研究结果
产品组合现状分析	
产品组合策略规划解析	
产品组合策略问题探讨	

三、实训评价

展示任务完成情况，并完成考核评价表（表 6-18）。

表 6-18　考核评价表

评价项目	评价内容	分值	评分/分		
			自评	互评	师评
职业素养考核项目（40%）	考勤、仪容仪表	10 分			
	安全意识、责任意识及服从意识	10 分			
	团队合作、沟通交流能力	10 分			
	维护教学设备及工具等干净整洁	10 分			
专业能力考核项目（60%）	积极参与产品促销组合相关教学活动并理解活动要求	20 分			
	积极参与产品类型分类实践活动，并按要求完成任务	20 分			
	积极分析产品组合的现状及优劣势，并按要求完成规划新的产品组合策略实践任务	20 分			
综合分数；	自评（20%）+互评（20%）+师评（60%）	100 分			
综合评语		指导教师（签名）：			

思考练习

1. 简述产品整体概念的五个层次。
2. 什么是撇脂定价策略？撇脂定价策略有何优点？
3. 简述促销的作用。

项目七

市场营销管理与控制

项目导入

市场营销管理是一个过程，包括分析、规划、执行和控制。其管理的对象包含理念、产品和服务。市场营销管理的基础是交换，目的是满足各方需要。市场营销管理的主要任务是刺激消费者对产品的需求，但不能局限于此。它还帮助公司在实现其营销目标的过程中，影响需求水平、需求时间和需求构成。因此，市场营销管理的任务是刺激、创造、适应及影响消费者的需求。

学习目标

知识目标

(1) 理解市场营销计划的定义与类型。

(2) 理解市场营销组织结构的含义和类型。

(3) 了解营销部门与其他部门之间的关系。

(4) 熟悉市场营销执行的概念和过程。

(5) 熟悉影响市场营销计划有效实施的因素。

技能目标

(6) 能够设计适合企业实际情况的市场营销组织结构，确保营销团队协同工作高效。

(7) 能够有效执行市场营销计划，包括制订具体实施方案、组织资源、监督执行进度等。

(8) 能够识别并解决影响市场营销计划实施的各种问题与挑战，保证计划顺利执行。

素质目标

(1) 培养学生战略规划和执行能力，能够将市场营销计划有效地转化为具体实践。

(2) 培养学生解决问题的能力，能够在市场变化和挑战中迅速做出反应和调整。

(3) 培养学生责任心和执行力，保证市场营销计划的顺利实施并取得预期效果。

思政目标

引导学生理解市场营销战略控制的概念及其实施方法，认识到战略控制对企业长期发展的重要性，培养学生的战略眼光和前瞻性，鼓励学生在制定和调整战略时考虑社会责任和可持续发展。

案例导入

霸王茶姬5周年“高势能”营销策略

近几年，随着国民自信度的不断提升，国风、国潮成为主流。根据相关大数据搜索，近十年来，“国潮国风”类关键词的搜索热度上涨了528%。特别是在茶饮赛道，国风茶饮更是备受消费者宠爱。以典型代表茶颜悦色为例，当初茶颜悦色刚到深圳时，引发了4万号人排队，直接演绎了一波现实版本的“清明上河图”。但近日，另一家国风茶饮霸王茶姬引起了更多关注。虽然没有茶颜悦色线下的4万人排队，但霸王茶姬5周年活动，不仅在小红书、抖音、微博等相关平台引发了大量讨论，各地门店线上“排队”点单，营销内容更是直接登上了世界顶级时尚杂志《时装 L'OFFICIEL》十二月刊，引发了全网关注和热议。

（1）霸王茶姬5周年——“国风”依然是品牌价值原点

作为一个自云南走出来的茶饮新品牌，霸王茶姬自诞生起就与“国风”深度捆绑。取名上直接取材于中国史诗故事霸王别姬，第一代版本logo则将中国古典文化核心中的“戏曲”元素深度融合进来，中国传统味道非常浓郁。2021年，霸王茶姬更是对logo做了一次国际化品牌升级，将东方文化与西方艺术表现形式相结合，让品牌呈现出一种独特的东方美学之美，并提出了品牌“东方新茶铺”的定位，进一步升华了品牌的“国风”属性（图7-1）。

图7-1　霸王茶姬国风店铺

而此次5周年营销，霸王茶姬同样坚持“国风”，直接以回望原点的方式，向世界传递了东方茶文化。

近些年，品牌跨界联名的营销方式屡见不鲜，多个品牌之间的联名动作越来越常见。但此次霸王茶姬5周年选择的联名对象，知名摄影师张家诚却给我们呈现出了一个不一样的国风美学体验。张家诚，是一位喜欢以独特的东方乌托邦风格打造强视觉冲击力作品的先锋摄影师，深受世界一线杂志与品牌青睐。而霸王茶姬，作为国风茶饮的“先行者”，两者之间有着共同的价值内核，可谓是不谋而合。此次联名活动，张家诚直接以品牌回归“茶的原点”的方式，从云南的茶马古道到传统茶文化再到新式以茶会友。结合皮影、剪影等传统元素，打造了一个“东方茶”为骨骼，结合现代国际审美的新国风大片。友人相聚围炉饮茶，人与人因茶联结在一起，是东方茶最常出现的场景。张家诚以一帧帧变幻的画面，让我们直接穿越千年看尽了茶饮的历史变迁。

据悉，宣传片11月26日首发后，立马就引发了行业内大量关注，相关的周年宣传海报甚至登上了法国顶尖杂志《时装 L'OFFICIEL》内页，并被《GQ》等潮流读物一同收录。这一破圈行为，可谓是赚足了消费者的眼球，也为未来走向国际的新茶饮品牌们做了一个有效示范。

(2) 上新“金丝小种”系列，呼应东方茶“国风”内核

再巧妙的营销手法，无法在产品上赢得用户的心，一样不过是白做工。作为国风茶饮赛道“后来居上”的品牌，霸王茶姬能够突围的主要原因之一，便是品牌一直坚持大单品产品布局策略，在产品上狠下了功夫。据悉，霸王茶姬最经典大单品“伯牙绝弦”，年销量超1 000万杯，占了总销量的30%以上，可谓品牌复购担当。而此次品牌五周年，霸王茶姬为五周年特别推出的重磅新品“金丝小种”系列（图7-2），使用的就是云南勐海南糯山的金丝滇红与福建武夷山的正山小种拼配而成。

图7-2　“金丝小种”系列

2022年11月29日晚，“中国传统制茶技艺及其相关习俗”通过联合国教科文组织保

护非遗政府间委员会第17届常会评审，列入联合国教科文组织人类非遗代表作名录。云南作为世界公认的古茶树起源地，参与了其中的6个细项的申遗，其中就包括滇红茶制作技艺。霸王茶姬将滇红茶与正山小种这两种红茶在无数次碰撞融合下达到微妙的比例，使得两者的口味特色都得到了保留。据悉，入口前调蜜韵香甜，带有馥郁的花果香；中调甘醇丝滑，带着薯香和麦香的质感；后调回甘悠长，能品出红茶醇厚的木质感，层次非常丰富。

同时，为了吸引消费者将目光投在新品上，霸王茶姬还找到了一种新的趣味玩法，即推出了神秘新品券。据官方数据统计，五周年活动还未开启，就已有21万人通过多杯买赠等多种方式获得了新品券。

（3）SVIP召回计划，用情谊打动更多消费者

除了文化上的“回归原点”，此次五周年霸王茶姬还与忠实客户做了情感上的“回归”，推出SVIP召回计划，以给老忠实客户“福利加码”的方式，加深了品牌与用户的绑定。“古早像素盖不住那时的稚嫩，手上的茧长成了更坚厚的盾。五年，多亏有你。好久不见，甚是想念……后来却因种种原因，把大家弄丢了，十分懊悔与遗憾……”字里行间，尽是回忆与情感，引发用户情感共鸣。在当下这个集体情绪爆发的时代，情感营销已成为当下餐饮新的获客法则。不过，霸王茶姬与用户形成共鸣的情感触点却直接来源用户本身，每一份代入感的内容背后都是一个忠实客户的故事，对消费者的触动更深刻也更扎实有效。

作为一个从区域崛起的新茶饮品牌，霸王茶姬经过沉淀后快速扩张，每一步都走得铿锵有力。短短5年时间逆袭开店870多家，完成了从区域跨步全国再到全球的布局，仅东南亚就有超65家门店。通过独特的“原叶鲜奶茶”“国风奶茶”“中国茶”“东方新茶铺”“以茶会友”等一系列差异化标签。在消费者心目中树立了高辨识度的品牌形象，成为了当代世界“东方茶”的品牌代表。

任务一　市场营销计划

一、市场营销计划的定义及其分类

市场营销计划

（一）市场营销计划的定义

市场营销计划是指在研究目前市场营销状况，分析企业所面临的主要机会与威胁、优势与劣势以及存在问题的基础上，对财务目标与市场营销目标、市场营销战略、市场营销行动方案以及预计损益表的确定和控制。

（二）市场营销计划的分类

1. 按照时间长短划分

按照时间长短划分，市场营销计划可分为长期计划、中期计划和短期计划。

（1）长期计划的期限一般在 5 年以上，主要是确定未来发展方向和奋斗目标的纲领性计划。

（2）中期计划的期限在 1~5 年。

（3）短期计划的期限通常为 1 年，如年度营销计划。

2. 按照涉及范围划分

按照涉及范围划分，市场营销计划可分为总体营销计划和专项营销计划。

（1）总体营销计划是企业营销活动的全面、综合性计划。

（2）专项营销计划是针对某一产品或特殊问题而制订的计划，如品牌计划、渠道计划、促销计划、定价计划等。

3. 按照计划程度划分

按照计划程度划分，市场营销计划可分为战略计划、策略计划和作业计划。

（1）战略计划是对企业将在未来市场占有的地位及采取的措施所做的计划。

（2）策略计划是对营销活动某一方面所做的计划。

（3）作业计划是各项营销活动的具体执行性计划，如一项促销活动，需要对活动的目的、时间、地点、活动方式、费用预算等做计划。

二、市场营销计划的内容与预算

案例导入

未雨绸缪，做好长期计划

李岩是营销部门的经理，虽然上任刚 1 年，但工作雷厉风行，将 1 年的工作任务按计划圆满完成。近期，主管领导让李岩制订一份未来 5 年的营销计划。李岩有些为难，以前只做过年度营销计划，5 年计划和 1 年计划有很大不同。尤其是现在营销技术更新快，消费者兴趣变化大，市场环境变幻莫测。如何使计划具有时效性和可操作性，保证在计划实施过程中能顺利执行，是作为领导者必须认真考虑的问题。李岩决定召开一次部门会议，广泛听取意见后再做决策。

（一）营销计划的内容

一份完整的市场营销计划，应该包括以下部分。

1. 计划概要

计划概要是对主要营销目标和措施的简短摘要，目的是使高层主管迅速了解该计划的主要内容，抓住计划的要点。例如，某零售商店年度营销计划的内容概要是本年度计划销售额为 5 000 万元，利润目标为 500 万元，比上年增长 10%。

2. 状况分析

状况分析主要提供与市场、产品、竞争、分销以及宏观环境因素有关的背景资料，具体内容有以下几个方面。

（1）市场状况

列举目标市场的规模及其成长性的有关数据、顾客的需求状况等。例如，目标市场的年销售量及其增长情况、在整个市场中所占的比例等。

（2）产品状况

列出企业产品组合中每一个品种的销售价格、市场占有率、成本、费用、利润率等数据。

（3）竞争状况

识别企业的主要竞争者，并列举竞争者的企业规模、目标、市场份额、产品质量、价格、营销策略及其他有关特征，以了解竞争者的意图、行为，判断竞争者的变化趋势。

（4）分销状况

描述企业产品选择的分销渠道类型以及在各种分销渠道上的销售数量。例如，某产品在百货商店、专业店、折扣店、以及在线销售等各种渠道上的分配比例。

（5）宏观环境状况

主要对宏观环境的状况及其主要发展趋势进行简要介绍，包括人口环境、经济环境、技术环境、政治法律环境、社会文化环境，并从中判断某种产品的发展趋势。

3. 机会风险分析

机会风险分析主要是对计划期内企业营销所面临的主要机会和风险进行分析，还要对企业营销资源的优势和劣势进行系统分析。在机会与风险、优劣势分析基础上，企业可以确定在该计划中需要注意的主要问题。

4. 拟定营销目标

拟定营销目标是企业营销计划的核心内容。目标要用数量化指标表达出来，目标应实际、合理，并具有一定的开拓性。

5. 营销策略

制定企业将采用的营销策略，其中包括目标市场的选择和市场定位、营销组合策略等方面。明确企业营销的目标市场，确定市场定位和塑造市场形象的方式；同时确定企业将采用的产品、渠道、价格和促销策略。

6. 行动方案

要对各种营销策略的实施制定详细的行动方案，即阐述以下问题：将做什么？何时开始？何时完成？谁来做？成本是多少？整个行动方案可以列表加以说明，表中应具体说明每一时期应执行和完成的任务及时间安排、任务要求和费用开支等。使整个营销策略落实于行动，并能循序渐进地贯彻执行。

7. 预计利润

营销预算即开列一张实质性的预计损益表。在收益的一方要说明预计的销售量及平均实现价格，预计销售收入总额；在支出的一方要说明生产成本、实体分销成本和营销费用，以及再细分的明细支出，预计支出总额。最后得出预计利润，即收入和支出的差额。

企业的业务单位编制出营销预算后，送上层主管审批。经批准后，该营销预算就是材料采购、生产调度、劳动人事以及各项营销活动的依据。

8. 营销控制

营销控制指对营销计划执行进行检查和控制，用以监督计划的进程。为便于监督检查，具体做法是将计划规定的营销目标和预算按月或季分别制定，营销主管每期都要审查营销各部门的业务实绩，检查是否实现了预期的营销目标。凡未完成计划的部门，应分析问题原因并提出改进措施，以争取实现预期目标，使企业营销计划的目标任务都能落实。

（二）营销预算

营销预算是指执行各种市场营销战略、政策所需的最适量的预算以及在各个市场营销环节、各种市场营销手段之间的预算分配。

制定营销预算通常是企业最早确定的预算项目之一，也是企业营运的关键控制工具。对于主要依赖某种产品或服务获取收入的企业而言，通过营销预算可以预测企业该年度的盈利预期。通常每年进行一次，同时需要进行后续两年的滚动预算。后两年的滚动预算通常不需要太详细，只需对收入和支出进行大致的趋势性预测即可。

知识拓展

市场营销预算的作用

市场营销预算的作用主要有以下三个方面。

1. 营销预算是企业经营战略的细化，是执行经营战略的重要环节

例如，企业的经营战略决定企业将继续在某个产品领域扩大影响，追求更高的市场份额，那么，该年度以及以后的若干年度营销预算就应该体现这一特征，销售收入要增加，同时用于进一步扩大市场份额所需要的资源也应该增加。

2. 营销预算是协调各个部门工作的重要工具

营销预算的各项重要指标与企业的生产、供应、财务、研发等息息相关。营销预算中的产品销售数量预算要求生产部门要配备匹配的资源，供应部门需要做好生产部门完成生产任务所需的各种包装、原材料甚至机械设备的准备工作，财务部门要确保企业的现金流不出现缺口等。一旦有关部门发现相关预算与营销预算存在不协调之处，都必须讨论解决。

3. 营销预算是企业评价营销部门工作绩效的标准和依据

营销部门同时会把总体的营销预算再进行细化，分派到更下一级的预算单位，因此它也是营销部门内部的工作绩效评价标准。一般来说，至少每月评估一次，主要是观察预算指标与实际执行情况的对比，如果存在差异，要对差异进行分析，并找到解决的方案，所以，营销预算同时也是一种控制工具。

任务二　市场营销组织

一、市场营销组织结构的含义与类型

（一）市场营销组织结构的含义

市场营销组织结构简称组织结构，是指企业内部的组织结构框架，由一定的组织关系和结构组成，构建了一定的组织模式。建立这种组织结构是实现企业目标的一种手段，是企业为了实现经营目标、发挥营销职能并协作配合其他部门的有机科学系统，连接整个企业各职能部门以实现经营一体化的核心。

（二）市场营销组织结构的类型划分

1. 职能型营销组织

职能型营销组织是最常见的营销组织形式，它是将营销职能加以扩展，将营销各职能的专家组合在一起来组建营销各职能部门，使之成为公司整个组织的主导形式。例如，设立广告促销、营销调研、销售等职能部门。这些部门的经理通常由一些营销专家担任，他们分别对营销副总经理负责，营销副总经理协调他们的活动，如图 7-3 所示。不同企业设立的职能部门可能有所不同，除上述部门外，还可以有营销行政事务、营销计划、实体分销等，即职能部门的数量可以根据公司经营的需要增减。

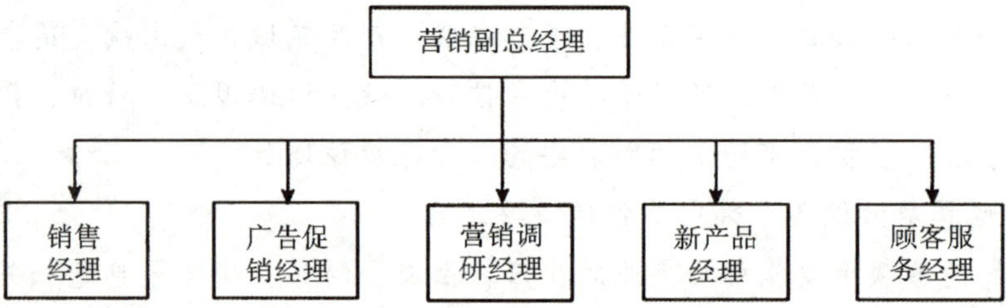

图 7-3　职能型营销组织

职能型营销组织的主要优点在于它从专业化中获得的优越性。随着公司产品品种的增多和市场的扩大，这种职能型营销组织越来越暴露其效益低下的缺点，见表 7-1。

表 7-1　职能型营销组织的优缺点

优点	缺点
将同类型的营销专家归在一起，易于管理，可以产生规模经济	各部门常常会因为追求本部门目标，而看不到全局的最佳利益
按功能分工，可以避免重复劳动，减少人员和设备的重复配置，提高工作效率	这种按功能划分的结构通常是比较刻板的，随着公司业务量的增大，职能部门之间的协调难度也会日趋增加

续表

优点	缺点
专业人员在同一个职能部门相互影响，可以产生系统效应	由于没有一个部门对一项产品或一个市场负全部责任，因而没有按每项产品或每个市场制订完整的计划，于是有些产品或市场就容易被忽略
通过给员工们提供与同行们“说同一种语言”的机会而使他们感到舒适和满足	各职能部门都争相要求使自己的部门获得比其他部门更多的预算和更重要的地位，使营销副总经理经常疲于调解部门纠纷。因此这一组织形式适用于那些产品种类不多、目标市场相对较集中的中小企业

2. 地理区域型营销组织

在全国范围进行销售的公司，通常按地理区域设立营销组织，安排其销售队伍。在营销副总经理主管下，按层次设全国销售经理、大区销售经理、地区销售经理、分区销售经理、销售人员。假设，一位负责全国销售的销售经理领导 4 位大区销售经理，每位大区销售经理领导 6 位地区销售经理，每位地区销售经理领导 8 位分区销售经理，每位分区销售经理直接领导 10 位销售人员。从全国销售经理到分区销售经理，再到销售人员，所管辖的人数即“管理幅度”逐级增大，呈自上而下自然的“金字塔”形组织结构，如图 7-4 所示。

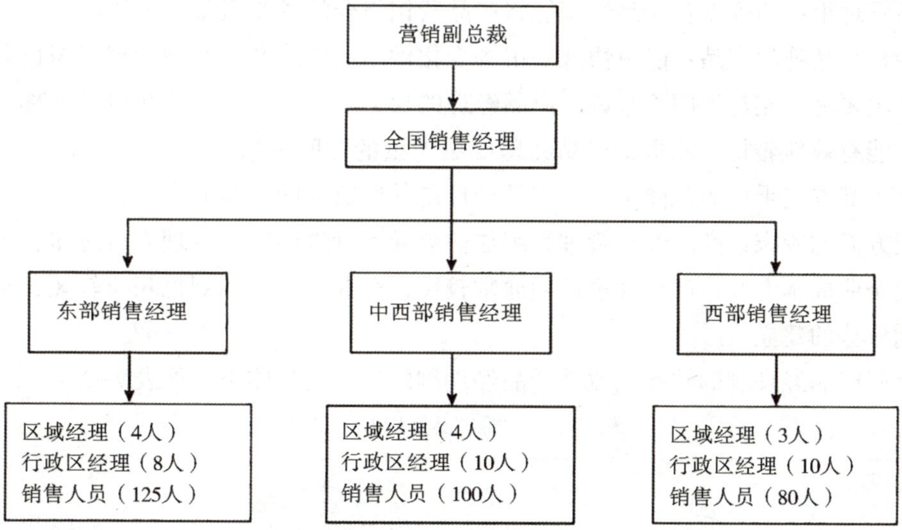

图 7-4　地理区域型营销组织

在这种组织内部，为避免职能部门重复，市场调研、广告、行政管理等仍归属原职能部门，且与地区部门并列。优点在于可充分发挥每一地区部门熟悉该地区情况的优势。不足之处在于，当产品种类较多时，很难按不同产品的使用对象来综合考虑，各地区的活动也难以协调。

3. 产品或品牌型营销组织

经营多种产品和品牌的企业，常常建立产品或品牌管理组织。产品管理组织不是用于取代职能型管理组织，而是在职能型管理组织的基础上增加一个管理层次。产品管理组织由一名产品主管经理负责，下设几个产品线经理，产品线经理之下可以再设若干个具体产品经理负责各种具体产品，如图 7-5 所示。

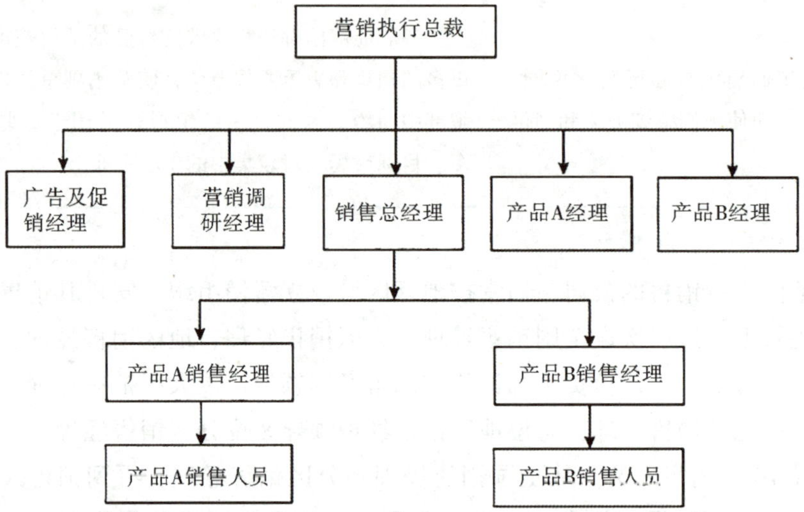

图 7-5　产品或品牌型营销组织

产品管理组织的优点：产品经理能将产品营销组合的各要素很好地协调一致，也不易忽视那些较小品牌的产品；能更快地对市场变化做出反应。产品经理管理组织也存在一定的缺陷，主要有：相对于职责来说，产品经理的权力是有限的，必须获得其他部门的密切配合，才能有效地履行其职责，产品经理要用大量的时间和精力处理与其他部门的关系，从而影响了其本应承担的职能工作；产品经理是其所负责的产品的专家，但很难成为某些营销职能方面的专家；产品经理管理组织往往会导致管理层次和管理人员过多，各项开支增加，使企业成本上升；产品经理任期通常较短，企业的营销计划也相应较短，从而影响产品长期优势的建立。

要克服产品经理制的缺点，改善产品经理制的工作，具体步骤见表 7-2。

表 7-2　改善产品经理制的步骤

步骤	释义
改善产品经理制的运行机制	明确规定产品经理对产品管理所承担的职责范围；建立一个战略发展和评估考核程序，使产品经理在战略计划制订方面有明确的职责；在规定产品经理和职能专家职责时，仔细考虑可能发生矛盾和冲突的方面，明确哪些由产品经理负责，哪些由职能专家负责，哪些应共同负责；建立一定的程序，使产品经理和职能部门之间发生的冲突都能提交总经理，使冲突能得到妥善解决；建立一个衡量与考核产品经理责任和绩效的制度

续表

步骤	释义
把产品经理制改为产品小组制	在产品管理组织中的产品小组结构有垂直型产品小组、三角型产品小组和水平型产品小组三种类型
取消次要产品的产品经理	取消次要产品的专门负责人制度，撤销次要产品的产品经理岗位
使用类目管理	在采用产品经理制的企业中，还发展了品牌经理制，产品经理制已成为企业组织的主要形式

4. 顾客（市场）型营销组织

市场细分化理论要求公司根据顾客特有的购买习惯和产品偏好等细分和区别对待不同的市场，针对不同购买行为和特点的市场，建立市场/顾客管理型营销组织是公司的一种理想选择。这种组织结构的特点是由一个总市场经理管辖若干个子市场经理，各子市场经理负责自己所管辖市场的年度计划和长期计划，他们开展工作所需要的功能性服务由其他功能性组织提供。其组织形式如图 7-6 所示。

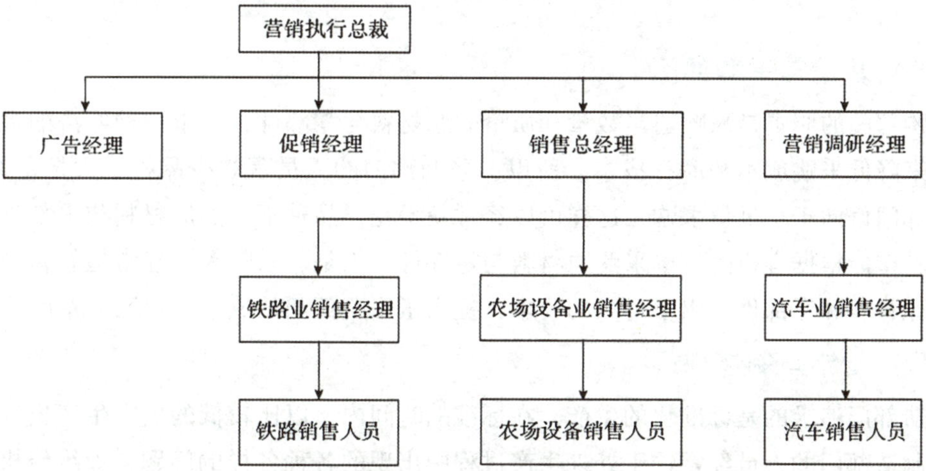

图 7-6　顾客（市场）型营销组织

采用这种组织形式有以下几个优点：首先，营销人员会成为了解顾客确切需要和欲求的专家，向顾客提供超值服务；其次，营销人员能够形成关于顾客消费行为的相关知识；最后，这种方法能帮助公司建立与顾客的长期关系。

二、营销部门与其他部门的关系

（一）营销与研究开发部门

研究开发部门是由技术专家和普通技术人员组成的，他们更追求技术上的领先地位，喜欢攻克技术难题，在宽松的工作环境和充足的预算情况下工作，对技术的商业性关心较少。而营销人员刚好相反，他们更关心的是产品在市场上的受欢迎程度，以及为此所付出的成本和代价。因此，这两个部门的人经常带着偏见去看待对方的工作，技术人员认为营销人员不懂技术，而营销人员认为技术人员脱离实际，闭门造车。

技术和营销同时驱动的公司，研究开发部门应该与营销部门建立紧密联系，为开发出技术领先而又能满足顾客需要的产品协同工作。公司应该加强这两个部门人员之间的联系，使技术人员懂得只有符合市场需要的产品才是有用的产品，同时使营销人员了解并支持技术人员的工作。为达到这样一个目标，公司可以定期举办研讨会，使双方相互了解和尊重对方；让技术人员和营销人员共同开发一个新项目；让研发部门的人员参与新产品的销售工作，包括制订营销计划、新产品市场推广等营销活动。

（二）营销与工程技术部门

工程技术部门的职责是寻找设计新产品和生产工艺流程中所需要的实用方法。工程师们对能提高生产效率和扩大规模效益的技术非常感兴趣，他们关心产品的技术品质，希望通过新的生产技术和设备来降低成本，因此，他们希望公司能够生产更多采用标准化的零部件和标准化的生产工艺。而营销人员则希望生产出多种型号、多种花样的产品来满足不同顾客的需要。在这种情况下，让那些懂得生产技术的人员在营销部门里任职，使他们懂得市场营销的重要作用，而他们又能很好地与工程技术人员沟通，能使两个部门的人员达成共识。

（三）营销与采购部门

采购部门的职责是采购适当数量和质量的原材料与零部件，寻求一种经济的批量订货的方式来降低采购成本和库存成本。所以，采购部门的人员喜欢少品种、大批量的订货。而营销部门偏向于小批量采购，这样可以经常获得花样品种不同的原材料与零部件，甚至有时还希望能根据客户的订单采购原材料与零部件。于是，采购人员经常抱怨营销人员对订购的原材料和零部件提出了过高的要求，提高了采购部门的成本，积压了库存。

（四）营销与制造部门

制造部门追求的是标准化的生产，在标准的时间内，以比较低的成本生产出标准化的产品。制造部门的人员经常忙于处理生产过程中出现的各种各样的问题，如维修机器，解决劳资纠纷，提高工效。他们认为营销人员对公司的生产政策了解甚少，不能支持制造部门的工作，而营销人员一方面认为生产部门不了解市场行情，不懂得顾客的真正需求，因而常常抱怨制造部门生产能力弱、交货不及时、售后服务差；另一方面，对满足顾客的要求导致生产成本上升的问题却不甚关心。

（五）营销与财务部门

财务部门的一项主要职责是按标准严格控制支出，他们认为自己最懂得怎样评价各部门的盈利状况以及各项业务活动的支出，而营销部门经常要求在广告、促销活动和销售人员支出方面能给予较宽松的预算，但却不能担保花了这些钱究竟能增加多少销售额。于是财务部门就会怀疑营销部门所做的预算为自己考虑得太多，没有花时间认真研究销售支出与销售额之间的关系，因此财务部门对营销部门要求的支出控制得相当严格。而营销部门则认为财务部门不懂营销，过分保守，钱袋子抓得太紧，结果失去了很多开发市场的机会。

（六）营销与其他部门

营销部门与会计部门的冲突在于会计人员认为营销部门不能及时将销售报告提交上来，他们排斥营销人员与客户达成的特别交易条款，如价格折让、数量折扣等，这样会加大会计工作的难度；而营销部门不喜欢会计部门在分摊成本时，不考虑不同产品应有不同支出的情况而一律平均分摊，他们还希望会计部门提供有关各个销售渠道、各个销售地区、各种订货数量等的销售额与盈利率的特别报告。有很多公司为了吸引更多的顾客，常常设立信贷部门。信贷部门人员给客户提供信贷时，他们最关心的是客户的信用状况，他们不赞同营销人员对谁都做买卖，甚至对那些支付困难的人也做买卖。而营销人员希望信贷部门将信贷标准定得低一些，这样可以争取到更多的客户，增加公司的销售额和盈利。在公司里要避免或减少营销部门和其他部门之间的这些矛盾或冲突，关键是要在全公司树立起营销观念，建立营销导向的组织体系，形成一种全员营销的企业理念，制订科学且行之有效的行为规范。

营销部门与其他部门的不同观点见表 7-3。

表 7-3　营销部门与其他部门的不同观点

职能部门	其他部门的侧重点	营销部门的侧重点
研究开发	基础研究； 产品和服务的内在品质； 产品的功能性特点	产品开发； 产品和服务的认知品质； 产品的销售性特点
工程技术	较长的设计前置时间； 型号较少； 标准化的元件	较短的设计前置时间； 型号较多； 定制化元件
采购	产品线较短； 标准化的零部件； 原材料的价格； 经济性采购批量； 采购间隔时间较长	产品线较长； 非标准化的零部件； 原材料的质量及适应性； 大批量采购； 根据顾客需要及时采购
制造	生产准备时间较长； 生产周期长而型号少； 型号长时间不变； 标准化订货； 装配容易； 一般质量控制	生产准备时间较短； 生产周期短而型号多； 型号经常更新； 定制化订货； 造型美观和多样化； 严格质量控制

续表

职能部门	其他部门的侧重点	营销部门的侧重点
财务	严格按原则开支 刚性预算； 成本回收性定价	灵活直观方法开支； 柔性预算； 市场开拓性定价
会计	标准化交易 报告极少	灵活交易和折扣报告很多
信贷	严格要求客户全面公开财务状况； 信贷风险小； 信贷条件严格； 收款程序严格	最低限度的客户信用审查； 信贷风险适中； 信贷条件宽松； 收款程序简便

任务三　市场营销执行

一、市场营销实施的概念及过程

（一）市场营销实施的概念

市场营销实施指的是把营销计划落实为具体的营销行动及其过程。

市场营销工作从制订营销计划开始，计划付诸实施才使营销工作有了实质性的步骤。首先，实施营销计划是一种行动，行动的主体是公司的全部人员，人是计划实施的关键因素，高明的决策者在实施计划时优先考虑的是人的因素，而不仅是财力和物力。因而人力资源调整、开发与管理，企业文化的营造等，是实施计划必然面对并且必须认真考虑的重要问题。其次，营销计划的实施是一个过程，不可能一蹴而就，在该过程中应采取许多具体措施，才能保证营销计划有效地实现。

（二）市场营销的实施过程

市场营销的实施过程，主要包括以下相互联系的五个方面的工作。

1. 制定行动方案

在实施过程中制定行动方案，指的是制定实施计划的细则。在市场营销计划中，已经制订了营销的战略和战术，其“战术”一般也称为“行动方案”，但它指的是对“战略”而言的行动方案，与实施过程中制定的“行动方案”不可同日而语。一般说来，营销实施中制定的“行动方案”，是对营销计划中的“行动方案”的具体化、细则化；营销实施中制定的“行动方案”更具可操作性，任务和责任要落实到个人或小组，还应包括具体确切的时间表等，这些都是营销计划中的“行动方案”所不具备的。

2. 调整组织结构

营销实施的主体是企业的全体员工，包括各级管理人员和决策者。这些人员是以组织的形式聚合并发挥实施计划的作用，因此组织的结构及其功能如何，直接关系到营销计划的实施效果。一般说来，企业组织结构以下两大职能比较突出。

（1）明确人员的分工

组织将计划实施的任务分配给具体的部门和人员，明确规定他们的职权界限，这样便于有效地管理和有序地行动。

（2）发挥协调作用

通过企业内部的组织，可以有效地沟通信息，协调各部门和人员的行动。

3. 建立健全科学的绩效考评制度

绩效考评作为一种激励机制并形成稳固的制度，以及该制度是否科学合理，直接关系到计划实施的成败。比如，企业对各部门管理人员和员工的评估和薪水，如果以短期经营的利润为标准，则必然使他们的行为趋于短期化，并使他们失去为公司的长期目标而努力奋斗的驱动力。

4. 开发人力资源

既然实施计划的关键因素在人，那么人力资源的开发就显得至关重要了。其中包括考核、选拔、培训和激励等，一方面要做到人尽其才，在考核、选拔管理人员时，注意将适当的岗位安排给适合其位的人；另一方面要建立完善的工资、福利和奖惩制度，以激励员工的积极性。

5. 建设企业文化

企业文化指的是企业在生产经营活动中形成的本企业的价值观、作风、传统习惯、行为规范和规章制度以及各种文化活动和文化设施等的总和。企业文化是企业内部全体人员共有并遵循的价值取向、基本信念和行为准则，企业文化一旦形成，便有相对的稳定性和连续性，是企业内部的全体成员心悦诚服甚至超越金钱衡量地把自己的聪明才智和全部力量奉献给企业，建设企业文化对营销计划的实施至关重要。

二、影响市场营销计划有效实施的因素

在计划实施的过程中，实施的效果自然令人关注。当计划在实施的过程中步履维艰、收效甚微时，企业的决策者和计划实施的监督部门，就应反思影响营销计划有效实施的原因。一般说来，影响市场营销计划有效实施的因素主要有以下几个方面。

（一）计划脱离实际

在营销计划正式下发实施之际，以及在实施的过程中如出现行动不畅、收效甚微等情况，实施部门和企业的决策人员都应反思计划本身是否有问题。

计划本身最大的问题是计划脱离实际。因为营销计划通常是由上层的专业计划人员制订的，而实施则要依靠营销管理人员，他们之间往往缺少必要的沟通和协调，因而使计划出现以下脱离实际的情况。

1. 计划过于笼统而指导意义不强

如果制订计划的专业人员只考虑总体战略而忽视了实施中的细节，就难免使计划过于

笼统而不具体，失去计划应有的指导意义。

2. 计划脱离实际而可操作性不强

专业计划人员往往不了解计划实施过程中的具体环节和可能出现的具体情况，因而所制订的计划脱离实际而可操作性不强。

3. 计划的预案性不强

一般说来，计划在先，实施在后，制订计划的人对后来的事不可能料算如神、滴水不漏，但一个好的计划应当对可能出现的困难有所预见，并在计划中对之有一定的预案设想，或在计划中留有余地，让实施计划的人员根据具体情况有调整计划的余地。如果制订计划的专业人员未与营销管理人员进行充分的沟通，就难以了解营销计划在实施过程中可能遇到的困难。

（二）长期目标和短期目标的协调不当

营销计划，特别是其中的营销战略，一般着眼于企业的长期目标，至少应该是三年的营销部署。而具体实施这些计划的营销人员则通常关注短期工作绩效，如销售量、市场占有率或利润率等指标，许多营销部门也是以一次短期目标来评估业绩、决定薪酬和奖励。计划的长期目标和实施过程中对短期目标的注重，二者之间必然存在矛盾，影响营销计划的实施，因此应当保证二者之间的协调。

（三）存在变革阻力

当新制订的营销计划相对于旧的营销计划有了变革的内容时，实施新的营销计划就可能遭到有“恋旧情结”的保守势力的抵制。新旧营销计划的差异越大，新计划在实施过程中可能遇到的阻力也就越大。要想实施与旧的营销计划截然不同的新的营销计划，就得正确对待企业传统的继承与革新的辩证关系，克服阻力。

（四）缺乏具体明确的实施细则

计划尽管有些方面内容比较详细，但对于实施来说，它仍然是原则性和纲领性的，缺乏具体的可操作性，这就需要在实施过程中根据计划制订更为具体、可操作的细则。实施细则之所以有制订的必要，一是因为细则往往是针对某一方面、某一环节且细致入微，而计划是不可能面面俱到且细致入微的；二是因为计划在先，实施在后，其间市场情况必然有程度不等的变化，从这个角度而言，真可谓“计划赶不上变化”，而实施过程中制订的细则，正好可以在坚持计划原则的前提下针对新近发生的市场变化，对计划有所微调。由此可见，在实施过程中制订细则是何等的重要，而许多企业的营销活动之所以面临困境，正是因为缺乏在计划的基础上制订切实可行而又富有可操作性的实施细则。

课堂讨论

探讨影响市场营销计划实施效果的各种因素，并讨论如何应对这些因素以确保市场营销计划的成功实施。

任务四　市场营销控制

一、营销控制的含义与类型

（一）营销控制的含义

市场营销控制是指衡量和评估营销策略与计划的成果，以及采取纠正措施以确定营销目标的完成，是企业用于跟踪营销活动过程的每一个环节，确保能够按照计划目标运行而实施的一套完整的工作程序。营销控制包括估计市场营销战略和计划的成果，并采取正确的行动以保证目标实现。

（二）营销控制的类型

1. 年度计划控制

年度计划控制的中心是目标管理，即保证企业年度营销计划中规定的各项目标能够顺利实现。年度营销计划控制步骤如下：营销管理者应将年度营销计划的指标分解为每季或每月的指标；随时跟踪掌握指标的完成情况；及时发现实际的营销状况与营销计划的差距并分析其原因；采取补救措施，调整实施步骤或修正计划。

年度计划控制的方法主要有四种：销售情况分析、市场占有率分析、营销费用率分析、用户反应跟踪。

2. 盈利能力控制

盈利能力控制是对企业营销组合中各类因素的获利能力进行分析，以帮助营销管理者决策需要发展或缩减或淘汰的产品及市场，包括市场营销成本分析和盈利能力分析。

3. 效率控制

效率控制的目的是监督和检查企业多项营销活动的进度与效果，包括人员推销效率、广告效率、营业推广效率、分销效率。

4. 战略控制

战略控制又称市场营销审计，是对企业的营销目标、政策和策略进行控制，以保证企业的可控因素与外界不断变化的营销环境保持和谐统一。营销审计具有全面性、系统性、客观性、定期性的特征。

二、市场营销控制的步骤

市场营销控制包含以下几个具体步骤。

（一）确定控制目标

在市场营销控制过程中，营销目标被分解为若干更短时期的控制目标。例如，在市场营销计划中，营销目标是年度市场销售额，控制目标就可以定为每月或每季度销售额。只要每月或每季度的控制目标都能如期实现，全年营销目标自然就会实现。

（二）评估执行情况

评估执行情况即监测市场营销活动的实绩，评估各控制目标的执行情况。这一步与第一步关系密切，因为只有控制目标数量化、可测化，才能开展有效的监测活动。

（三）诊断执行结果

对执行情况差的项目，需要细致地从内部和外部两个方面进行深入分析，以能够找到根本原因并采取有效措施改进。内部原因可能涉及诸如计划目标设定过高、团队协作不畅、资源分配不当、执行力不足等方面。这些因素可能导致项目执行过程中出现了重大偏差或延误。外部原因则可能包括宏观经济环境的变化、市场竞争的加剧、政策法规调整等外部因素，这些因素也会对项目的正常执行产生影响。深入剖析内外部原因，有助于更全面地了解项目失败的深层次原因，为未来的项目规划和执行提供宝贵的经验教训。

（四）采取纠正措施

针对存在的问题，应提出相应的改进措施。提高两种工作效率是营销控制的最后一个步骤。采取改正措施宜抓紧时间。一般来说，其做法有：一是企业在制订营销计划的同时提出应急措施，在实施过程中，一旦发生偏差可以及时补救；二是企业事先没有预定措施，而是在发生偏差后，根据实际情况，迅速制订补救措施加以改进。

三、市场营销的战略控制

营销计划转化为营销业绩的“中介”因素，是计划的执行。再好的营销战略或战术计划，如果不注意在计划的执行或实施中加强管理，效果也会大打折扣。营销实施涉及相互联系的五项内容，即成功实施营销计划的五个保障，具体营销计划如下。

（一）制订行动方案

确切的方案需要明确计划的关键环境、措施和任务，并将责任分配给个人或团队，同时制订具体的时间表。关键性环境指的是项目实施过程中必须考虑的重要背景和条件，如市场需求、技术支持和法律法规等。措施是指为达成项目目标而采取的具体行动，包括资源配置、团队组织、技术应用等。任务则是具体的工作内容和执行步骤，需明确分解每个阶段的工作重点和时间节点。责任分配到个人或团队意味着明确每个人的角色和职责，确保每个人都清楚自己在项目中承担的任务和目标。此外，具体时间表则是确保项目按计划顺利进行的重要保障，通过时间表可以监控进度、调整计划并最终实现项目的成功完成。

（二）调整组织结构

在实施过程中，组织结构起着决定性作用。它把任务分配给具体部门和人员，规定明确职权界限和信息沟通路线，协调内部各项决策和行动。组织结构应与计划的任务一致，同企业自身的特点、环境相适应。就是说必须根据企业战略、营销计划的需要，适时改变、完善组织结构。

（三）形成规章制度

为了保证计划能够落在实处，必须设计相应的规章制度。在这些规章制度中，明确与计划有关的各个环节、岗位，人员的责、权、利，各种要求，以及衡量、奖惩条件。

（四）协调各种关系

为了有效实施营销战略和计划，行动方案、组织结构、规章制度等因素必须协调一致，相互配合。

（五）市场营销的战略控制

市场营销环境变化很快，往往会使企业制订的目标、策略、方案失去作用。因此，在企业市场营销战略实施过程中必然会出现战略控制问题。战略控制是指市场营销经理采取一系列行动，使实际市场营销工作与原规划尽可能一致，在控制中通过不断评审和信息反馈，对战备不断修正。

各个企业都有财务会计审核，在一定期间客观地对审核的财务资料或事项进行考察、询问、检查、分析，最后根据所获得的数据按照专业标准进行判断，做出结论，并提出报告。这种财务会计的控制制度有一套标准的理论、做法。但是市场营销审计尚未建立一套规范的控制系统，有些企业往往只是在遇到危急情况时才进行，其目的是解决一些临时性的问题。目前，国外越来越多的企业运用市场营销审计进行战略控制。

项目小结

项目主要围绕市场营销管理与控制展开，任务一介绍了学习者学习市场营销计划的定义及本分类，市场营销计划的内容与预算。任务二着重于市场营销组织，学习者将了解市场营销组织结构的含义与类型，掌握营销部门与其他部门的关系管理，以确保营销团队协同合作，实现市场营销目标。任务三关注市场营销执行，学习者将理解市场营销实施的概念及过程，掌握影响市场营销计划有效实施的因素，从而能够有效地执行市场营销计划。任务四对市场营销控制开展讲解，学习者将学习营销控制的含义与类型，掌握市场营销控制的步骤和战略控制方法，以确保市场营销活动按照计划进行并实现预期目标。通过本项目，学习者将掌握市场营销管理与控制的核心知识和技能，能够制订全面的市场营销计划、建立有效的市场营销组织、高效执行市场营销活动，并进行有效的市场营销控制，帮助企业实现市场营销目标。

课后实训

市场营销执行管理

一、实训目标

学生能掌握营销执行中的常见问题，根据营销计划制订实施方案，设计合理的组织结构和薪酬体系。

二、实训开展

任务 1：制订营销计划实施方案

任务描述：根据年度营销计划，制订实施方案，将结果记录在表 7-4 中。

表 7-4　制订营销计划实施方案

研究内容	研究结果
营销方案实施计划	
营销方案修订过程	

任务 2：设计薪酬体系

任务描述：为企业设计薪酬体系，以激励从业人员的工作积极性，将结果记录在表 7-5 中。

表 7-5　薪酬体系设计

研究内容	研究结果
构建薪酬体系	
设计思路解析	
薪酬体系开展设计	

三、实训评价

展示任务完成情况，并完成考核评价表（表 7-6）。

表 7-6　考核评价表

评价项目	评价内容	分值	评分/分		
			自评	互评	师评
职业素养考核项目（40%）	考勤、仪容仪表	10 分			
	安全意识、责任意识及服从意识	10 分			
	团队合作、沟通交流能力	10 分			
	维护教学设备及工具等干净整洁	10 分			
专业能力考核项目（60%）	积极参与市场营销管理与控制教学活动并理解活动要求	30 分			
	积极参与年度营销计划活动，制订营销实施方案，并按要求完成任务	30 分			
综合分数：	自评（20%）+互评（20%）+师评（60%）	100 分			
综合评语		指导教师（签名）：			

思考练习

1. 一份完整的市场营销计划应包括哪些部分？
2. 简述市场营销的实施过程。

项目八

网络时代的数字营销

项目导入

近年来，数字经济作为全球经济的重要内容，成为全球经济发展的主线，并在逐步推动产业界和全社会的数字转型。数字营销作为企业数字化转型的重要突破口，市场需求不断爆发，云计算、人工智能、大数据等新一代信息技术的发展不断推动着营销技术、架构、方式的变革。同时，以消费者为核心的数字营销也反作用于技术的发展、产品的创新与迭代，数字营销市场的魅力不断绽放。不断扩大的数字营销版图不仅是数字经济发展的新风口，也成为互联网巨头及创新型企业竞相追逐的新蓝海。

学习目标

知识目标

(1) 了解数字营销的内涵。

(2) 理解数字经济时代消费者的行为特征。

(3) 熟悉数字营销的类型。

(4) 了解数字媒体运营的形式。

技能目标

(1) 能够运用数字营销工具和技术，制订符合网络时代特点的营销策略和计划。

(2) 能够进行数字媒体运营，包括内容运营、用户运营和活动运营，提升品牌知名度和用户体验。

素质目标

(1) 培养学生对数字营销的敏感性和创新意识，适应快速变化的网络时代市场环境。

(2) 培养学生与消费者沟通和互动的能力，建立良好的品牌形象和用户关系。

思政目标

引导学生理解“互联网+”对消费者生活的深刻影响，鼓励学生在数字化背景下关注消费者的实际需求和生活变化，培养学生的创新意识和用户体验意识，增强社会参与意识和责任感。

案例导入

线上购物车的来源

线上购物车来源于线下购物场景的需求——推个购物车逛商场，用以暂放所购物品，到收银台时一并结账。它是一个购物流程中的中间环节，可以称之为一个购物便捷工具。随着线上交易平台中各类促销的丰富，购物过程也变得复杂，购物车如果还仅仅只是一个暂存工具，那么所有的促销规则、金额处理逻辑在最终的结账环节中才能体现。如此一来，产品的优惠就太滞后，需用户停止结账，回头重新梳理商品，不利于用户的便捷体验，以及利用优惠来促进交易转化的作用发挥。促销优惠的前置至关重要，在各类市面上的产品中承载促销信息的页面包括首页、专题活动页、店铺主页、商品详情页等。但购物车作为选品后、结账前的环节，在承载选品的同时，亦能承载商品的促销优惠，将对交易转化有更进一步的促进作用。所以，购物车的定位需要变迁，现在它已拓展定位为促进交易的“推进器”。

京东商城 APP - 购物车特点：促销优惠的整合，主要功能点整理如下。

(1) 降价提示

目的：提高结算转化，表现平台优惠。

功能：针对购物车中商品相对刚加车时的价格降低的实时提示。

系统：购物车库中会存下每个商品加车时的初始价格，在每次刷新购物车重调价格系统数据后，会和初始的价格进行比对。如果商品价格连续变换两次，第一次比初始价格低，则提示在购物车；若第二次价格又变回初始价格或者更高，则取消通知。降价提醒要做到实时同步（图 8-1）。

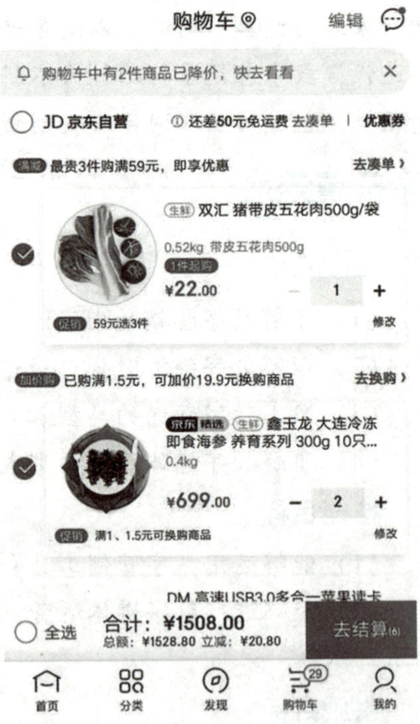

图 8-1　京东购物车

交互：采用顶部黄条提示的方式，这种方式一般用来表示事件通知，显眼可见，可手动关闭屏蔽，点击可锚点到降价的商品。若多个商品降价时，分别点击黄条即可锚点到对应的商品，并且每个降价商品上会提示“比加入时降 * 元”。整体上看，交互体验、提示和优惠的表现力度上都恰到好处，不会过于抢眼，也不会弱到无存在感。

(2) 凑单、换购

目的：促进加车、转化、客单价。

功能：将商品按促销组的形式规整在一起，按促销规则进行凑单、换购商品，享受促销优惠。

系统：购物车网关（接口）根据库存单位标识（sfock keeping unit ldentif，SKUID）调取参加的促销活动，由促销系统将商品区分为不同促销组，并将优惠文案、金额和打标返给购物车接口；另外还需根据商品所属店铺（自营、第三方店铺）进行规整商品。若商品有多个促销（免运费、满件减、满额减、加价购/换购、套装、M 元 N 件、满件折等），按规则默认一种，可在商品下方进行修改参加的促销，修改后会由促销系统重新返回商品归属的促销组。点击“去凑单/去换购”可进入参加促销的商品列表。商品基础信息应是由商品系统根据 SKUID 返回给购物车网关。至于商品库存信息自然调取商品库存系统提供数据，促销库存限购应是调取促销系统提供数据。在刷新页面、去结算时，都会重新校验、更新一遍所有商品的数据。

交互：非常清晰的按促销组的形式区分商品，且在每个商品下显示其他也参与的促销。每个促销组通过“打标+促销规则+优惠金额+促销选品+更改促销”的方式来引导用户继续加车、提高转化和客单价。

(3) 优惠券

目的：促进转化、继续加车、客单价。这个功能降低了订单取消率。

功能：根据店铺显示当前购物车商品中可用的优惠券，包含未领、已领（图 8-2）。

系统：按购物车 SKUID 所属店铺进行分组，领券入口根据组进行显示，而且由优惠券网关返给购物车显示领券入口与否。购物车将 SKUID 传给优惠券网关，其再将商品适用的优惠券从优惠券系统中调取出来，并将商品归属到可用的优惠券下。优惠券若未领取则归到可领区域，可直接领取；若已领取则归到已领区域，可直接凑单领取。每次打开领券页面会重新刷新数据，并归类已领和未领优惠券。

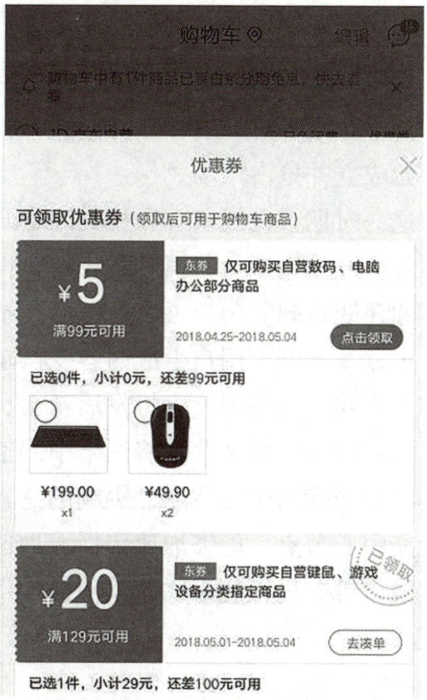

图 8-2　优惠券显示页面

任务一　数字营销概述

数字营销是以“技术+数据”双驱动，对传统营销进行在线化和智能化改造，进而帮助企业构建消费者全渠道触达、精准互动和交易服务的营销闭环。其本质是借助数据和技术，并利用营销资源，依靠实时数据跟踪，实现营销由粗放向集中发展。例如，利用数据跟踪技术，精准分析和决策企业广告资源投放渠道和投放人群，大大提升广告拉新效果。

数字营销不仅是一种技术手段的革命，而且包含了更深层的观念革命。它是目标营销、直接营销、分散营销、用户导向营销、双向互动营销、远程或全球营销、虚拟营销、无纸化交易、用户参与式营销的综合。数字营销赋予了营销组合新的内涵，其功能主要有信息交换、网上购买、网上出版、电子货币、网上广告、企业公关等，是数字经济时代企业的主要营销方式和发展趋势。

一、数字营销的发展历程

（一）数字营销的萌发

早期的数字营销较简单，用户把网络论坛作为表达个性化思想的工具，消费者主要通过互联网搜索优化选择，企业主要通过数字渠道，如网络论坛等，了解消费者口碑营销信息，用户主要作为互联网信息受众或信息源，利用互联网与其他用户产生联系。

（二）数字营销的飞跃

到了2005年，互联网的普及率高于50%，社交媒体逐渐成为主流媒体，许多社交网站开始成立并抢占市场。

这一时期，在线口碑和社交网络开始应用于营销研究和实践，网络论坛除了表达个人意见外，开始直接与营销实践相结合，企业期望通过与用户的积极互动来形成积极的品牌社区和在线口碑。用户可以在电商网站发表产品评论并生成评分，产品评论和评分会对销售产生显著影响，用户生成内容变得越来越普遍。企业通过主流媒体，让现有会员发送电子邮件去获得潜在用户，将发展新会员作为在线口碑的营销成果。

这一阶段的数字营销将网络中的信息传播者划分为潜水者和分享者，有影响力的分享者是社交传播的中心节点，影响的是其协作起来的一个用户网络。采用具有大量社交联系的社交中心节点，能够加速传播，加速商品在网络用户之间的共享。企业可以战略性地引导在线口碑，进行病毒式营销传播推广。虽然数字营销在此阶段有纵深发展，但并未成为主流。

（三）数字营销的成熟

2010年以后，互联网在线普及率达到80%以上。随着智能手机的普及，很多消费者都处在“及时连接”和“永远在线”状态，社交媒体使用户同时成为某一品牌的消费者、传播者及广告受众。消费者变得越来越有“权”，随时可以通过社交媒体发出自己的声音。随着个人社交网络变得越来越密集，社交媒体平台从以前社会关系积累转移到互动和内容生成。社会化营销、视频营销、内容营销等形态日益受到关注。消费者不仅是口碑营销流的贡献者，还能破坏或加强营销行为。正是社交媒体的普及和媒体的实时在线，使消费者的社会影响力更加突出。消费者已将社交媒体作为他们社交联系、构筑身份、寻找信息、认识世界和实现目标的工具。

（四）数字营销的完善

当前数字营销进入5G时代。数字经济的时代背景下，数据成为一种“新财富”，帮助企业建立以数据为中心的战略决策转型。智能技术让数字营销从“精准到达”到“场景共鸣”，全面满足用户体验参与和个性关注的需求。在营销媒体方面，PC 端、移动端和智能电视端成为数字营销的主流媒体；在营销技术方面，大数据驱动的自动化营销、营销云成为非常受欢迎的营销技术。人工智能（Artificial Intelligence，AI）驱动下的智能营销将会成为未来的趋势。

二、数字营销的特点

（一）集成性

数字营销实现了前台与后台的紧密集成，这种集成是快速响应用户个性化需求的基础。数字营销可实现由获取商品信息至收款、售后服务全流程营销。另外，企业可以借助互联网将不同的传播营销活动进行统一设计规划和协调实施，避免不同传播的不一致性而产生的消极影响。

（二）个性化服务

在数字营销中，通过分析用户的行为数据和偏好，可以精准地向用户推荐符合其兴趣和需求的产品和服务，从而提升购买意愿和满意度。例如，根据用户过往的浏览记录、搜索历史和购买行为，系统可以自动生成个性化的产品推荐，为用户提供更加个性化和精准的购物体验。此外，数字营销还可以通过定制化的促销活动和优惠策略，吸引用户的注意力并促进销售增长。通过在网络上进行促销活动，不仅可以降低营销成本，还可以实现更加精准的目标定位和用户触达，从而提高营销效率和投资回报率。

（三）产品信息丰富

互联网作为一个信息交流和共享的平台，为用户提供了方便快捷的途径来获取详尽的产品信息。通过互联网，用户可以轻松查找到产品的详细规格、技术指标、保修信息、使用方法等内容，从而更全面地了解和比较不同产品之间的优劣势。

通过互联网，用户不仅可以查找产品的价格、品牌和销售地点等关键信息，还可以进行在线购买和比价，享受更多的选择和便捷的购物体验。互联网的普及和发展为消费者提供了更多的便利和选择，促进了商品市场的透明度和竞争力，同时也提高了消费者对产品的了解和认知程度。

（四）选择空间大

数字营销通过在线平台和电子商务渠道，不受传统零售业的货架和库存限制，为产品提供了广阔的展示和销售舞台。在数字营销的环境下，企业可以通过网站、应用程序和社交媒体等渠道展示丰富多样的产品信息，向用户提供更加广泛和多样化的选择空间。

与传统零售店相比，数字营销可以轻松克服空间限制和货架摆放的局限性，展示更多种类和品牌的产品，满足用户不同的需求和偏好。用户可以在网上浏览各种产品，并通过搜索和筛选功能找到最符合自己需求的商品，享受更加便捷和个性化的购物体验。

此外，数字营销还可以通过虚拟现实（VR）和增强现实（AR）等技术，为用户提供更加沉浸式和互动性的产品展示和购物体验。用户可以通过虚拟现实技术在家中实现仿佛置身实体店的感觉，观看产品的三维展示和试用效果，增强购物的乐趣和体验感。

（五）成本优势

通过在网上发布信息，企业可以以相对较低的成本将产品直接展示给消费者，从而缩短了传统的分销环节，拓宽了产品的销售范围。这种直接与消费者进行沟通和交易的模式，不仅能够节省促销费用，降低企业的运营成本，还能使产品具有更强的价格竞争力。

此外，互联网的全球性和开放性为企业提供了更广阔的销售市场，使得产品可以被全球范围内的消费者所看到和购买。通过数字营销，企业可以不受地域限制，实现跨境销售，拓展国际市场，增加销售渠道的多样性和灵活性，进一步提升销售额和盈利能力。

数字营销还具备多媒体、跨时空、交互式、拟人化、超前性、高效性、经济性等特点。由于利用了数字产品的各种属性，数字营销在改造传统营销手段的基础上，增加了许多新的特质。

知识拓展

数字营销的重要发展趋势

趋势一：“+互联网”重构数字营销链条

商品从企业流转到消费者手里，涉及品牌、市场、渠道及交易、服务等内容，就是传统的营销链条。

在数字经济时代，由于消费的场景化、渠道的多元化、产品与服务的一体化，企业开始利用“互联网+”思维模式重构营销链条。以客户价值为核心，打通研发、营销、销售和服务环节，通过对消费者全方位洞察和全生命周期管理，使业务与数字形成营销闭环，达成业务到数字的一体化、数字到业务的运营化，从而提高获客数量和客户价值。

趋势二：大数据、AI全面赋能精准营销

全球数字营销正在被数据驱动，传统单一渠道优势已不能支撑市场的多变冲击。打通全渠道客户，让数据孤岛融入场景，将数据转换为个性化营销、差异化服务成为新一代企业间竞争利器。

通过大数据、人工智能等技术手段能精准找到消费者，并根据历史表现数据和行业参考数据，科学地计算出边际递减效应的最佳临界点，从而以更有效的方式触达消费者；再利用原生的方式来整合广告和内容去影响消费者。其中，大数据能力与技术是实现数字营销变革的基石。通过用户画像和推荐算法能构建消费者全触点场景，精准触达消费人群。此外，大数据营销监测可以实现营销成果转化追踪，实时修正营销方案，进一步吸引消费者，促使消费者做出购买决策。

趋势三：平台化、微服务变革传统架构

在以消费者为中心的时代，企业的数字化应用发生深刻变革。在原来以系统为核心的建设模式中，业务和数据被烟囱式 IT 系统分割到了不同系统中，相互之间数据不能完全共享。一旦业务变更，产生新的应用需求，这种烟囱式体系架构难以支撑业务变化与创新。并且，以消费者为中心的应用系统面临巨大的性能挑战，传统架构难以应付海量访问的并发，因此向分布式、平台化转变成为变革的方向。

分布式架构的灵活性、可扩展性，以及承载海量用户的能力，使云化平台成为必然选择；为了支撑业务迭代创新，以阿里、腾讯为代表的互联网巨头开始引入数据资源整合与交换中心、共享服务中心，即数据中台与业务中台，以支撑数据交换与业务交互。通过中台将共性需求抽象化，通过解耦和组件化方式，保证整个系统是分布式的，各种业务应用以微服务方式进行交互处理，可保障业务随着场景发展而迭代，支撑给予用户全新体验与个性化服务。

任务二　数字经济时代消费者的行为特征

随着智能手机等数字设备的逐渐普及，消费者在数字媒体上花费的时间日益增加，对于以消费者为中心的现代营销而言，“消费者在哪里，营销就要到哪里”的基本原则始终未变。为了更好地触达和影响消费者，企业需要充分研究消费者使用数字媒体的习惯以及数字营销的各种工具和策略，并加大在数字营销领域的投入力度。

一、信息获取渠道多样化

互联网平台上的应用更是数不胜数。除了各种生活服务类、新闻类等应用之外，传统媒体也在朝数字化方向转型，开设微博、微信公众号和 App 等打造新媒体矩阵。同时各种自媒体也层出不穷，改变了用户获取信息的方式，使其由传统的被动接受转变为主动筛选。大数据和人工智能技术可以帮助数字媒体实现精准化和个性化传播。一方面，消费者可以随时随地获取自己需要的信息；另一方面，消费者通过数字媒体接触到的信息也更加符合自己的兴趣和爱好。

二、“互联网+”融入消费者生活

“互联网+”

案例导入

饿了么全面升级，从“送外卖”到“送万物”

全新改版的饿了么 APP 于 2020 年 7 月 17 日上线。

饿了么从“送外卖”到“送万物”，“万物”的内涵不断扩展，商品和服务都可以外卖到家。除了鲜奶、母婴玩具、美妆、书籍文具、体育装备等零售商品可以实现送货到家外，美甲、美容、家政、保洁等项目也将实现送服务上门（图 8-3）。

此外，饿了么还上线了新业务“随心订”，提供鲜花、鲜奶、鲜食的周期配送。消费者可以根据自己的需要在 7 天、15 天、30 天内任意选择。

相较于此前的品类拓展，此次全面升级的确是全方位的。除了加码本地零售快送，饿了么也想让人们的生活圈变得更有趣好玩。即将上线的升级版饿了么 APP 将大幅增加内容互动和个性化推荐。“发现”板块将升级为“真香”栏目，不仅有美食图片和短视频，还有直播种草。对于用户来说，可以让吃饭这件事变得更加好玩，对于商家来说，也多了更多视觉化方式运营商品和品牌的机会。

此前，饿了么已经在试验即时配送，人们可以在观看直播的同时就品尝主播同款外卖，效果显著。

美食外卖频道和“附近推荐”栏目也会全新改版，推荐商家和商品将更加智能化。正在测试中的“有好店”频道则将为消费者推荐精选高品质店铺。

此外，在会员系统方面，“超级会员”与“吃货卡”全新改版，新版“吃货卡”将成为饿了么新的会员系统，用户在饿了么下单可以累积“吃货豆”，吃货豆可兑换红包及商家优惠券。同时拥有超级会员和新版吃货卡的用户，将升级“超级吃货卡”，权益更加丰富。

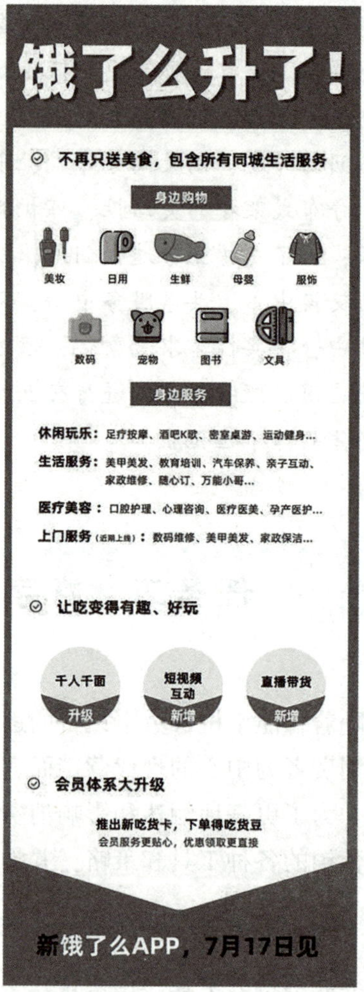

图 8-3　新饿了么 APP

“互联网+”是互联网繁荣发展下新兴技术与传统行业融合的必然结果。在“互联网+”的大环境下，人们的生活形态发生了质的变化，如今，消费者的衣食住行依靠一部手机就能解决，例如，网上订票、网上订外卖、网上购物等。消费者的日常生活多方面地依赖互联网，给数字营销带来了旺盛的生命力。人们生活离不开手机，移动端应用程序的多样化是一个重要体现。

中国互联网络信息中心第 53 次《中国互联网络发展状况统计报告》显示，2023 年，我国各类互联网应用不断深化，用户规模持续增长，推动“使用互联网的个人比例”达到 90.6%。其中，网约车、在线旅行预订、网络购物、网络直播、互联网医疗的用户规模较 2022 年 12 月分别增长 9 057 万人、8 629 万人、6 967 万人、6 501 万人和 5 139 万人，增长率分别为 20.7%、20.4%、8.2%、8.7%和 14.2%，见表 8-1。

表 8-1 2022. 12—2023. 12 各类互联网应用用户规模和网民使用率

应用	2023. 12 用户规模（万人）	2023. 12 网民使用率	2022. 12 用户规模（万人）	2022. 12 网民使用率	增长率
网络视频（含短视频）	106，671	97.7%	103，057	96.5%	3.5%
即时通信	105，963	97.0%	103，807	97.2%	2.1%
短视频	105，330	96.4%	101，185	94.8%	4.1%
网络支付	95，386	87.3%	91，144	85.4%	4.7%
网络购物	91，496	83.8%	84，529	79.2%	8.2%
搜索引擎	82，670	75.7%	80，166	75.1%	3.1%
网络直播	81，566	74.7%	75，065	70.3%	8.7%
网络音乐	71，464	65.4%	68，420	64.1%	4.4%
网上外卖	54，454	49.9%	52，116	48.8%	4.5%
网约车	52，765	48.3%	43，708	40.9%	20.7%
网络文学	52，017	47.6%	49，233	46.1%	5.7%
在线旅行预订	50，901	46.6%	42，272	39.6%	20.4%
互联网医疗	41，393	37.9%	36，254	34.0%	14.2%
网络音频	33，189	30.4%	31，836	29.8%	4.3%

移动互联网的发展使用户对于网络的依赖性越来越强，使用手机的时间越来越长，使用频率越来越高。中国互联网络信息中心第 53 次《中国互联网络发展状况统计报告》显示：截至 2023 年 12 月，我国城镇网民规模达 7.66 亿人，占网民整体的 70.2%；农村网民规模达 3.26 亿人，占网民整体的 29.8%（图 8-4）。我国城镇地区互联网普及率为 83.3%，较 2022 年 12 月提升 0.2 个百分点；农村地区互联网普及率为 66.5%，较 2022 年 12 月提升 4.6 个百分点。我国网民的人均每周上网时长为 26.1 个小时（图 8-5）。机不离身已经成为人们生活的常态，人们在数字空间的行为甚至比物理空间更加丰富多彩。

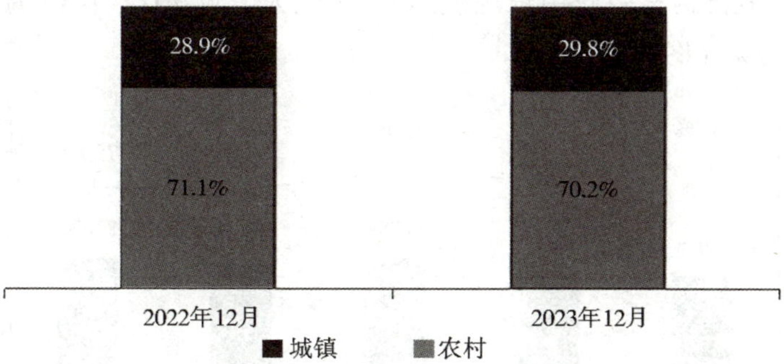

图 8-4 网民城乡结构

信息技术的高速发展让人们足不出户、便知天下事。互联网门户打破了物理空间的限制，移动终端则打破了互联网使用场所的限制，数字空间的无界性大大拓展了营销的空间。

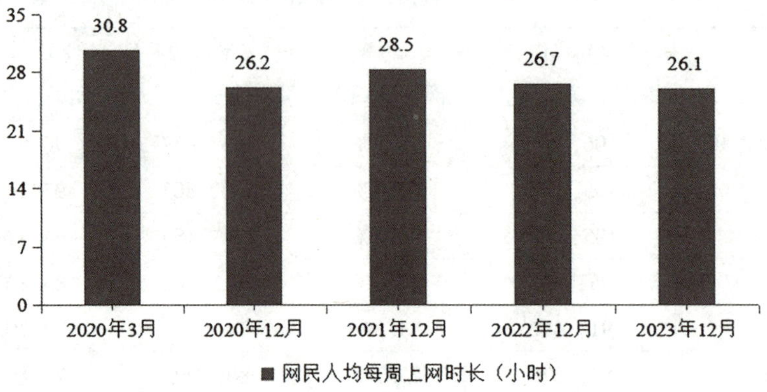

图 8-5　网民人均每周上网时长

任务三　数字营销类型

一、搜索引擎营销

（一）搜索引擎营销定义

搜索引擎营销（search engine marketing，SEM），是基于搜索引擎平台的网络营销，利用人们对搜索引擎的依赖和使用习惯，在人们检索信息的时候将信息传递给目标用户。搜索引擎营销的基本思想是让用户发现信息，并通过单击进入网页进一步了解所需要的信息。企业通过搜索引擎付费推广，让用户可以直接与企业客服进行交流、了解，实现交易。

（二）搜索引擎在数字营销中的地位

中国互联网络信息中心第 53 次《中国互联网络发展状况统计报告》的数据显示，截至 2023 年 12 月，我国搜索引擎用户规模达 8.27 亿人，较 2022 年 12 月增长 2504 万人，占网民整体的 75.7%（图 8-6）。

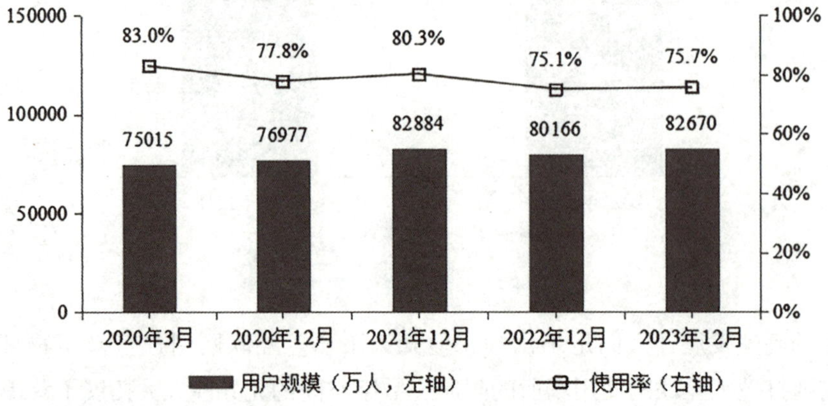

图 8-6　2020 年 3 月-2023 年 12 月搜索引擎用户规模及使用率

2023 年，我国搜索引擎产品智能化水平不断提升，应用场景逐步丰富，在个人和企业端均呈现纵深推进的良好态势。生成式人工智能技术快速发展，推动传统搜索向问答式搜索演进，持续提升用户搜索体验。如 Opera 浏览器推出人工智能服务 Aria，帮助用户生成文本或代码、回答问题；360 搜索接入“360 智脑”，升级为基于人工智能的对话式搜索服务，为用户提供更加精准、个性化的搜索结果。搜索引擎企业推动大模型与工业领域相结合，逐步提升制造业智能化水平，不断丰富和拓展新的应用场景。如百度“开物”平台基于大模型重构升级，目前已服务 22 万家企业，沉淀超 4 万个工业模型，覆盖安全生产、智慧物流、智慧质检等领域，协助企业降本增效。

知识拓展

搜索引擎的工作原理

第一步：从互联网上抓取网页

搜索引擎是通过一种特定规律的软件跟踪网页的链接，从一个链接爬到另外一个链接，像蜘蛛在蜘蛛网上爬行一样，所以被称为“蜘蛛”，也被称为“机器人”。搜索引擎“蜘蛛”的爬行是遵循一定规则的。

第二步：建立索引数据库

由分析索引系统程序对收集回来的网页进行分析，提取相关网页信息（包括网页所在 URL、编码类型、页面内容包含的关键词、关键词位置、生成时间、大小、与其他网页的链接关系等），根据一定的相关度算法进行大量复杂计算，然后用这些相关信息建立网页索引数据库。

第三步：在索引数据库中搜索排序

用户输入关键词后，排名程序调用索引数据库，计算关键词相关性，然后快速输出并反馈给用户，这个过程在秒级内完成。

二、社交媒体营销

社交媒体流量巨大，是组织机构数字营销策略的重要组成部分，通过在各种社交媒体渠道上进行推广，可以增加网站和社交媒体页面的访问量，产生潜在用户并提高品牌知名度。国内社交媒体营销渠道有抖音、快手、微博、微信公众号，以及垂直领域的专业社交平台如知乎、小红书等。现以微博为例进行营销策略分析。

（一）微博活动策划的常规方法和手段

方法一：有奖转发（图 8-7）。有奖转发是目前采用较多的活动形式，只要忠实客户们“转发+评论”或“转发+提醒好友”就有机会中奖，这也是较为简单的方式。

方法二：有奖征集。有奖征集就是运营者通过征集某一问题的解决方法吸引忠实客户参与。常见的有奖征集主题有广告语、段子、祝福语、创意点子等。

方法三：有奖竞猜（图 8-8）。有奖竞猜是运营者揭晓谜底或答案，最后抽奖。这里面包括猜图、猜文字、猜结果、猜价格等方式。

方法四：有奖调查。有奖调查目前应用得不多，主要用于收集忠实客户的反馈意见，一般不直接以宣传或销售为目的。忠实客户回答问题并转发或回复微博后就可以参与抽奖。

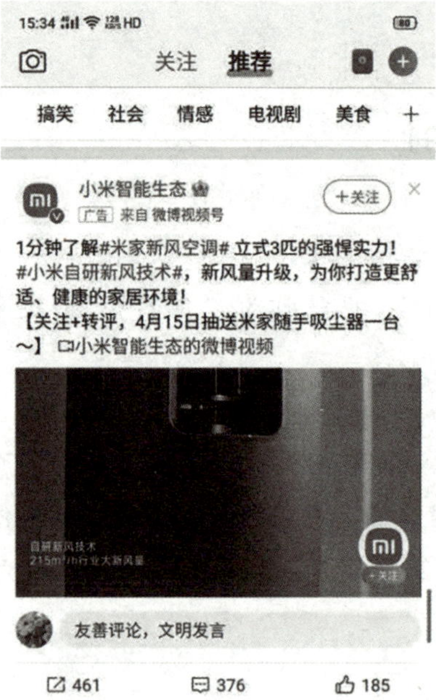

图 8-7　有奖转发

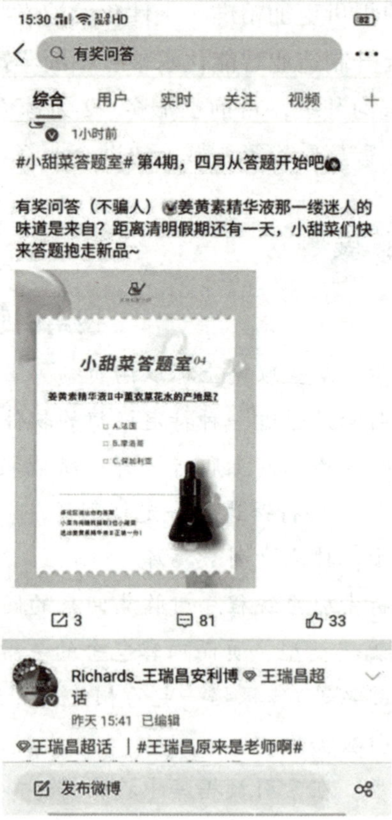

图 8-8　有奖竞猜

课堂讨论

请判断下面哪种产品最适合用微博开展营销？和同学们进行交流，如果你是产品的品牌总监，你会借助哪些名人的微博来吸引潜在顾客？

1. 火锅店　2. 银行　3. 游乐场　4. 旅馆
5. 剧院　6. 保险公司　7. 出版社　8. 药品

（二）微博营销活动策略

1. 增加微博账号忠实客户

（1）快速获得第一批忠实客户

一个新注册的微博账号除了前期账号的定位和内容规划运营以外，第一步是快速获得第一批忠实客户。因为有了忠实客户，运营者通过该账号发布的微博内容才会被人看到，才会产生互动传播，给微博账号带来更多的忠实客户。运营者除了向身边的亲朋好友“互粉”以外，还可以通过好友推荐的形式来“增加客户”。好友推荐的好处有两点：一是有推荐人的信任背书，二是通过推荐语可以看出被推荐人的特点，换句话说，推荐语是写给其他人关注被推荐人的理由。

（2）通过关注同类人群“增加客户”

在微博平台上，喜欢同一领域，有着同喜好的人群往往会相互关注。例如，一个微博用户喜欢足球，关注了很多足球类的微博账号并喜欢与之互动，同时也会通过微博发布足球类的内容。此时，被关注的人很可能会反过来关注。一个比较形象的例子就是一个足球队的球迷之间会相互加关注，不仅如此，他们还会组织球迷聚会。

普通人更多地关注同城好友，或者关注对同一个话题感兴趣的人，或是关注有着同样偶像的人，人们往往围绕自己喜欢的“类型”。

（3）通过已有平台导流忠实客户

微博平台上有很多“大用户”，他们刚开始运营微博就吸引了大量忠实客户。这些忠实客户基本上都是该“大用户”在其他社交平台上的忠实客户，如微信、豆瓣、博客、贴吧、人人网等。以微信为例，运营者可通过在微信推文中植入微博的账户信息、自定义菜单、自动回复等方式进行引流。

（4）通过外部导流“增加客户”

“增加客户”方式往往不止一种，通过外部平台进行大曝光的导流是一个快速“增加客户”的方式。

（5）通过活动“增加客户”

通过微博活动“增加客户”的方式屡见不鲜，但如何提高活动的参与度给微博账号带来更多的忠实客户就不容易了。人们往往愿意参与低门槛、有趣、有奖品的微博活动。微博活动的类型有很多，如转发抽奖类的活动发起话题讨论的活动、发起动手制作的活动等。

（6）通过合作“增加客户”

微博活动固然可以带来很多忠实客户，但微博活动并不是任何一个微博账号发起都可以产生非常好的效果。当一个微博账号的忠实客户数量较少时，即使发起活动也没多少人参与，也带不来多少忠实客户。这时，运营者可以选择和微博忠实客户数量较多的“大用户”合作，借助“大用户”发起活动并为自己“增加客户”。这种方式给合作双方都能带来好处。

（7）通过原创内容“增加客户”

通过微博平台输出原创内容，又可称为“干货”。这种方式属于“内容营销”，运营者需要写出有质量的微博内容。

（8）通过线下活动“增加客户”

线下活动是一种非常好的“增加客户”方式，如线下分享会、线下活动、公司内训、高校培训等。运营者在这些活动中如果认真准备，给参加活动的成员留下深刻的印象，那么一场交流或者演讲结束，会有许多忠实客户主动关注你微博账号，而且这些忠实客户的互动度较高，还会给你带来更多忠实客户。

2. 提升微博活跃度

微博的活跃度与忠实客户的黏性、微博的内容有非常紧密的联系。

（1）通过高效互动增加忠实客户黏性。提升忠实客户黏性的方法，一是写有吸引力的内容，二是多和忠实客户互动。互动的方式有四种，分别是评论、转发、私信和提醒。

（2）通过话题提升微博的转发量。这里谈到的“话题”有两种含义。第一种是热点信息，既然是热点就有话题性、传播性，一般能够引发讨论和转发的微博都是话题；第二种是微博平台的话题功能，运营者可以把话题关键词用“#”围住，引发更多忠实客户注意。

（3）巧妙获得“大用户”转发，正确方法如下。

① 找对人：定位人群，增加“大用户”转发量。

② 找对时间：确定时间，提高“大用户”转发率。

③ 找对形式：明确形式，优化“大用户”转发效果。

三、内容营销

（一）内容营销概述

内容营销专注于创建和推广不同类型的内容，以产生潜在客户和促进销售。内容可以采用博客、社交媒体帖子、视频、信息图表等形式。优质的内容不仅有助于提高销量，而且还可以建立品牌声誉、信任和忠诚度。

数字营销的渠道都非常依赖内容。如果没有特定业务的内容，搜索引擎营销、社交媒体营销、电子邮件营销和单击付费都将不存在。

案例导入

从花西子的走红看内容营销的过程

“花西子”品牌于2017年3月8日诞生杭州。品牌首次提出“东方彩妆，以花养妆”的品牌理念，重新定义竞争对手，跳出各大国际品牌占领的“西方彩妆”阵营，在新的品类市场树立领导地位。花西子被誉为化妆品界的一匹黑马，引起了很多人的关注。

花西子的内容营销可以归纳为以下四个阶段。

1. 品牌初创阶段

通过“用户共创”打造私域流量。关注用户体验，多次推出类似“万人体验计划”的活动，只要购买过或者使用过花西子产品的用户，都可以通过活动尝试新品。产品得到90%的用户认同，方可继续生产。

2. 品牌扩张阶段

通过“引爆型”线上营销矩阵布局。用定制化内容策略影响用户心智；通过全渠道媒介组合，精细化投放策略引爆关注，持续输出品牌内涵，迅速提高品牌关注度。

3. 品牌塑造阶段

采用纵向分阶段圈层传播策略，邀请具有古典美的演员、模特作为代言人，从“国粉圈”向外破圈传播，使品牌认知度暴涨；举办西塘汉服文化周·花西子创意妆造大赛，与泸州老窖“桃花醉”联袂推出国风联名定制礼盒，通过跨界内容助力品牌裂变式出圈。

4. 品牌爆发阶段

通过全链路营销闭环，锁定品牌影响力。在完成网络环境的布设后，花西子开始大量投放电视广告片，例如，花西子与苗族非物质文化遗产联名，来带动整个品牌的传播势能，完成“铺设—‘种草’—起势—搜索—记忆—转化”整个链路营销闭环。稳住一、二线城市用户的品牌感知，下沉三、四线城市曝光品牌。利用线上“种草”和线下广告广泛覆盖，从花西子“网络”品牌向大众品牌转变（图 8-9）。

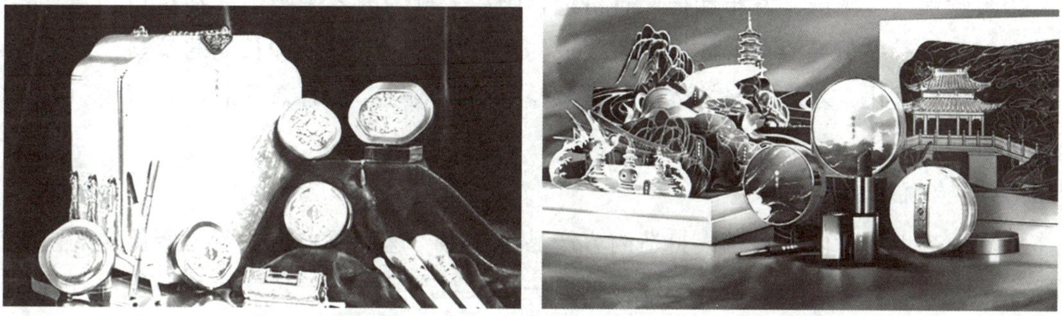

图 8-9　品牌爆发

花西子对于产品的坚定付出，获得了消费者的认可。在产品及品牌的传播中，花西子也将自身的经验理念及品牌坚持传达给消费者，并以独特的产品理解向消费者诠释了国货彩妆应该是什么样子。

（二）内容营销的原则

有学者对内容营销的过程进行了归纳总结，提炼出了在进行内容营销的过程中企业需要注意的四大原则，称为“B. E. S. T.”原则，该原则由普立兹（Pulizzi）和巴雷特（Barrett）于 2009 年首次提出，旨在简化复杂的内容营销过程，使得营销策略具有行为性（behavioral）、必要性（essential）、战略性（strategic）和有针对性（targeted）。遵循这四大原则，企业在进行内容营销的过程中会更有规律、更容易进行模仿与学习。

1. 行为性

行为性是指企业向用户传递的任何信息都应当是有目的的。在开展营销活动之前，企业需要思考自己想让用户拥有什么样的体验，希望通过用户实现怎样的目标，期待用户采取什么样的行动，如何测试用户的行为，以及如何促进用户购买企业的产品或服务。

2. 必要性

必要性是指企业应向目标受众提供在工作或生活中需要的或有用的信息。企业需要思考用户的真实需求是什么，如何向用户提供最有益、最有个性、最专业的内容，采用什么样的内容表现形式才能使信息产生的积极影响最大化，一场营销活动的必要元素有哪些以及需要涉及哪些媒介类型。

3. 战略性

战略性是指内容营销工作必须是企业整体经营战略中不可或缺的组成部分。企业需要考虑的是内容营销是否能够实现企业的战略目标，它与企业内其他战略计划是否协调。

4. 有针对性

有针对性是指企业所创建的内容必须针对特定的受众。企业应当明确自己是否选择了正确的目标受众，是否了解用户对于企业产品或服务的态度。

（三）内容营销的策略

内容营销通过生产、发布和推广有价值、吸引人群的内容来吸引潜在客户、建立品牌认知和信任，最终引导消费群体进行购买或转化。内容营销是一种长期的策略，需要持续不断地努力和优化，才能带来持久的品牌效益和营销效果。为有效开展内容营销，可从以下几个方面入手。

1. 打造内容生态体系

要想成功地进行内容营销，打造内容产品是核心。这就要求企业要为所传递的内容设置一个基本的、有价值的定位，然后根据这一定位对产品进行宣传。比如，要进行有创意的内容广告宣传，不但要将产品和内容融合在一起，而且在广告的播放中也要将内容融入进去。

2. 进行有创意的内容广告宣传

进行有创意的内容广告宣传是一种吸引目标受众、增加品牌曝光和提升营销效果的重要策略。

（1）故事性内容

利用故事性的内容来吸引受众，让他们与品牌建立情感联系。通过讲述有趣、感人或鼓舞人心的故事，可以引起受众的共鸣和注意。

（2）视觉化内容

使用图像、视频和动画等视觉元素来传达信息，吸引眼球。精美、富有创意的视觉设计可以提升广告的吸引力和记忆度。

（3）用户生成内容

鼓励用户参与创作和分享内容，提高用户参与度和互动性。通过用户生成的内容，可以增加品牌的认知度和声誉。

（4）实用性内容

提供有用的信息、技巧或解决问题的方法，为受众提供价值。实用性的内容广告能够吸引受众的关注和信任。

(5) 创新形式

尝试新颖的广告形式和媒体，如AR、VR、互动式广告等，吸引受众的好奇心和参与度，增强品牌与消费者之间的互动体验。

(6) 跨平台整合

结合不同的数字营销渠道和社交媒体平台，实现内容在多个渠道上的传播和展示，扩大曝光面和影响范围。

(7) 数据驱动优化

根据数据分析和用户反馈，不断优化广告内容和投放策略，提高广告效果和ROI。

四、网络视频营销

(一) 网络视频营销概述

网络视频是指由网络视频服务商提供的，以流媒体为播放格式，可以在线直播或点播的声像文件。网络视频的文件格式以WMV、RM、RMVB、FLV以及MOV等类型为主，包括各类影视节目、新闻、广告、Flash动画、自拍DV、聊天视频、游戏视频、监控视频等。

中国互联网络信息中心第53次《中国互联网络发展状况统计报告》的数据显示，截至2023年12月，网络视频用户规模为10.67亿人，较2022年12月增长3 613万人，占网民整体的97.7%。其中，短视频用户规模为10.53亿人，较2022年12月增长4 145万人，占网民整体的96.4%（图8-10）。

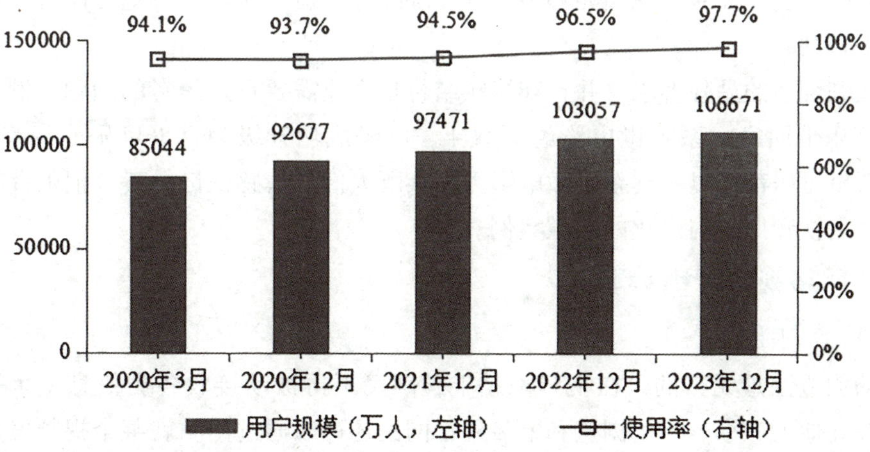

图8-10　2020年3月—2023年12月网络视频（含短视频）用户规模及使用率

1. 网络视频营销定义

网络视频营销是指通过数码技术将产品营销现场实时视频图像信号和企业形象视频信号传输至互联网上，达到一定宣传目的的营销手段。网络视频营销结合了网络与电视媒体的特点，传播范围广泛，不受时空的限制，可以无时间无地域限制传播；采用了视频流或音频流技术，结合Flash、Java等程序，形式多样，具备生动的表现力，具有强烈的视听冲击。视频的交互性可以帮助受众进行网络体验并且自行控制全过程。此外由于网络监管环境的相对宽松，网络视频拥有的创意空间也更为广阔。兼具电视广告和网络广告的双重优点，网络视频营销有着显著的营销优势。

2. 网络视频营销的趋势

网络视频营销的三个趋势可参考如下内容。

（1）品牌视频化

很多广告客户将品牌广告通过视频展现出来，这个趋势非常明显，如中国工商银行万事达奋斗信用卡与新世相联合推出的《晚安女孩》、雷克萨斯携手《时尚先生》发布的《好戏将至》等均是将视频与品牌文化相融合。在《晚安女孩》营销视频中，讲述了渴望成为职业演员的小北在京打拼的故事，视频中多次铺垫万事达奋斗信用卡的价值理念。

（2）视频网络化

视频网络化已成为一种趋势。“视频”与“互联网”结合，让这种创新营销形式具备了两者的优点：它既具有电视短片的种种特征，如感染力强、形式内容多样等，又具有互联网营销的优势。网络视频营销具有互动性强、主动传播性、传播速度快、成本低廉等优势。例如，百度《唐伯虎》系列没有花费一分媒介费，没有发过一篇新闻稿，仅依靠一些百度员工发电子邮件给朋友或在一些小网站上挂出链接，只用了一个月，就在网络上实现了至少 10 万个下载或观赏点。

（3）视频广告内容化

视频广告内容化已成为一种新的营销趋势。视频营销的关键在于视频的内容，内容决定了其传播的广度。优秀的视频能够不依赖传统媒介渠道，通过自身魅力俘获无数网友作为传播的中转站。

如何找到合适的品牌诉求，并且和视频结合是企业需要重点思考的问题。例如，百事可乐的《把乐带回家》系列微电影经历数年，已经成功升级为百事可乐的春节内容 IP。每一年，百事可乐都会以一支新年微电影力图唤醒人们的情感记忆，其《把乐带回家》系列微电影正是视频广告内容化的典型案例。

（二）网络视频营销策略

1. 网民自创策略

网民的创造性是无穷的，在视频网站上，网民不再被动接收各类信息，而是自制短片，上传并和他人分享。除了浏览和上传外，网民还可以通过回帖就某个视频发表看法并给予评价，因此，企业完全可以把广告片以及一些有关的品牌元素、新产品信息等放到视频平台上来吸引网民的参与。例如向网友征集视频广告短片，对一些新产品进行评价等，这样不仅可以让网友有参与的机会，同时也是非常好的宣传机会。

2. 病毒营销策略

视频营销的优势在于传播精准。首先用户会产生兴趣并关注视频，然后再由关注用户变为传播分享用户，而被传播用户是与传播用户有着类似兴趣的人，这一系列的过程就是目标用户精准筛选传播的过程。网民看到一些经典的、有趣的、轻松的视频总是愿意主动去传播，通过受众主动自发地传播企业品牌信息，视频就会带着企业的信息像病毒一样在互联网上扩散。病毒营销策略的关键在于企业需要有优秀的、有价值的视频内容，然后找到一些易感人群或者意见领袖帮助传播。

3. 事件营销策略

事件营销一直是线下活动的热点，国内很多品牌都依靠事件营销取得了成功。策划有影响力的事件，创造有意思的故事，将这个事件拍摄成视频，也是一种非常好的方式。而且，有事件内容的视频更容易被网民传播。把事件营销的思路放到视频营销上将会开辟出新的营销渠道。

4. 整合传播策略

由于每一个用户的关注媒介和互联网接触行为习惯不同，这使得单一的视频传播很难产生良好的效果。因此，视频营销首先需要在公司的网站上开辟专区，吸引目标客户的关注；其次，与主流的门户、视频网站合作，提升视频的影响力，还可以整合线下的活动、线下的媒体等进行品牌传播。

任务四　数字媒体运营

一、数字媒体内容运营

（一）数字媒体内容运营概述

数字媒体内容运营是指运营者利用各种媒体渠道，用文字图片或视频等形式将企业信息友好地呈现在用户面前，并激发用户参与、分享、传播的完整运营过程。

为了适应当前数字媒体的发展，保持与用户对话，品牌在传统平台和数字平台上都需要持续不断地提供新鲜的内容。无论采用何种沟通渠道，关键是要最好地沟通品牌信息和强化用户品牌体验。

数字媒体内容运营中的内容有两层含义：一是指内容形式，即用户通过网络看到的文章、海报、视频或音频、直播、音乐、游戏等数字内容；二是指内容渠道，例如，用户浏览的互联网内容一般来自微信公众号、微博、门户网站、新闻类应用等内容渠道。相应地，运营者也要将内容布局在相应的内容渠道，与用户的内容浏览习惯相匹配。

内容运营对数字媒体运营的整体效果起着至关重要的作用。优质的内容、多平台的宣传可以让更多用户接触产品并获取产品信息，从而提高产品知名度。另外，内容运营有助于提高营销质量，长期扎实的内容运营，能增强用户的参与感，通过与用户互动，带来更高的转化率。

（二）数字媒体内容运营的程序

1. 选题规划

通过选题规划，策划下一阶段的内容形式、选题等，作为下一阶段的内容运营总纲。

2. 内容规划

在内容规划上需要注意以下问题：制作本次内容的目的是什么？内容投放的渠道在哪里？该渠道的用户是谁？内容制作的周期是多长？内容的主题、风格如何设计？

3. 内容展现

确定内容后，要根据企业调性、用户的习惯、创意的表现形式等，完成内容的展现。

4. 素材整理

内容形式确定后，需要进行素材的收集与整理。素材包括内部素材，如产品图、产品理念、活动流程、内部数据等。素材还包括行业素材，如行业数据、行业新闻、网民舆论、近期热点等。

5. 内容编辑

根据上面步骤的执行结果，进行文章、海报、H5、视频等内容的创作。

6. 内容优化

内容编辑工作完成后需要进行测试、反馈及优化，如果转化率低或反馈不好，需要对内容进行优化与调整。

7. 内容传播

设计传播模式以便于内容传播，引导用户将内容转发到微信朋友圈、微信群或更多渠道。

案例导入

小红书：爆红背后的内容方向策略

内容方向是一个社区后续所有内容运营策略的执行基础。小红书从2013年成立到现在，目标用户规模一直在扩大，内容方向也越来越多。小红书的内容方向策略表现在以下四个方面。

1. 内容定位

小红书的主要用户是来自一、二线城市，爱美、追求精致生活的年轻女孩。针对这类用户群体，小红书的内容定位是为爱美的年轻女孩提供时尚、护肤、生活方式上的相关指南。

2. 内容话题

内容话题要与定位相关。目前小红书的内容覆盖时尚穿搭、护肤彩妆等话题。与年轻女孩的生活相关的内容，就是小红书的内容话题范畴。

这样的话题分类也不是一蹴而就的。一开始为了吸引喜欢购物的女性，小红书上只有美妆、护肤、时尚穿搭这些话题。后来，小红书根据平台用户、内容数据分析结果，进行了话题的增加和调整。

3. 内容选题

小红书的内容选题主要来自两个方面。一是围绕话题，用相关的关键词裂变选题。不同的话题内容之下，选题划分的维度也不同，有根据用户成长路径划分的，有根据用户生活场景划分的，有根据产品品类划分的。二是追热点，如对当前热点赛事进行专题策划。

4. 内容单元

内容单元是指一款产品中对用户产生价值的最小内容，可以是图文、视频，甚至可以是某种特定结构的内容。如小红书的内容单元就是“笔记”。

（三）数字媒体运营内容的分类

1. 产品内容

产品内容的目的是最大限度地增加产品的曝光率，通常喜欢在热点借势中巧妙植入自己的品牌。一般情况下，非媒体公司的微信公众号、微博、今日头条等新媒体矩阵产生的内容都属于产品内容。例如，屈臣氏的微信推文、百雀羚的借势热点微博等。

2. 媒体内容

媒体内容是将内容本身作为产品去打造，通过高质量内容去吸引、凝聚用户，打造流量大的媒体平台进而实现内容变现。例如，“十点读书”等微信公众号、“人人都是产品经理”等行业干货分享类的知识平台等，这些都属于将内容作为产品进而实现内容变现的媒体内容。这类内容平台会结合当下热点和用户需求，快速创造易于传播的内容，风格基调基本一致。媒体内容变现形式也可分为广告软文、知识付费、周边产品等。

二、数字媒体用户运营

用户运营是指以用户为中心，遵循用户的需求设置运营活动与规则，制订运营战略与运营目标，严格控制实施过程与结果，以完成预期所设置的运营任务并达到运营目标。

（一）数字媒体用户运营的目的

数字媒体用户运营的最终目的是增加用户黏性，刺激购买，拉动销量的提升，具体包括以下四个方面。

1. 拉新

通过微博、微信、论坛、社群、线下等渠道进行推广，邀请新用户注册或者试用产品，目的是提高用户总量。

2. 促活

通过友好的新手教程、丰富的创意内容、有趣的用户活动等手段，让用户多次打开软件或进入自媒体账号，主动自发地对内容进行传播，增加用户活跃度。

3. 留存

通过后台分析用户数据，以策划活动、增加功能或发放福利等形式留住用户，减少用户流失，提高用户留存率。

4. 转化

拥有一定的活跃用户后，尝试通过下载付费、会员充值等方式获取收入，提高用户转化率。

（二）数字媒体用户运营的过程

数字媒体用户运营的过程包括用户分析、选择运营策略、效果评估三个阶段。

1. 用户分析

用户分析阶段，要针对产品定位，给出目标用户的用户画像。用户画像不仅要描述目标用户的性别、年龄、收入等基本信息，还要了解其生活方式、品位追求、兴趣爱好等心理特征。通过用户画像，运营人员了解目标用户的突出特征，明确他们的核心需求，体现在产品上就是能解决用户的核心问题。

2. 选择运营策略

用户运营的策略有集中运营和策略运营两种模式。

（1）集中运营

集中运营适用于小量级核心用户，用户规模一般在几十人和几百人之间，用户互动频繁，与运营人员关系密切。例如，一些用户生成内容（user generated content，UGC）平台，针对内容贡献型的核心用户进行运营，以促使其能够持续生产优质内容，保证产品生态的完整。另外某些新品上市前，企业需要招一批目标用户进行试用，以鼓励用户反馈产品的使用体验，有助于企业及时发现产品问题并进行修复。企业也可以采用这种策略，吸引目标用户并维系好与用户的关系，激励用户积极体验产品并反馈建议，将用户需求更好地传递至产品，做好产品优化。

（2）策略运营

策略运营适用于海量核心用户，用户规模可以从数千人到百万人。与集中运营不同，策略运营不需要掌握用户具体信息，而是通过行为数据分层后，企业可以进行有针对性的激励。

当用户体量达到一定规模（如数百万人）后，可以依据其年龄、地区、行为习惯等指标对用户进行分类。每一类用户的需求、习惯会有所不同，企业需要通过差异化的运营手段来更好地服务不同类别用户，例如，推送不同的内容、推送不同的产品、策划不同的活动等。

3. 效果评估

通过对访客数量、用户贡献量、用户留存等数据进行分析，企业可以了解是否达成预定目标数值。这是直接效果评估。除此之外，用户运营还可以获得无法具体量化的收益，例如，品牌认知度提高、用户对产品定位认知清晰、站外用户自发传播内容、核心用户组织架构建立等。

课堂讨论

请对校园网购群体进行用户画像。

三、数字媒体活动运营

活动运营指根据既定目标，通过策划并开展短期活动，在一定时间段内快速提升产品指标的运营手段。活动运营包含活动策划、活动实施和嫁接相关产业，打造产业链。活动运营是围绕内容和用户进行的，是内容运营与用户运营的延伸，目的是提高品牌的传播度、购买转化率、平台活跃度、下载量等。

（一）活动运营的类型

1. 传播主导型活动运营

传播主导型活动运营以品牌宣传普及、娱乐为目的。品牌宣传普及，通常以海报、礼品、白皮书等形式出现。娱乐主要是为了增强人与人之间的感情，形式比较丰富，如唱歌、问题抢答、做游戏等。

2. 营销主导型活动运营

营销主导型活动运营以盈利销售为主，品牌宣传为辅。例如，一些汽车品牌通过举办汽车展，提高产品知名度，以活动为引爆点，吸纳广告投放和目标用户信息资源。

3. 混合型活动运营

混合型活动运营兼备以上两个类型的特点。例如，有些活动通常以用户下单为前提条件，用户下单才能获得参与活动的资格，其本身就是一种品牌推广行为。

（二）活动运营的原则

1. 可行性原则

可行性原则也称可执行原则，指活动策划方案可以实施并能取得较好的效果，这是活动策划的综合要求。只有具备可操作性的活动策划才是可行的、有意义的，才会被用户采纳。活动方案提出前需要进行可行性分析，分析的原则建立在科学实践市场调查的基础上。

2. 借势原则

借势指企业及时抓住广受关注的社会新闻、事件以及人物的声势效应等，结合企业或产品在传播上想要达到的目的而展开的一系列相关活动。借势可以分为借优势、借形势、借大势等。例如，苏宁易购借助中秋节即将来临的事件，推出借势营销的海报，如图 8-11 所示。

图 8-11 借势营销海报

（三）活动运营的过程

1. 确定目标

在开展活动之前，运营人员须设立明确且可量化的目标。一场活动的目的可以是吸引用户关注，可以是拉动用户贡献，也可以是强化用户认知或者增加用户黏性。明确目标之后，才能够有效思考并规划未来需要做的事情。

2. 活动策划

活动策划属于活动设计，需要明确活动的主题、时间、对象、方式、目标、预算、流程等，活动策划相当于给整个活动进行整体的规划和计划。在活动开展期间难免会出现突发情况，一场活动往往需要周密详实的策划方案，以及在每个环节设置备用计划以应对突发情况，最终保证活动有效开展。活动策划过程如图 8-12 所示。

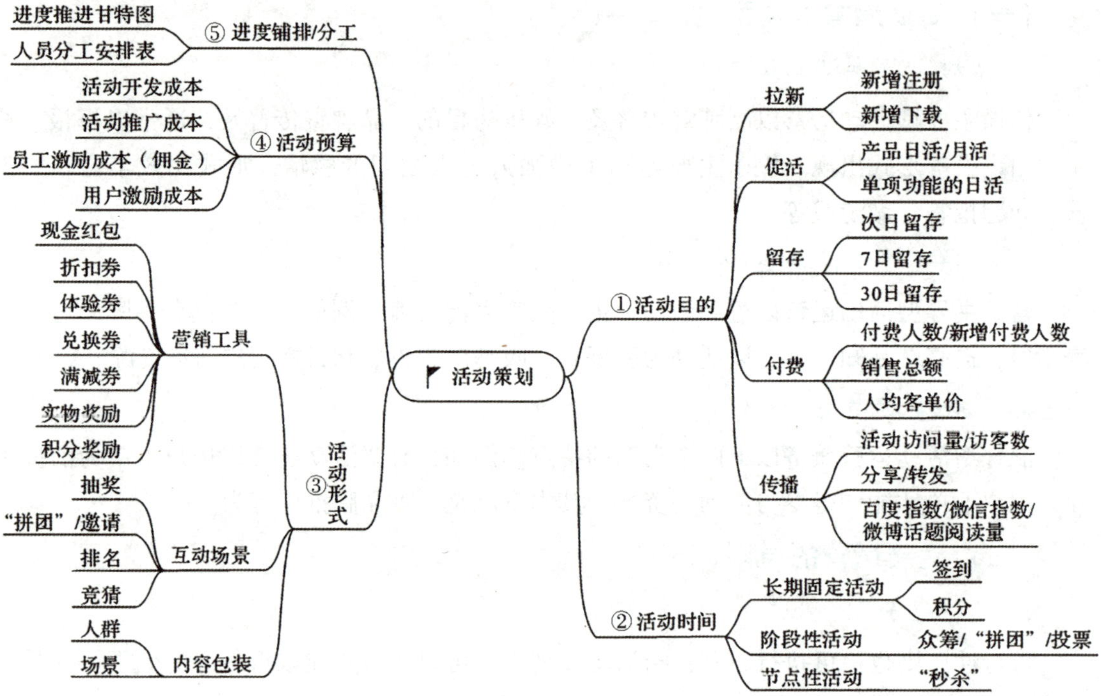

图 8-12 活动策划过程

3. 活动执行

活动执行阶段可以分为三个环节，分别是确认资源、宣传投放和线上运营。

活动的完成，需要多个部门协调配合。例如，和财务部门确定预算；与技术部门协调进行开发测试；跟产品、市场、客服等部门协调活动中所需要的各种资源。

确认资源后，进入宣传投放环节。这一环节，运营人员需要寻找方便抵达活动对象的渠道，与对应的媒体协调活动展出位置，进行活动预热，根据预热的效果进行活动的后续优化和调整。

线上运营开始后，需要吸引用户参与活动，进行活动的数据监测，了解用户反应，实时调整和优化活动过程，并对突发情况进行处理。

4. 效果评估

活动结束后，对整个活动的细节、数据进行分析。通过活动前后的数据比较，运营人员可以进行活动效果评估，提交活动报告和建议，并对活动中存在的问题进行分析，为下次开展活动积累经验。

项目小结

本项目旨在帮助学习者全面了解和掌握数字营销领域的知识和技能，以适应当今数字化环境下的营销需求。任务一着重介绍了数字营销的发展历程和特点，让学习者了解数字营销的演变过程和特征，为后续学习打下基础。任务二聚焦于数字经济时代消费者的行为特征，强调信息获取渠道多样化和“互联网+”对消费者生活的影响，帮助学习者更深入地了解当今消费者群体。任务三介绍了数字营销的不同类型，包括搜索引擎营销、社交媒体营销、内容营销和网络视频营销，让学习者了解各种数字营销方式的特点和应用场景。任务四则关注数字媒体运营，涵盖数字媒体内容运营、用户运营和活动运营，帮助学习者掌握数字媒体管理的关键要点，提升品牌影响力和用户体验。通过本项目，学习者将获得全面的数字营销知识，具备制订数字营销策略和计划的能力，并能有效进行数字媒体运营，为企业在网络时代实现营销目标提供支持和指导。

课后实训

数字媒体运营

一、实训目标

学生能掌握内容运营、用户运营、活动运营的方式，制订运营策略，开展运营活动。

二、实训开展

任务 1：内容运营

任务描述：为企业数字营销创作内容，选择合适的营销内容渠道进行发布，并将实施过程记录在表 8-2 中。

表 8-2　内容运营

研究内容	研究结果
内容形式	
内容创作	
内容渠道选择	
发布经验总结	

任务 2：用户运营

任务描述：请各小组以拉新为目的，确定目标用户群体，描述用户画像，制订用户运营策略并实施，将结果记录在表 8-3 中。

表 8-3　用户运营

研究内容	研究结果
目标用户群体	
用户画像	
用户运营策略	

续表

研究内容	研究结果
实施效果分析	
问题总结反馈	

任务3：活动运营

任务描述：各小组开展一次营销主导型活动运营，确定活动目标，进行方案设计并实施，将结果记录在表8-4中。

表8-4 活动运营

研究内容	研究结果
活动目标	
活动方案设计 方案1 方案2 方案3	
实施过程解析	
实施效果分析	

三、实训评价

展示任务完成情况，并完成考核评价表（表8-5）。

表8-5 考核评价表

评价项目	评价内容	分值	评分/分		
			自评	互评	师评
职业素养考核项目（40%）	考勤、仪容仪表	10分			
	安全意识、责任意识及服从意识	10分			
	团队合作、沟通交流能力	10分			
	维护教学设备及工具等干净整洁	10分			
专业能力考核项目（60%）	积极参与数字媒体运营教学活动并理解活动要求	30分			
	积极参与数字营销运营活动，能够确定活动目标，进行方案设计，并按要求完成任务	30分			
综合分数：	自评（20%）+互评（20%）+师评（60%）	100分			
综合评语		指导教师（签名）：			

思考练习

1. 简述数字营销的特点。
2. 什么是搜索引擎营销？
3. 简述数字媒体内容运营的程序。

参考文献

[1] 文腊梅．市场营销原理与实务：任务导向教程［M］．2版．北京：电子工业出版社，2024.

[2] 李小敬，孟雯雯．新媒体营销实务［M］．北京：清华大学出版社，2022.

[3] 孙玲．市场营销学项目化教程［M］．西安：西安电子科技大学出版社，2024.

[4] 尹冬梅，张明韬，柯戈．市场营销实务［M］．2版．西安：西安电子科技大学出版社，2023.

[5] 孙国忠，陆婷．市场营销实务［M］．4版．北京：北京师范大学出版社，2022.

[6] 刘建华，许茂伟．网络营销基础与实务：理论、案例与实训［M］．北京：人民邮电出版社，2022.

[7] 黄耿生．网络营销实务［M］．北京：清华大学出版社，2022.

[8] 张丽，郝骞．市场营销实务：微课版［M］．北京：人民邮电出版社，2021.

[9] 章金萍．市场营销实务［M］．5版．北京：中国人民大学出版社，2021.